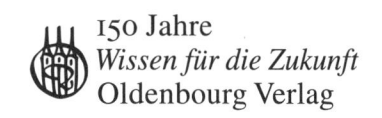

150 Jahre
Wissen für die Zukunft
Oldenbourg Verlag

Investitionsrechnung und Unternehmensbewertung

von
Prof. Dr. Thomas Obermeier
und
Dr. Richard Gasper

Oldenbourg Verlag München

Bibliografische Information der Deutschen Nationalbibliothek

Die Deutsche Nationalbibliothek verzeichnet diese Publikation in der Deutschen Nationalbibliografie; detaillierte bibliografische Daten sind im Internet über <http://dnb.d-nb.de> abrufbar.

© 2008 Oldenbourg Wissenschaftsverlag GmbH
Rosenheimer Straße 145, D-81671 München
Telefon: (089) 4 50 51-0
oldenbourg.de

Das Werk einschließlich aller Abbildungen ist urheberrechtlich geschützt. Jede Verwertung außerhalb der Grenzen des Urheberrechtsgesetzes ist ohne Zustimmung des Verlages unzulässig und strafbar. Das gilt insbesondere für Vervielfältigungen, Übersetzungen, Mikroverfilmungen und die Einspeicherung und Bearbeitung in elektronischen Systemen.

Lektorat: Wirtschafts- und Sozialwissenschaften, wiso@oldenbourg.de
Herstellung: Anna Grosser
Coverentwurf: Kochan & Partner, München
Gedruckt auf säure- und chlorfreiem Papier
Druck: Grafik + Druck, München
Bindung: Thomas Buchbinderei GmbH, Augsburg

ISBN 978-3-486-58334-2

Inhaltsverzeichnis

I. Grundlagen der Investitionstheorie 7

1 Grundbegriffe der Investitionsrechnung.. 7
   1.1 Investitionsarten.. 7
   1.2 Investitionswirtschaft.. 12

2 Investitionsplanung.. 14

3 Verfahren der Investitionsrechnung 16

II. Statische Verfahren der Investitionsrechnung............................. 19

1 Kostenvergleichsrechnung... 20
   1.1 Gesamtkostenvergleich... 20
   1.2 Stückkostenvergleich.. 24
   1.3 Kritische Ausbringungsmenge 25

2 Gewinnvergleichsrechnung 27

3 Rentabilitätsrechnung 31

4 Amortisationsrechnung.. 34
   4.1 Durchschnittsmethode 35
   4.2 Kumulative Methode 36

5 Kritik an den statischen Verfahren 38

III. Dynamische Verfahren der Investitionsrechnung...................... 41

1 Zinseszinsrechnung 43
   1.1 Auf- und Abzinsungsfaktoren.. 43
   1.2 Rentenfaktoren.. 45
      1.2.1 Endwertfaktor (EWF)... 45
      1.2.2 Rentenbarwertfaktor (RBF) 46
      1.2.3 Kapitalwiedergewinnungsfaktor (KWF) 47
      1.2.4 Rückverteilungsfaktor (RVF) 48
      1.2.5 Zusammenfassung Rentenfaktoren.. 49

2 Dynamische Methoden 51
   2.1 Endwert... 52
   2.2 Kapitalwert.. 54
   2.3 Annuität 57
   2.4 Interner Zinsfuß 59
      2.4.1 Das iterative Verfahren.. 60
      2.4.2 Das grafische Verfahren 62
      2.4.3 Die Berechnung einer Geradengleichung 63

2.5 Dynamische Amortisationsrechnung 67
      2.5.1 Durchschnittsmethode 67
      2.5.2 Kumulative Methode 68
      2.5.3 Sukzessive Endwertrechnung 70
3 Vergleich der Ergebnisse dynamischer Verfahren 71
   3.1 Äquivalenz der Kriterien Endwert, Kapitalwert und Annuität 71
   3.2 Investitionen mit unterschiedlicher Laufzeit 71
   3.3 Investitionen mit unterschiedlichem Kapitaleinsatz 74
4 Beurteilung der dynamischen Verfahren 77

IV. Optimale Nutzungsdauer und optimaler Ersatzzeitpunkt 81

1 Optimale Nutzungsdauer 82
   1.1 Optimale Nutzungsdauer bei einmaliger Durchführung des Projekts 82
      1.1.1 Kapitalwertvergleich 83
      1.1.2 Differenzinvestition 85
   1.2 Optimale Nutzungsdauer bei zweimaliger Durchführung des Projekts 88
      1.2.1 Kapitalwertvergleich 89
      1.2.2 Differenzinvestition 91
   1.3 Optimale Nutzungsdauer bei unendlicher Wiederholung des Projekts 95
      1.3.1 Annuitätenvergleich 96
      1.3.2 Rekursive Ermittlung der Annuitäten aus den Grenzeinzahlungen ... 97
2 Optimaler Ersatzzeitpunkt 99
   2.1 Optimaler Ersatzzeitpunkt bei einmaliger Durchführung
        des Ersatzprojekts 99
      2.1.1 Kapitalwertmethode 100
      2.1.2 Differenzinvestition 101
   2.2 Optimaler Ersatzzeitpunkt bei unendlicher Wiederholung
        des Ersatzprojekts 103
      2.2.1 Kapitalwertmethode 103
      2.2.2 Differenzinvestition 104
   2.3 Kostenvergleichsrechnung 106
   2.4 Buchhalterischer Vergleich 108

V. Besondere Aspekte der Investitionsrechnung 113

1 Investitionsprogramm 113
   1.1 Einperiodenfall 114
   1.2 Mehrperiodenfall 117
2 Marktzinsmodell 118
   2.1 Berechnung des Kapitalwertes bei gestaffelten Zinsen 119
   2.2 Bestimmung der Investitionsrenditen 122
   2.3 Inkongruente Finanzierung 125
   2.4 Periodisierung des Kapitalwertes 127

3 Berücksichtigung von Gewinnsteuern 130
   3.1 Basismodell 130
   3.2 Zinsmodell 131
   3.3 Standardmodell 133
   3.4 Nettomethode 134
   3.5 Bruttomethode 136

4 Problem des Risikos und der Unsicherheit 137
   4.1 Traditionelle Ansätze 137
      4.1.1 Korrekturverfahren 137
      4.1.2 Sensitivitätsanalyse 139
      4.1.3 Risikoanalyse 140
   4.2 Entscheidungstheoretische Ansätze 141
      4.2.1 Erwartungswertprinzip 144
      4.2.2 Erwartungswert und Streuung 146

VI. Unternehmensbewertung 149

1 Grundlagen der Unternehmensbewertung 149

2 Gesamtbewertungsverfahren 152
   2.1 Ertragswertmethode 153
   2.2 Discounted Cash Flow-Methode 158
   2.3 Vergleichsverfahren 163
      2.3.1 Comparative Company Approach 164
      2.3.2 Multiplikatormethode 165

3 Substanzwertorientierte Verfahren 166
   3.1 Teilreproduktionswert 167
   3.2 Vollreproduktionswert 169

4 Mittelwertverfahren 172

5 Übergewinnverfahren 174
   5.1 Methode der Übergewinnabgeltung 175
   5.2 Methode der Übergewinnkapitalisierung 176

6 Neuere Verfahren der Unternehmensbewertung 178
   6.1 Return on Investment 178
   6.2 Economic Value Added 180
   6.3 Price Earnings Ratio 184

VII Anhang 187

1 Zinsfaktorentabellen 187

2 Lösungen der Wiederholungsfragen 193

Abbildungsverzeichnis

Abbildung 1-1:	Objektbezogene Investitionsarten	9
Abbildung 1-2:	Wirkungsbezogene Investitionsarten	11
Abbildung 1-3:	Aufgaben der Investitionswirtschaft	13
Abbildung 1-4:	Zahlungsreihen einer Investition	16
Abbildung 1-5:	Verfahren der Investitionsrechnung	17
Abbildung 2-1:	Statische Investitionsrechnungsverfahren	19
Abbildung 2-2:	Durchschnittlicher Kapitaleinsatz	22
Abbildung 2-3:	Berücksichtigung des Restwertes	22
Abbildung 2-4:	Ausgangsdaten für eine Investitionsentscheidung	23
Abbildung 2-5:	Investitionsentscheidung nach der Kostenvergleichsrechnung	24
Abbildung 2-6:	Investitionsentscheidung bei ungleicher Ausbringung	25
Abbildung 2-7:	Kostenfunktionen	26
Abbildung 2-8:	Gewinnvergleichsrechnung	27
Abbildung 2-9:	Break-Even-Menge	29
Abbildung 2-10:	Gewinnstrukturanalyse	30
Abbildung 2-11:	Bruttoinvestitionsrentabilität	33
Abbildung 2-12:	Nettoinvestitionsrentabilität	34
Abbildung 2-13:	Amortisationsrechnung	36
Abbildung 2-14:	Investitionszahlungsreihen	37
Abbildung 2-15:	Kumulative Methode	37
Abbildung 3-1:	Verlauf der Kapitalwertfunktion	60
Abbildung 3-2:	Ermittlung des internen Zinsfußes	62
Abbildung 3-3:	Grafische Lösung	64
Abbildung 3-4:	Kapitalwert und Zinssatz	65
Abbildung 3-5:	Kapitalwertkurven	77
Abbildung 5-1:	Investitions- und Finanzierungsprogramm	115
Abbildung 5-2:	Grafische Lösung	115
Abbildung 5-3:	Optimales Programm	116

Abbildung 5-4:	Gewinnermittlung	116
Abbildung 5-5:	Tabellarische Lösung	117
Abbildung 5-6:	Kapitalbindung	123
Abbildung 6-1:	Verfahren der Unternehmensbewertung	152
Abbildung 6-2:	Ertrags- und Substanzwert	172
Abbildung 6-3:	Konstanter Übergewinn	176
Abbildung 6-4:	Der flüchtige Übergewinn	177

I. Grundlagen der Investitionstheorie

In diesem Kapitel lernen Sie
- den Begriff der Investition und
- unterschiedliche Investitionsarten

kennen.

1 Grundbegriffe der Investitionsrechnung

Den Begriff Investition kann man im weiteren Sinne als die Umwandlung von Geldkapital in ein materielles oder immaterielles Vermögen definieren. Im engeren betriebswirtschaftlichen Sinne ist die Investition eine Anschaffungsauszahlung für ein Investitionsobjekt, das für den betrieblichen Leistungserstellungsprozess eingesetzt wird.

Investitionen sind Ausgaben beziehungsweise Auszahlungen für die Anschaffung von Investitionsobjekten zur betrieblichen Nutzung.

Jedes Unternehmen benötigt für den Prozess der betrieblichen Wertschöpfung Produktionsfaktoren, die für die Leistungserstellung eingesetzt werden. Diese Produktionsfaktoren sind im Wesentlichen

- die menschliche Arbeitsleistung,
- die Betriebsmittel,
- die Roh-, Hilfs- und Betriebsstoffe.

Grundsätzlich kann für jeden Produktionsfaktor eine Investition erfolgen. Dies wird deutlich, wenn man die verschiedenen Investitionsarten mit ihren entsprechenden Ausprägungen betrachtet.

1.1 Investitionsarten

Investitionen können nach
- betrachteten Objekten,
- ihrer Wirkung,
- dem Investor,
- dem Umschlagsfaktor,
- dem Investitionsumfang und

- der Wiederholhäufigkeit

differenziert werden. Es ergeben sich somit sechs unterschiedliche Ausprägungen für die Investitionsarten.

Entsprechend der Objekte, in die investiert wird, kann man in

- Sachinvestitionen,
- immaterielle Investitionen sowie
- Finanzinvestitionen

unterscheiden.

Sachinvestitionen sind Investitionen in körperliche – also materielle – Gegenstände, wie z. B. Grundstücke, Gebäude, Betriebsmittel. Sie werden deshalb auch als Realinvestitionen bezeichnet. Hierzu zählen aber auch Investitionen in Vorräte, wenn die Lagerung beziehungsweise die Bevorratung einen produktiven oder spekulativen Zweck verfolgt, oder Investitionen in Fremdleistungen, wenn diese beispielsweise der Inbetriebnahme von maschinellen Anlagen oder wertsteigernder Instandhaltungsmaßnahmen dienen. Diese Sachinvestitionen sind in der Regel aktivierungsfähig und auf der Vermögensseite der Bilanz wieder zu finden.

Die immateriellen Investitionen sind im Gegensatz zu den Sachinvestitionen nicht körperlich greifbar. Es handelt sich hier mehr um Kenntnisse und Fähigkeiten als um konkrete Wirtschaftsgüter. Zu den immateriellen Investitionen zählen im Know-how-Bereich die Aufwendungen für Forschung und Entwicklung, Patente und Lizenzen, im Marketingbereich die Werbeausgaben und im Personalbereich die Investitionen in Aus- und Weiterbildung oder in Sozialleistungen. Weiterhin gehören hierzu Aufwendungen für Beraterleistungen zur Verbesserung der Organisationsstruktur des Unternehmens oder der Prozessabläufe. Die immateriellen Investitionen sind, mit Ausnahme der entgeltlich erworbenen Patente und Lizenzen, nicht aktivierungsfähig und tauchen nicht auf der Vermögensseite der Bilanz auf.

Die dritte objektbezogene Investitionsart ist die Finanzinvestition. Hierzu zählen die Beteiligungen an anderen Unternehmen, beispielsweise durch den Kauf von Aktien, oder Finanzforderungen, wie Bankguthaben, festverzinsliche Wertpapiere, Industrieanleihen oder Obligationen. Finanzinvestitionen werden auch als Nominalinvestitionen bezeichnet. Die Finanzinvestitionen sind ebenso wie die Sachinvestitionen aktivierungsfähig. Abbildung 1-1 gibt einen Überblick über die objektbezogenen Investitionsarten.

Je nach der Wirkung, die man mit einer Investition erzielt, unterscheidet man Netto- und Reinvestitionen. Netto- und Reinvestitionen zusammen ergeben das Bruttoinvestitionsvolumen, das heißt das von einem Unternehmen in einer Periode getätigte Investitionsvolumen.

Reinvestitionen sind im weiteren Sinne Investitionen zum Ersatz für bereits vorhandene Sachmittel und Anlagen, die alt und abgenutzt sind. Die Reinvestitionen können weiter differenziert werden in

- Ersatzinvestitionen:
  dienen dem Erhalt der Leistungsfähigkeit des Unternehmens. Ein altes, nicht mehr nutzbares Betriebsmittel wird beispielsweise durch ein neues Betriebsmittel mit gleichartiger technischer Leistung ersetzt.

- Umstellungsinvestitionen:
  Hier werden die Fertigungskapazitäten an eine Verschiebung der Fertigungsmengen einzelner Produkte angepasst, ohne die Gesamtkapazität zu erhöhen. Dies ist dann der Fall, wenn die gesamte Bedarfsmenge an Produkten gleich bleibt, sich aber die nachgefragte Menge nach einer Produktvariante zu Lasten einer anderen Variante erhöht.

```
                    ┌─────────────────────────────────┐
                    │ Objektbezogene Investitionsarten│
                    └─────────────────────────────────┘
                                    │
         ┌──────────────────────────┼──────────────────────────┐
┌──────────────────┐  ┌────────────────────────┐  ┌──────────────────┐
│ Sachinvestitionen│  │Immaterielle Investitionen│  │ Finanzinvestitionen│
└──────────────────┘  └────────────────────────┘  └──────────────────┘
```

- *Gebäude*
- *Betriebsmittel*
- *Vorräte*
- *Fremdleistung*

- *F & E, Patente, Lizenzen*
- *Werbung*
- *Aus- und Weiterbildung*
- *Sozialleistungen*
- *Unternehmensberatung*

- *Unternehmensbeteiligungen*
- *Finanzforderungen*

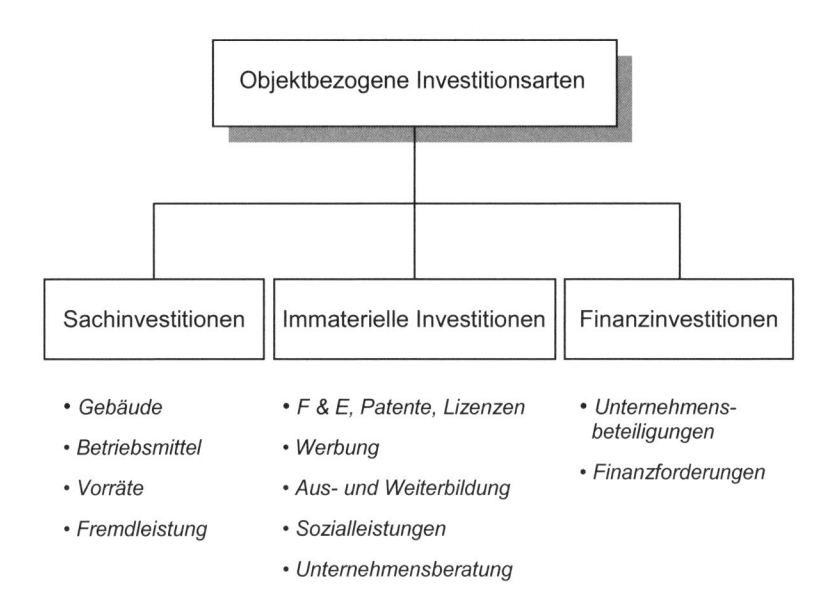

Abb. 1-1: Objektbezogene Investitionsarten

- Diversifizierungsinvestitionen:
  Durch eine Veränderung des Absatzprogramms müssen neue, andersartige Betriebsmittel angeschafft werden, um die neuen Produkte herstellen zu können.

- Sicherungsinvestitionen:
  dienen dem Erhalt des Unternehmens, hierzu zählen Beteiligung an einem Lieferanten, um die Versorgung aufrecht zu erhalten, oder die Investition in Forschung und Entwicklung beziehungsweise in Werbemaßnahmen.

Die Nettoinvestitionen, auch Neuinvestitionen genannt, stellen das Investitionsvolumen dar, das den Umfang des Betriebes erweitern oder die Kapazität erhöhen soll. Hier unterscheidet man in

- Gründungsinvestitionen:
  dienen dem Kauf oder der Neugründung eines Unternehmens oder einer Tochtergesellschaft und werden auch als Anfangs-, Erst-, Errichtungs- oder Neuinvestitionen bezeichnet.

- Erweiterungsinvestitionen:
  führen zu einer Erhöhung der Kapazität oder des Leistungspotentials eines bereits bestehenden Unternehmens.

Bedingt durch den technischen Fortschritt ist in der betrieblichen Praxis die reine Ersatzinvestition eher selten. Wenn ein altes, abgenutztes Betriebsmittel ersetzt werden soll, wird in der Regel ein moderneres und leistungsfähigeres Betriebsmittel angeschafft. Es liegt folglich kein reiner Ersatz vor, da gleichzeitig die Funktions- oder Leistungsfähigkeit erweitert wird. Diese Kombination von Ersatz- und Neuinvestition wird als

- Rationalisierungsinvestition oder auch als
- Modernisierungsinvestition

bezeichnet.

Eine Rationalisierungs- oder Modernisierungsinvestition ist also der Ersatz eines alten Betriebsmittels durch ein neues mit

- gleicher Kapazität beziehungsweise Leistungsfähigkeit und niedrigeren Kosten, beispielsweise durch geringeren Energieverbrauch oder niedrigere Wartungs- und Instandhaltungskosten,

- höherer Kapazität und gleichen Kosten, beispielsweise eine höhere Drehzahl oder eine schnellere Hubzahl, wodurch die Prozesszeit verkürzt und die Ausbringung erhöht werden kann,

oder einer Kombination aus den beiden genannten Möglichkeiten.

Abbildung 1-2 zeigt die Aufteilung des Bruttoinvestitionsvolumens in die Investitionsarten mit unterschiedlicher Wirkung.

Abhängig vom Status des Investors können Investitionen unterschieden werden in

- Investitionen von Unternehmen:
  beispielsweise Betriebsmittel, Finanzbeteiligungen oder Umlaufvermögen

- Investitionen der öffentlichen Hand:
  beispielsweise öffentliche Gebäude oder Infrastruktur

- Investitionen der privaten Haushalte:
  beispielsweise Wohneigentum, Einrichtungsgegenstände oder Autos

Von besonderer Bedeutung für den unternehmerischen Investor kann die Frage nach der Umschlagsgeschwindigkeit der Investition sein. Hier kann man unterteilen in

- Schnell umschlagende Investitionen:
  Investitionen in Umlaufvermögen, wie Material, Kaufteile oder Handelswaren

- Mittelfristig umschlagende Investitionen:
  Investitionen in mobiles Anlagevermögen, wie Betriebsmittel, Fuhrpark oder Betriebs- und Geschäftsausstattung

- Langsam umschlagende Investitionen:
  Investitionen in immobiles Anlagevermögen, wie Grundstücke oder Gebäude, aber auch Finanzinvestitionen

Schnell umschlagende Investitionen haben den Vorteil, dass die investierten Mittel zu einer schnellen Rückzahlung führen, während bei langsam umschlagenden Investitionen die Rückzahlungsperiode wesentlich länger ist.

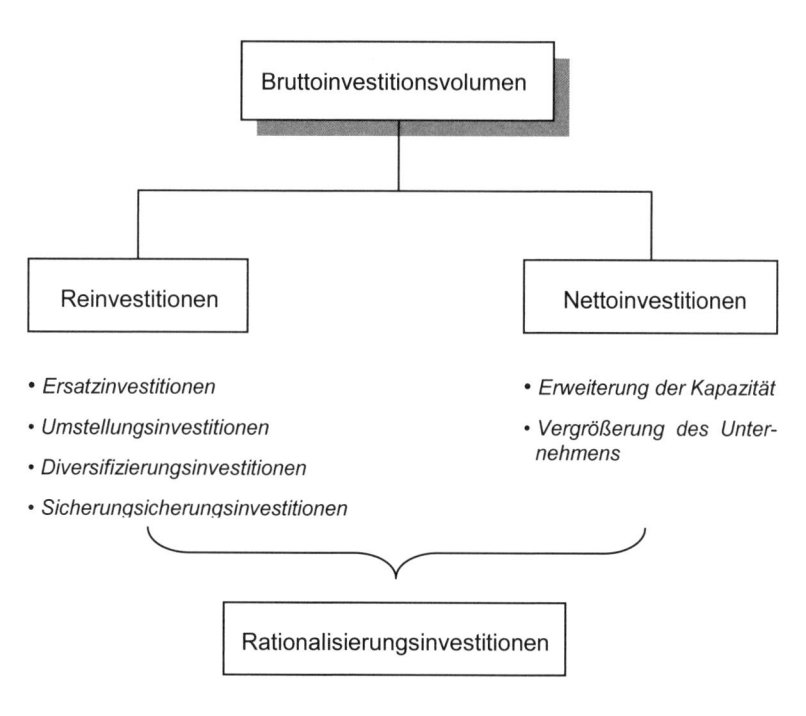

```
                    ┌─────────────────────────┐
                    │  Bruttoinvestitionsvolumen │
                    └─────────────────────────┘
                       /                    \
          ┌─────────────────┐       ┌─────────────────┐
          │  Reinvestitionen │       │  Nettoinvestitionen │
          └─────────────────┘       └─────────────────┘
```

- *Ersatzinvestitionen*
- *Umstellungsinvestitionen*
- *Diversifizierungsinvestitionen*
- *Sicherungsicherungsinvestitionen*

- *Erweiterung der Kapazität*
- *Vergrößerung des Unternehmens*

```
                    ┌───────────────────────────────┐
                    │  Rationalisierungsinvestitionen │
                    └───────────────────────────────┘
```

- *Kombination aus Re- und Nettoinvestitionen*
- *Modernisierung der Kapazitäten beziehungsweise des Unternehmens*

Abb. 1-2: Wirkungsbezogene Investitionsarten

Weiterhin können Investitionen auch nach ihrem wertmäßigen Umfang unterschieden werden in

- Routineinvestitionen:
  alltägliche Investitionen mit kleinem Umfang

- Unternehmenspolitische Investitionen:
  größere Investitionen mit in der Regel strategischer Bedeutung

Außerdem können Investitionen auch nach ihrem Häufigkeitsgrad unterteilt werden in:

- Einzelinvestitionen:
  Investitionen, die nicht wiederholt werden.

- Investitionsfolgen:
  Investitionen, die immer wieder getätigt werden.

- Investitionsketten:
  Investitionen, die in einer bestimmten Reihenfolge wiederholt werden.

Nachdem die unterschiedlichen Ausprägungen der Investitionsarten dargestellt wurden, soll nun der Begriff „Investitionswirtschaft" näher erläutert werden.

1.2 Investitionswirtschaft

Die Investitionswirtschaft befasst sich mit der betriebswirtschaftlichen Planung, Realisierung und Kontrolle von Investitionsprojekten. Aufgrund der eher mittel- bis langfristigen Auswirkungen von Investitionen auf den Unternehmenserfolg einerseits und der steigenden Anteile der Kapitalkosten an den Herstellkosten der Produkte andererseits, gewinnt die Investitionswirtschaft zunehmende Bedeutung.

Die Aufgaben der Investitionswirtschaft sind im Einzelnen

- Beschaffung der Investitionsdaten,
- Investitionsplanung und Entscheidungsvorbereitung,
- Investitionsentscheidung,
- Investitionsdurchführung und
- Investitionskontrolle.

Die Beschaffung von Investitionsdaten gestaltet sich in der Regel als besonders schwierig, da hier Initiative und Kreativität wichtig sind. Es müssen ständig Anregungen und Ideen gesammelt und Daten aus den verschiedenen Funktionsbereichen des Unternehmens analysiert werden, um den sinnvollen Einsatz neuer Betriebsmittel, Werkzeuge, Verfahren oder sonstiger Arbeitsmittel beurteilen zu können.

Bei der Investitionsplanung und Entscheidungsvorbereitung werden die Investitionsdaten strukturiert und so aufbereitet, dass eine spätere Investitionsentscheidung möglich ist. In der Planungsphase werden die Zahlungsreihen aufgebaut oder die repräsentativen Durchschnittswerte gebildet. Im folgenden Punkt „Investitionsplanung" wird dies noch näher erläutert.

In der Phase der Entscheidungsfindung wird die Wirtschaftlichkeitsbetrachtung der Investition durchgeführt. Hierzu werden die Verfahren der Investitionsrechnung angewendet, die später noch detailliert erläutert werden.

Während der Investitionsdurchführung werden die Investitionsobjekte bestellt, die Lieferung und Aufstellung überwacht und die Inbetriebnahme vorgenommen.

Die Investitionskontrolle dient der Nachrechnung der ursprünglichen Wirtschaftlichkeitsrechnung, die mit Plandaten durchgeführt wurde. Die Nachrechnung auf der Basis von Ist-Daten ist besonders wichtig, da hierbei die vorher gebildeten Plandaten überprüft werden, und falsche oder ungenaue Planansätze gefunden und analysiert werden können.

Abbildung 1-3 zeigt die einzelnen Aufgaben der Investitionswirtschaft und deren zeitlichen Ablauf.

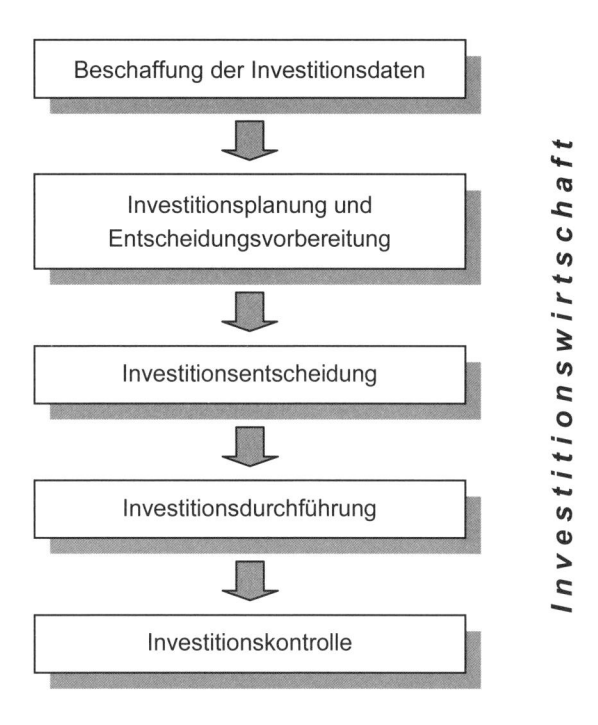

Abb. 1-3: Aufgaben der Investitionswirtschaft

Das Ziel der Investitionswirtschaft ist es die optimale Investitionsmöglichkeit aus der Sicht des Investors zu bestimmen. Hierzu werden nur monetäre Größen, wie beispielsweise

- der Gewinn oder
- die Kosten,

bei der Investitionsrechnung berücksichtigt, da nicht-monetäre Ziele, wie beispielsweise

- der gute Ruf des Unternehmens,
- eine positive Wahrnehmung des Unternehmens in der Öffentlichkeit durch beispielsweise besondere Umweltschutzmaßnahmen oder
- das Prestige des Investors,

nicht oder nur unvollständig bewertet werden können. Gleichwohl ist aber zu bedenken, dass gerade diese Ziele im Rahmen einer ausgewogenen und nachhaltigen Unternehmensstrategie, insbesondere einer nachhaltigen Investitionsstrategie, in der heutigen Zeit eine besondere Bedeutung haben können.

2 Investitionsplanung

Die Phase der Investitionsplanung ist sehr aufwendig, dient aber als Grundlage für die nachfolgende Investitionsentscheidung. Es müssen nun die von einer Investition ausgelösten Zahlungen ermittelt und dargestellt werden. Bei den Zahlungen handelt es sich um

- Auszahlungen, die der Investor an die Umwelt leistet,
- Einzahlungen, die von der Umwelt empfangen werden.

Die Auszahlungen werden normalerweise in Investitions- und Betriebsausgaben unterschieden.

Zu den Investitionsausgaben zählen im Wesentlichen:

- Anschaffungs- oder Herstellungsausgaben, die direkt für das Investitionsobjekt anfallen oder als Folgeinvestitionen auftreten,
- Anschaffungsnebenausgaben für Transport und Versicherung, Vertreterprovisionen, Abgaben und Steuern sowie Ausgaben für Aufstellung, Installation und Probelauf,
- Ausgaben für die Erhöhung des Umlaufvermögens, wie Vorräte für Roh-, Hilfs- und Betriebsstoffe, Ersatzteile oder Halb- und Fertigfabrikate sowie von Forderungen abzüglich der Erhöhung von Verbindlichkeiten aus Lieferungen und Leistungen, soweit diese Veränderungen des Umlaufvermögens dem Investitionsobjekt direkt zu zurechnen sind, sowie

- Ausgaben für die Konstruktion und Entwicklung von Produkten und Verfahren, für den Produktionsablauf sowie für Marktforschung und eine einmalige Werbekampagne zur Neueinführung des Produktes.

Zu den Betriebsausgaben können gerechnet werden:

- Ausgaben für Produktionsmaterial, Hilfsstoffe und Teile,
- Betriebsstoffe für den Produktionsprozess,
- Fertigungslöhne,
- Von Dritten erbrachte Dienstleistungen für die Produktion,
- Ausgaben für Wartung und Instandhaltung,
- Gewährleistungsausgaben,
- Abgaben und Steuern,
- Ausgaben für Patente und Lizenzen, wenn sie nach Produktionsstückzahlen erhoben werden und
- Ausgaben für die laufende Absatzförderung beziehungsweise Produktwerbung.

Zu den Einnahmen gehören:

- Einnahmen aus dem Verkauf der erbrachten Leistung (Produkt) einschließlich Nebenleistung (Restmaterial, Abfälle),
- Einnahmen aus dem Verkauf der Betriebsmittel und Vorräte am Ende der Nutzungsdauer des Investitionsobjektes (Liquidation),
- Einsparungen bei den Betriebsausgaben im Falle von Rationalisierungs- oder Modernisierungsinvestitionen.

Die Zahlungen werden als Zahlungsreihen dargestellt. Hierbei kann die Zahlungsreihe einer Investition insgesamt oder getrennt als Einzahlungs- und Auszahlungsreihe dargestellt werden. Abbildung 1-4 zeigt die Zahlungsreihen einer Investition tabellarisch und graphisch.

Zeitachse	0	1	2	3	4
Investition	-1.000				
Betriebsausgaben		-800	-700	-600	-500
Auszahlungsreihe	-1.000	-800	-700	-600	-500
Einnahmen		1.300	1.100	900	700
Liquidation					100
Einzahlungsreihe		1.300	1.100	900	800
Zahlungsreihe der Investition	**-1.000**	**500**	**400**	**300**	**300**

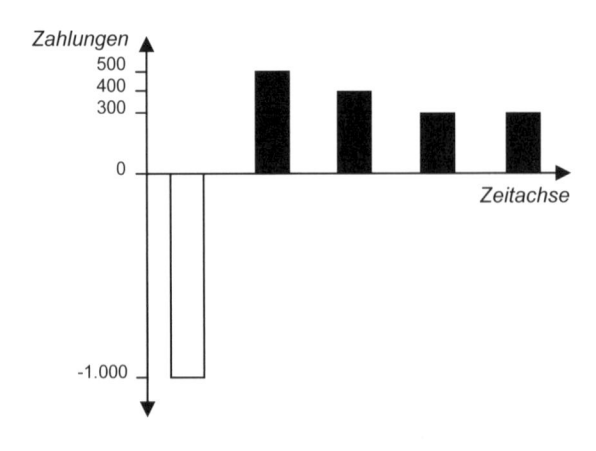

Abb. 1-4: Zahlungsreihe einer Investition

3 Verfahren der Investitionsrechnung

Ziel der Investitionsplanung ist die Durchführung einer Wirtschaftlichkeitsrechnung als Grundlage für die Investitionsentscheidung. Als Ergebnis der Wirtschaftlichkeitsrechnung erhält man eine Aussage über

- die Wirtschaftlichkeit eines einzelnen Investitionsobjektes,
- die Vorteilhaftigkeit eines Objektes gegenüber einer Alternative,
- die Rangfolge bei mehreren Alternativen.

Abbildung 1-5 gibt einen Überblick über die Verfahren der Investitionsrechnung. Die grundsätzliche Unterscheidung der Verfahren erfolgt unter der Fragestellung, ob eine Investitionsentscheidung unter vollkommener oder unvollkommener Voraussicht getroffen werden kann.

Vollkommene Voraussicht heißt, der Investor kann die zukünftigen Zahlungsreihen exakt vorhersehen und es liegt kein Risiko beim Eintreten der Planwerte vor. Es herrscht folglich Sicherheit für den Investor. Bei unvollkommener Voraussicht sind die zukünftigen Werte der Zahlungsreihe nicht genau prognostizierbar, es herrscht Unsicherheit beziehungsweise ein Risiko bezüglich des Eintretens der Planwerte.

Verfahren der Investitionsrechnung				
bei Sicherheit		bei Unsicherheit	
Einzelinvestitionen	Investitions-programme	Einzelinvestitionen	Investitions-programme
Statische Verfahren • Kostenvergleich • Gewinnvergleich • Rentabilitätsrechnung • Statische Amortisationsrechnung **Dynamische Verfahren** • Kapitalwertmethode • Annuitätenmethode • Interne-Zinsfuß-Methode • Dynamische Amortisationsrechnung	**Interne-Zinsfuß-Methode** • Dean • Baldwin **Kapitalwertmethode** • Lorie/Savage • Kapitalwertrate • LP-Ansätze	**Traditionelle Verfahren** • Korrekturverfahren • Sensitivitätsanalyse • Risikoanalyse **Entscheidungstheoretische Ansätze** • µ-Prinzip • µ-σ-Prinzip • Bernoulli-Prinzip	Portfolio-Methoden

Abb. 1-5: Verfahren der Investitionsrechnung

Die unterschiedlichen Verfahren der Investitionsrechnung lassen sich zunächst bezüglich der Berücksichtigung der zukünftigen Unsicherheiten einer Investition unterteilen. Weiterhin ist der Einsatzzweck der Methode von Relevanz. Handelt es sich um eine Einzelinvestition, das heißt, wird eine Investition isoliert bewertet, oder um ein gesamtes Investitionsprogramm, bei dem mehrere Investitionsalternativen auf Vorteilhaftigkeit geprüft oder in eine Rangfolge gebracht werden müssen?

Begriffe zum Nachlesen		
Investition	Investitionsarten	Investitionsobjekt
Nettoinvestition	Ersatzinvestition	Investitionswirtschaft
Zahlungsreihe	Investitionsplanung	

Wiederholungsfragen

1. Definieren Sie den Begriff Investition.
2. Systematisieren Sie die Investitionsarten.
3. Beschreiben Sie die einzelnen Schritte der Investitionswirtschaft.
4. Was ist das Ziel der Investitionswirtschaft?
5. Nach welchen Kriterien werden Verfahren der Investitionsrechnung unterschieden?

II. Statische Verfahren der Investitionsrechnung

In diesem Kapitel lernen Sie
- den Gesamt- und Stückkostenvergleich,
- den Gewinnvergleich und Kennzahlen der Gewinnanalyse,
- die Rentabilitätsrechnung und
- die Amortisationsdauer

kennen.

In der ersten Gruppe der Investitionsrechnungsverfahren sind alle statischen Verfahren enthalten. Sie werden deshalb als statisch bezeichnet, weil sie nicht den gesamten Planungs- oder Lebenszeitraum einer Investition berücksichtigen, sondern nur eine Periode daraus. Sie werden daher auch als einperiodische Verfahren bezeichnet. Es wird aus dem Zeitraum, über den eine Investition läuft, eine durchschnittliche oder repräsentative Periode ausgewählt und betrachtet. Die Investitionsentscheidung basiert dann auf dieser einen ausgewählten Periode, die unter Umständen nicht real, sondern nur theoretisch existiert.

Zu den statischen Verfahren der Investitionsrechnung gehören der Gesamt- und Stückkostenvergleich, der Gewinnvergleich und die Rentabilitätsrechnung als echte einperiodische Verfahren sowie die statische Amortisationsrechnung, die kein echtes einperiodisches Verfahren ist, da ein Zeitraum, die Amortisationsdauer, bestimmt wird. Bei der Rentabilitätsrechnung werden die Kapitalrentabilität, die Umsatzrentabilität und der Kapitalumschlag berechnet. Abbildung 2-1 gibt einen Überblick über die statischen Verfahren.

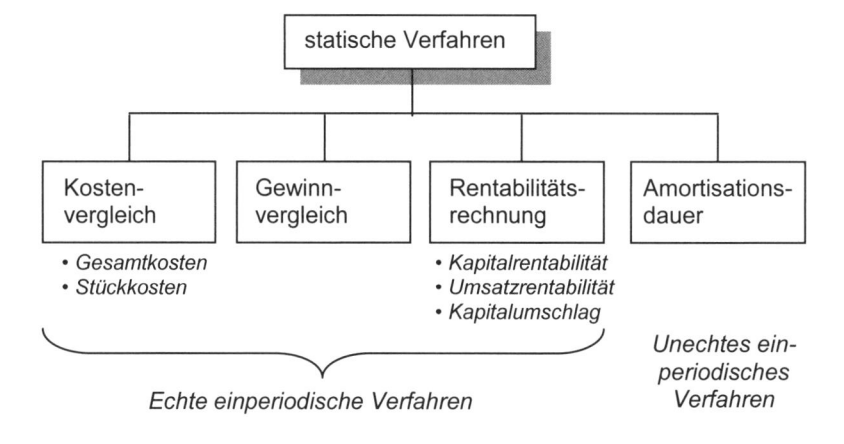

Abb. 2-1: Statische Investitionsrechnungsverfahren

Bei den statischen Verfahren steht

- die Auswahl des geeignetsten Investitionsobjektes sowie
- die Entscheidung über die Nutzungsdauer

im Vordergrund.

Als erstes statisches Verfahren wird die Kostenvergleichsrechnung dargestellt, die auch als Basis für weitere statische Verfahren dient.

1 Kostenvergleichsrechnung

Die Kostenvergleichsrechnung ist die einfachste Investitionsrechnung. Es werden bei der Auswahl von zwei oder mehreren Investitionsobjekten nur die Kosten betrachtet. Als Entscheidungsregel gilt:

Wähle die Investition mit den minimalen (durchschnittlichen) Kosten!

Je nach den vorliegenden Gegebenheiten muss ein

- Gesamtkostenvergleich oder
- Stückkostenvergleich

durchgeführt werden.

1.1 Gesamtkostenvergleich

Beim Gesamtkostenvergleich werden sämtliche Kosten einer Periode einbezogen, man spricht daher auch von einem Periodenkostenvergleich. Voraussetzung hierfür ist aber, dass die quantitative und qualitative Ausbringung zweier oder mehrerer Vergleichsobjekte genau gleich sein muss. Ist diese Voraussetzung erfüllt, müssen alle relevanten – das heißt dem Investitionsobjekt direkt zuordenbaren – Kosten ermittelt werden. Hierbei handelt es sich um

- Betriebskosten:
  fixe Betriebskosten (beispielsweise Raummiete oder laufzeitunabhängige Wartung),
  variable Betriebskosten (hauptsächlich Material- und Lohnkosten)
- Kapitalkosten:
  Abschreibungen bei mehrperiodischer Nutzung der Investition,
  Zinsen auf das in der Investition gebundene Kapital

Bei der Ermittlung der Kapitalkosten sind einige Grundsätze zu beachten, um die durchschnittlichen Kosten pro Periode zu bestimmen.

Abschreibungen

Die Abschreibung stellt die Wertminderung während der Nutzungsdauer eines

Investitionsobjektes dar. Die Wertminderung ist somit die Differenz zwischen den Anschaffungskosten und dem Restverkaufserlös beziehungsweise Restwertes am Ende der Nutzungsdauer und wird linear über die gesamte Nutzungsdauer verteilt. Man spricht hier auch von einer Normalisierung des Wertverlustes auf die Nutzungsdauer. Eine durchschnittliche Abschreibung ergibt sich dann nach der Formel

$$Abschreibung = \frac{Anschaffungskosten - Restwert}{Nutzungsdauer}$$

Zinsen

Die Zinsen sind auf den durchschnittlichen Kapitaleinsatz der Investition zu berechnen. Für die Bestimmung des durchschnittlichen Kapitaleinsatzes sind zwei Fälle zu unterscheiden:

- kontinuierliche Abschreibung beziehungsweise Amortisation des eingesetzten Kapitals
- Diskrete Abschreibung beziehungsweise Amortisation am Ende des jeweilgen Jahres

Bei einer kontinuierlichen oder stetigen Amortisation entwickelt sich das in der Investition gebundene Kapital linear, der durchschnittliche Kapitaleinsatz berechnet sich nach der Formel

$$Kapitaleinsatz = \frac{Anschaffungskosten}{2}$$

Wird buchhalterisch am Ende des jeweiligen Nutzungsjahres das Kapital in diskreten Abschreibungsbeträgen amortisiert, entwickelt sich das gebundene Kapital wie eine Treppenfunktion, der durchschnittliche Kapitaleinsatz erhöht sich dann gegenüber der kontinuierlichen Amortisation und ergibt sich wie folgt

$$Kapitaleinsatz = \frac{Anschaffungskosten + Abschreibung}{2}$$

Es muss zu den Anschaffungskosten eine durchschnittliche Abschreibung addiert werden. Abbildung 2-2 verdeutlicht den Unterschied zwischen beiden Methoden.

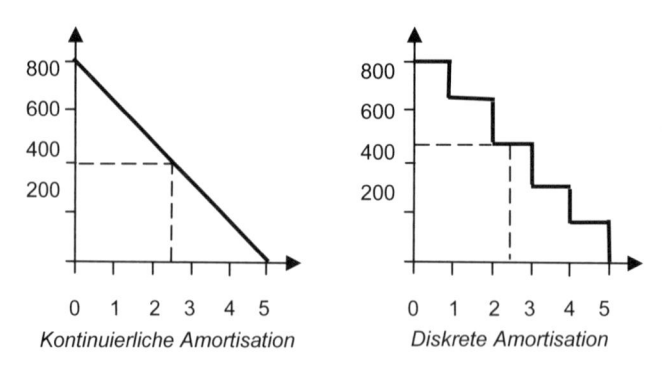

Abb. 2-2: Durchschnittlicher Kapitaleinsatz

Kann am Ende der Nutzungsdauer ein Restverkaufserlös erzielt werden, muss dieser bei der Berechnung des durchschnittlichen Kapitaleinsatzes ebenfalls berücksichtigt werden. Da der Restwert erst am Ende der Nutzungsdauer erlöst werden kann, stellt dieser Wert während der gesamten Laufzeit der Investition gebundenes Kapital dar und erhöht die durchschnittliche Kapitalbindung entsprechend. In Abbildung 2-3 ist der Zusammenhang zwischen dem Restwert und der höheren durchschnittlichen Kapitalbindung leicht zu erkennen, da im Gegensatz zu Abbildung 2-2 die Kurven des gebundenen Kapitals flacher verlaufen. Der durchschnittliche Kapitaleinsatz berechnet sich in diesem Fall bei kontinuierlicher Amortisation aus

$$Kapitaleinsatz = \frac{Anschaffungskosten + Restwert}{2}$$

und bei diskreter Amortisation am Ende des jeweiligen Nutzungsjahres aus

$$Kapitaleinsatz = \frac{Anschaffungskosten + Abschreibung + Restwert}{2}$$

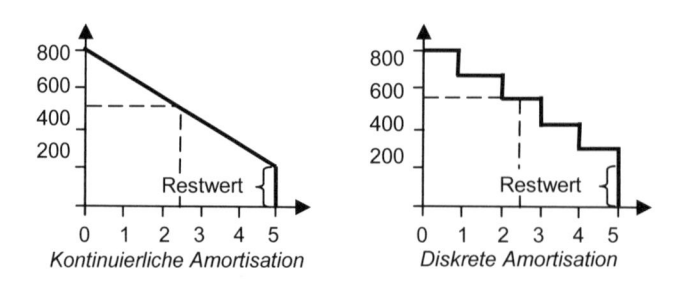

Abb. 2-3: Berücksichtigung des Restwertes

Die Vorgehensweise beim Gesamtkostenvergleich soll an einem kleinen Rechenbeispiel verdeutlicht werden.

Es sind zwei Investitionsobjekte mit quantitativ und qualitativ gleicher Ausbringungsmenge zu vergleichen. Die Amortisation des eingesetzten Kapitals erfolgt jeweils am Ende des Nutzungsjahres.

Abbildung 2-4 zeigt die Ausgangsdaten der beiden Investitionsobjekte und Abbildung 2-5 die Kostenvergleichsrechnung auf Basis der Gesamtkosten.

	Investitionsobjekt I	*Investitionsobjekt II*
Investitionsdaten		
Anschaffungskosten (AK)	100.000 €	60.000 €
Restwert (RW)	0 €	10.000 €
Nutzungsdauer (n)	10 Jahre	10 Jahre
Fixkosten pro Jahr	50.000 €	80.000 €
Var. Kosten pro Stück	2,- €	1,50 €
Produktionsmenge pro Jahr	15.000 Mengeneinheiten	15.000 Mengeneinheiten
Kalkulationszinsfuß	8 %	8 %

Abb. 2-4: Ausgangsdaten für eine Investitionsentscheidung

Zunächst werden alle Investitionsdaten zusammengestellt und dann die relevanten Durchschnittswerte ermittelt. Hierzu zählen die Kapitalkosten, also Abschreibungen und Zinsen, sowie die fixen und variablen Betriebskosten. Anschließend wird der Gesamtkostenvergleich durchgeführt, der zeigt, dass das Investitionsobjekt I niedrigere Gesamtkosten verursacht als Investitionsobjekt II. Folglich ist nach der Entscheidungsregel das Objekt I dem Objekt II vor zu ziehen. Wie zu Beginn des Kapitels bereits erwähnt, kann nur bei einer Auswahl von mindestens zwei Objekten das kostengünstigere ermittelt werden. Das bedeutet, dass die Kostenvergleichsrechnung nicht für die Bewertung eines einzelnen Investitionsobjektes geeignet ist. Der Kostenvergleich ermöglicht noch keine Aussage über die Wirtschaftlichkeit einer Investition, sondern sagt nur aus, dass eine notwendige Investition zu den niedrigsten Kosten durchgeführt werden soll. Die Frage, ob investiert werden muss und ob die Investition wirtschaftlich sinnvoll ist, kann nicht geklärt werden.

	Investitionsobjekt I	Investitionsobjekt II
Kapitalkosten		
Jährliche Abschreibungen $= \dfrac{AK - RW}{n} = Afa$	10.000 €	5.000 €
⌀ Kapitaleinsatz $= \dfrac{AK + RW + Afa}{2}$	55.000 €	37.500 €
Gesamtkostenvergleich		
Abschreibungen	10.000 €	5.000 €
Zinsen	4.400 €	3.000 €
Fixe Betriebskosten	50.000 €	80.000 €
Summe Fixkosten	64.400 €	88.000 €
Variable Kosten $= k_v \cdot Menge$	2,00 · 15.000 = 30.000 €	1,50 · 15.000 = 22.500 €
Gesamtkosten	**94.400 €**	110.500 €

Abb. 2-5: Investitionsentscheidung nach der Kostenvergleichsrechnung

Der Gesamtkostenvergleich ist, wie schon erwähnt, nur zulässig, wenn die Ausbringungsmengen der beiden Investitionsobjekte quantitativ und qualitativ gleich sind. Trifft diese Bedingung nicht zu, dann ist der Gesamt- oder Periodenkostenvergleich nicht das richtige Verfahren für die Investitionsentscheidung. In diesem Fall muss ein Stückkostenvergleich durchgeführt werden.

1.2 Stückkostenvergleich

Bei unterschiedlichen quantitativen Ausbringungsmengen sind die Gesamtkosten nicht der richtige Maßstab, da den Kosten unterschiedliche Produktionsmengen gegenüberstehen. In diesem Fall sind die Gesamtkosten durch die entsprechenden Ausbringungsmengen zu dividieren und die Stückkosten zu berechnen.

Hierzu wieder ein kleines Beispiel. Das obige Investitionsobjekt I wird mit einem alternativen Objekt, dem Investitionsobjekt III, verglichen. Das Investitionsobjekt III ermöglicht eine deutlich höhere Ausbringungsmenge pro Jahr. Die Investitionsdaten und die anschließende Vergleichsrechnung auf Stückkostenbasis zeigt Abbildung 2-6.

	Investitionsobjekt I	Investitionsobjekt III
Investitionsdaten		
Anschaffungskosten	100.000 €	120.000 €
Restwert	0 €	20.000 €
Nutzungsdauer	10 Jahre	10 Jahre
Fixkosten pro Jahr	50.000 €	70.000 €
var. Kosten pro Stück	2,- €	-,50 €
Produktionsmenge pro Jahr	15.000 ME	20.000 ME
Kalkulationszinsfuß	8 %	8 %
∅ Kapitaleinsatz	55.000 €	75.000 €
Stückkostenvergleich		
Abschreibungen	10.000 €	10.000 €
Zinsen	4.400 €	6.000 €
Fixe Betriebskosten	50.000 €	70.000 €
Summe Fixkosten	64.400 €	86.000 €
Variable Kosten	30.000 €	10.000 €
Gesamtkosten	94.400 €	96.000 €
Stückkosten	6,29 €	**4,80 €**

Abb. 2-6: Investitionsentscheidung bei ungleicher Ausbringung

1.3 Kritische Ausbringungsmenge

Werden zwei Investitionsobjekte kostenmäßig miteinander verglichen und stellt sich die Kostenstruktur so dar, dass beim Gesamtkostenvergleich ein Objekt höhere Fixkosten, aber niedrigere variable Kosten und niedrigere Stückkosten als das alternative Objekt aufweist, dann schneiden sich die Kostenfunktionen beider Objekte.

Die Kostenfunktion zeigt die Entwicklung der Gesamtkosten K mit zunehmender Ausbringungsmenge m und setzt sich aus den Fixkosten K_f und den variablen Kosten K_v zusammen.

$$K = K_f + K_v = K_f + k_v \cdot m$$

Schneiden sich die Kostenfunktionen zweier Objekte, sind in diesem Schnittpunkt die Gesamtkosten gleich und m ist die gesuchte kritische Ausbringungsmenge:

$$K_f^I + k_v^I \cdot m = K_f^{II} + k_v^{II} \cdot m$$

Durch Auflösen nach m erhält man die kritische Ausbringungsmenge:

$$m_k = \frac{K_f^{II} - K_f^I}{k_v^I - k_v^{II}}$$

Die kritische Ausbringungsmenge in unserem Beispiel errechnet sich wie folgt:

$$m_k = \frac{86.000 - 64.400}{2,00 - 0,50} = 14.400$$

Ab der Ausbringungsmenge 14.400 Stück pro Jahr ist die Anlage III mit den höheren Fixkosten, aber den niedrigeren variablen Kosten günstiger. Liegt die Ausbringungsmenge unter diesem kritischen Wert, muss die Anlage I mit den geringeren Fixkosten gewählt werden. Der Verlauf der Kostenfunktionen lässt sich in Abbildung 2-7 auch grafisch verdeutlichen.

Sowohl der Gesamtkosten- als auch der Stückkostenvergleich basiert auf der Annahme, dass die Erlössituation der Alternativen gleich ist, das heißt, die erzielten Verkaufspreise sind identisch. Weiterhin ist zu beachten, dass mit einer Kostenvergleichsrechnung keine Aussage über die Gewinnsituation getroffen werden kann. Es wird nur die Alternative mit den niedrigsten Kosten ausgewählt, unabhängig davon, ob Gewinn erzielt wird oder nicht.

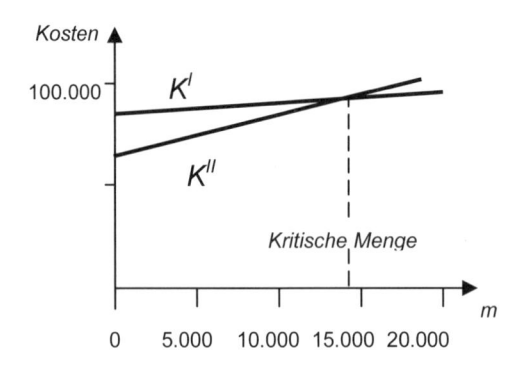

Abb. 2-7: Kostenfunktionen

2 Gewinnvergleichsrechnung

Wenn die Erlössituation zweier Investitionsalternativen nicht identisch ist, ist der Vergleich der Kostensituation nicht aussagefähig. Es muss dann die Gewinnsituation verglichen werden. Diese Situation liegt meist dann vor, wenn die Alternativen unterschiedliche Ausbringungsmengen ermöglichen, die größere Menge aber nur bei einem niedrigeren Durchschnittspreis am Markt abgesetzt werden kann. In diesem Falle kann es sein, dass die Alternative mit der größeren Menge die niedrigeren Stückkosten hat, aber die Gewinnsituation aufgrund der niedrigeren Absatzpreise nicht besser, sondern möglicherweise sogar schlechter ist, als bei der Alternative mit der geringeren Menge, aber dem höheren Preis.

Weiterhin kann die Gewinnvergleichsrechnung im Gegensatz zum Kostenvergleich auch zur Beurteilung eines einzelnen Investitionsobjektes angewendet werden. Ein Investitionsobjekt ist vorteilhaft, wenn es einen positiven Gewinn erwirtschaftet. Das Entscheidungskriterium dafür lautet daher:

> **Wähle die Investition mit dem maximalen (durchschnittlichen) Gewinn!**

Erweitert man das obige Beispiel um Verkaufserlöse, ergibt sich in Abbildung 2-8 folgende Gewinnsituation:

	Investitionsobjekt I	*Investitionsobjekt III*
Investitionsdaten		
Produktionsmenge pro Jahr	15.000 ME	20.000 ME
Verkaufserlös pro Stück	7,- €	6,- €
Umsatzerlöse pro Jahr	105.000 €	120.000 €
Gewinnvergleich		
Umsatzerlöse pro Jahr	105.000 €	120.000 €
Gesamtkosten	94.400 €	96.000 €
Gewinn pro Jahr	10.600 €	**24.000 €**

Abb. 2-8: Gewinnvergleichsrechnung

Investitionsobjekt III weist trotz niedriger Verkaufserlöse eine deutlich bessere Gewinnsituation aus.

Die Gewinnvergleichsrechnung kann durch zusätzliche Analysekennzahlen erweitert werden, um die Gewinnstruktur zu verdeutlichen. Übliche Kennzahlen sind in diesem Zusammenhang

- die Gewinnschwelle oder auch Break-Even-Analyse,

- die Deckungsspannenquote oder DBU-Quote und
- der Sicherheitskoeffizient.

Nachfolgend werden die drei Analysemethoden näher erläutert.

Gewinnschwelle

Das klassische Verfahren ist die Ermittlung der Gewinnschwelle beziehungsweise die Anwendung der Break-Even-Analyse. Gesucht ist die Menge (beziehungsweise der Auslastungsgrad), bei der die Anlage in die Gewinnzone gelangt. Dafür werden zunächst die Kostenfunktion und die Erlösfunktion erstellt.

$$Kosten = Fixkosten + variable\ Kosten$$

$$K = K_f + k_v \cdot m$$

Die Kosten setzen sich aus Fixkosten und variablen Kosten zusammen. Die variablen Kosten werden aufgesplittet in die variablen Stückkosten und die Menge. Die Erlöse werden durch die Multiplikation von Preis und Menge ermittelt.

$$Erlös = Preis \cdot Menge$$

$$E = p \cdot m$$

Die Break-Even-Menge ist genau die Menge, bei der sich die beiden Funktionen schneiden beziehungsweise die Kosten genauso groß sind wie die Erlöse. Mathematisch erhält man dies durch das Gleichsetzen von Erlös- und Kostenfunktion:

$$E = K \Leftrightarrow p \cdot m = K_f + k_v \cdot m \Leftrightarrow p \cdot m - k_v \cdot m = K_f$$

$$\Leftrightarrow m \cdot (p - k_v) = K_f \Leftrightarrow m = \frac{K_f}{(p - k_v)}$$

In der zweiten Zeile kann man erkennen, dass die Gewinnschwelle genau dann erreicht ist, wenn die Spanne aus dem Preis und den variablen Kosten genau die Fixkosten abdeckt. Diesen Klammerausdruck bezeichnet man als Deckungsspanne. Somit lässt sich die Gewinnschwelle wie folgt ausdrücken:

$$Gewinnschwelle = \frac{Fixkosten}{Deckungsspanne}$$

Wenn diese Deckungsspanne mit der produzierten Menge multipliziert wird, erhält man den Deckungsbeitrag. Die untenstehende Abbildung 2-9 verdeutlicht diesen Zusammenhang.

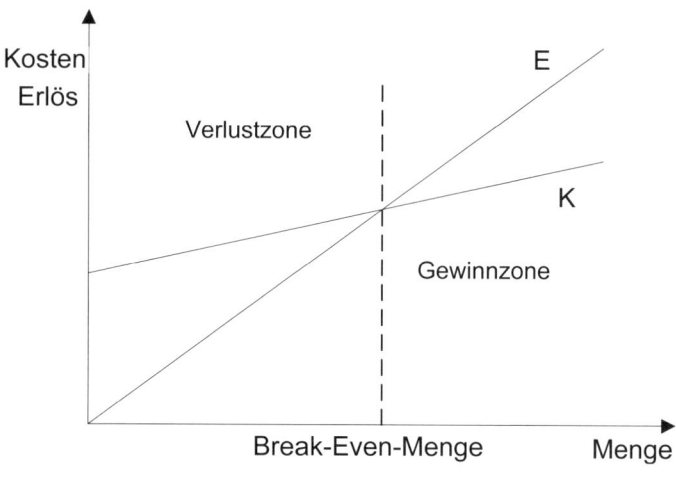

Abb. 2-9: Break-Even-Menge

Die Break-Even-Menge kann zur maximal möglichen Ausbringungsmenge ins Verhältnis gesetzt werden, und man erhält den prozentualen Auslastungsgrad, ab dem die Anlage in die Gewinnzone gerät. Je niedriger dieser Auslastungsgrad liegt, umso vorteilhafter ist das Investitionsobjekt.

Deckungsspannen-Quote

Die Deckungsspannen-Quote ergibt sich aus dem Verhältnis von Deckungsspanne pro Einheit zu Verkaufserlös und gibt den Erfolgszuwachs pro Einheit zusätzlichen Umsatzes an.

$$DBU - Quote = \frac{Deckungsspanne}{Stückerlös}$$

Je höher diese Quote ist, umso günstiger ist das Investitionsobjekt zu beurteilen.

Sicherheitskoeffizient

Der Sicherheitskoeffizient errechnet sich aus dem Verhältnis von Gewinn pro Periode zu Deckungsbeitrag pro Periode und gibt an, um wie viel Prozent die Umsatzerlöse pro Periode mengenmäßig sinken können, ohne dass ein Verlust auftritt.

$$Sicherheitskoeffizient = \frac{Gewinn}{Deckungsbeitrag}$$

Ein Investitionsobjekt ist umso besser, je höher der Sicherheitskoeffizient liegt.

Die drei Kennzahlen der Gewinnstrukturanalyse werden zur Verdeutlichung für das aus Abbildung 2-8 bekannte Beispiel ermittelt und in Abbildung 2-10 zusammengestellt.

	Investitionsobjekt I	Investitionsobjekt III
Investitionsdaten		
Produktionsmenge pro Jahr	15.000 ME	20.000 ME
Summe Fixkosten	64.400 €	86.000 €
Variable Kosten	30.000 €	10.000 €
Gesamtkosten	94.400 €	96.000 €
Variable Stückkosten	2,- €	-,50 €
Stückerlös	7,- €	6,- €
Deckungsspanne	5,- €	5,50 €
Umsatzerlöse pro Jahr	105.000 €	120.000 €
Deckungsbeitrag pro Jahr	75.000 €	110.000 €
Gewinn pro Jahr	10.600 €	24.000 €
Gewinnstrukturanalyse		
Gewinnschwelle	12.880 ME	15.636 ME
in % der max. Ausbringung	85,9%	**78,2%**
DBU-Quote	0,7	**0,9**
Sicherheitskoeffizient	14,1%	**21,8%**

Abb. 2-10: Gewinnstrukturanalyse

Die Gewinnvergleichsrechnung zeigt, welches Investitionsobjekt einen Gewinn erwirtschaftet beziehungsweise gibt eine Rangfolge bei mehreren Alternativen an. Mit der Gewinnvergleichsrechnung kann nun, im Gegensatz zur Kostenvergleichsrechnung, die Wirtschaftlichkeit eines einzelnen Investitionsobjektes bestimmt werden. Ein Investitionsobjekt ist grundsätzlich sinnvoll, wenn ein Gewinn erzielt werden kann. Da der Gewinn aber nur absolut verglichen wird, sind die Fälle von unterschiedlichen Kapitaleinsätzen und unterschiedlichen Laufzeiten problematisch.

Muss für ein Investitionsobjekt, das einen höheren Gewinn erzielt, mehr Kapital eingesetzt werden, ist es zweckmäßig die Investitionsrechnung durch eine Rentabilitätsrechnung zu ergänzen. Sind die Laufzeiten unterschiedlich, muss ein Gesamtgewinnvergleich über die gesamte Laufzeit durchgeführt werden.

3 Rentabilitätsrechnung

Im Gegensatz zur Gewinn- und Kostenvergleichsrechnung berücksichtigt die Rentabilitätsvergleichsrechnung die unterschiedliche Kapitalbindung der Investitionsobjekte, indem die jährlichen (durchschnittlichen) Gewinne einer Investition zu ihrem durchschnittlichen Kapitaleinsatz ins Verhältnis gesetzt werden:

$$Investitionsrentabilität = \frac{Gewinn}{Kapitaleinsatz}$$

Bei der Beurteilung mehrerer Investitionsalternativen sollte der Entscheider folgende Regel beachten:

> **Wähle die Investition mit der maximalen (durchschnittlichen) Rentabilität!**

Allerdings muss bei der Ermittlung des Gewinns eine Fallunterscheidung gemacht werden. In der Gewinnvergleichsrechnung wurden bei den Gesamtkosten die Kapitalkostenpositionen „Abschreibungen" und „Zinsen" berücksichtigt. Bei der Rentabilitätsrechnung wird in der Regel differenzierter vorgegangen. Man unterscheidet hier zwischen

- Nettoinvestitionsrentabilität und
- Bruttoinvestitionsrentabilität.

Je nach betrachteter Investitionsrentabilität sind die Berechnung des Gewinns und die mit der Rentabilität verbundenen Aussagen unterschiedlich.

Nettoinvestitionsrentabilität

Die Nettoinvestitionsrentabilität ist die direkte Fortsetzung der Gewinnvergleichsrechnung. Bei der Berechnung des Gewinns werden alle Kostenpositionen der Kosten- und Gewinnvergleichsrechnung verwendet. Die Berechnung erfolgt nach dem Schema

Umsatzerlöse
− Abschreibungen
− Zinsen
− Fixe Betriebskosten
− Variable Betriebskosten
= Gewinn

Die Nettoinvestitionsrentabilität gibt den Gewinn nach Zinskosten bezogen auf den Kapitaleinsatz an.

Bruttoinvestitionsrentabilität

Die Bruttoinvestitionsrentabilität bezieht den Gewinn vor Zinskosten auf den Kapitaleinsatz. Durch die Berechnung des Gewinns ohne die Zinskosten wird die Finanzierung der Investition bei der Investitionsbeurteilung nicht berücksichtigt. Es erfolgt eine konsequente Trennung von Investition und Finanzierung. Der Investor kann bei dieser Vorgehensweise erst die Investitionsentscheidung mittels der Bruttorendite treffen und im zweiten Schritt überlegen, wie er die Finanzierung gestaltet. Die Finanzierungskosten schmälern dann in Form von Zinsen die Bruttorendite, so dass wie oben die Nettorendite als Ergebnis nach Zinsen übrig bleibt. Die Berechnung des Gewinns erfolgt bei der Bruttoinvestitionsrentabilität nach dem Schema

Umsatzerlöse

– *Abschreibungen*

– *Fixe Betriebskosten*

– *Variable Betriebskosten*

= *Gewinn*

Die Rentabilitätsrechnung ist sowohl für den Vergleich verschiedener Investitionsobjekte als auch für die Vorteilhaftigkeit eines einzelnen Investitionsobjektes geeignet. Wird nur ein Investitionsobjekt beurteilt lautet die Entscheidungsregel

- Nettoinvestitionsrentabilität > 0,
- Bruttoinvestitionsrentabilität $>$ Zinskostensatz.

Die obige Formel kann für verschiedene Rentabilitätsbegriffe verwendet werden, insbesondere die Unterscheidung in

- Eigenkapitalrentabilität und
- Gesamtkapitalrentabilität

wird häufig verwendet.

Zur weiteren Verfeinerung kann die Rentabilitätsrechnung entsprechend des RoI-Schemas (Return on Invest) in zwei Komponenten aufgeteilt werden,

$$\textit{Investitionsrentabilität} = \textit{Umsatzrentabilität} \cdot \textit{Kapitalumschlag}$$

$$\frac{\textit{Gewinn}}{\textit{Kapitaleinsatz}} = \frac{\textit{Gewinn}}{\textit{Umsatzerlöse}} \cdot \frac{\textit{Umsatzerlöse}}{\textit{Kapitaleinsatz}}$$

um eventuelle strukturelle Unterschiede beim Zustandekommen der Rentabilität der zu vergleichenden Alternativen zu verdeutlichen. Die Kennzahl Umsatzrentabilität zeigt den prozentualen Anteil des Gewinns an den Umsatzerlösen oder mit anderen Worten wie viel Euro Gewinn mit einem 1 € Umsatz erzielt wird, und der Kapitalumschlagsfaktor gibt an wie häufig das eingesetzte Kapital über die

Umsatzerlöse umgeschlagen wird oder auch anders, wie viel Euro Umsatz mit einem 1 € Kapitaleinsatz erreicht wird.

In Weiterführung unseres Beispiels von Abbildung 2-10 zeigt Abbildung 2-11 die Rentabilitätskennziffern zur Bruttoinvestitionsrentabilität für die beiden Investitionsobjekte. Insgesamt ist die Investitionsrentabilität von Objekt III besser, aber der Kapitalumschlag von Objekt I ist höher als von Objekt II. Abbildung 2-12 zeigt nochmals die gleichen Rentabilitätskennzahlen auf Basis der Nettoinvestitionsrentabilität.

	Investitionsobjekt I	*Investitionsobjekt III*
Investitionsdaten		
∅ Kapitaleinsatz	55.000 €	75.000 €
Umsatzerlöse pro Jahr	105.000 €	120.000 €
Abschreibungen	10.000 €	10.000 €
Fixe Betriebskosten	50.000 €	70.000 €
Variable Betriebskosten	10.000 €	10.000 €
Gewinn vor Zinsen	15.000 €	30.000 €
Bruttorentabilitätsrechnung		
Bruttoinvestitionsrentabilität	27,3%	**40,0%**
Bruttoumsatzrentabilität	14,3%	**25,0%**
Kapitalumschlag	**1,9**	1,6

Abb. 2-11: Bruttoinvestitionsrentabilität

Der Unterschied zu Abbildung 2-11 liegt in der Berechnung des Gewinns. Dadurch ändern sich die Investitions- und Umsatzrentabilität, der Kapitalumschlagsfaktor bleibt davon unberührt.

	Investitionsobjekt I	Investitionsobjekt III
Investitionsdaten		
∅ Kapitaleinsatz	55.000 €	75.000 €
Umsatzerlöse pro Jahr	105.000 €	120.000 €
Abschreibungen	10.000 €	10.000 €
Zinsen	4.400 €	6.000 €
Fixe Betriebskosten	50.000 €	70.000 €
Variable Betriebskosten	10.000 €	10.000 €
Gewinn nach Zinsen	10.600 €	24.000 €
Nettorentabilitätsrechnung		
Nettoinvestitionsrentabilität	19,3 %	**32,0 %**
Nettoumsatzrentabilität	10,1 %	**20,0 %**
Kapitalumschlag	**1,9**	1,6

Abb. 2-12: Nettoinvestitionsrentabilität

Die Rentabilitätsrechnung sollte immer dann eingesetzt werden, wenn der Kapitaleinsatz der einzelnen Investitionsobjekte stark differiert. Es können aber nur Investitionsobjekte mit gleicher Laufzeit verglichen werden.

4 Amortisationsrechnung

Bei der statischen Amortisationsrechnung (pay-off-Methode) stehen nicht mehr die Kosten, der Gewinn oder die Rentabilität im Vordergrund, sondern das Sicherheitsdenken. Die Amortisationsrechnung ermittelt den Zeitraum, in dem das investierte Kapital über die Umsatzerlöse wieder in das Unternehmen zurückfließt und für weitere Investitionen zur Verfügung steht. Der grundlegende Gedanke hierbei ist der Zusammenhang zwischen Investitionsdauer und Sicherheit. Je schneller das eingesetzte Kapital zurückgewonnen werden kann, umso sicherer ist das Investitionsobjekt.

Diese Überlegung gilt für alle Planungsprobleme. Je weiter man in die Zukunft plant, desto unsicherer sind die Plandaten und desto riskanter ist die Investitionsentscheidung. Bei der Beurteilung einer einzelnen Investition stellt sich die Frage, ob sich das Investitionsobjekt innerhalb eines gewünschten Zeitraumes amortisiert. Bei der Entscheidung über die Vorteilhaftigkeit mehrerer Alternativen lautet das Entscheidungskriterium:

> **Wähle die Investition mit der kürzesten Amortisationsdauer!**

Bei der Berechnung der Amortisationsdauer gibt es zwei verschiedene Vorgehensweisen:

- die Durchschnittsmethode und
- die kumulative Methode

4.1 Durchschnittsmethode

Bei der Durchschnittsmethode wird ein durchschnittlicher Cash Flow für das Investitionsobjekt ermittelt. Die Formel für den Cash Flow lautet:

$$Cash\ Flow = Gewinn + Abschreibung$$

Es können beispielsweise die Durchschnittswerte für Gewinn und Abschreibung aus der Gewinnvergleichsrechnung verwendet werden. Für die Formel zur Berechnung der Amortisationsdauer ergibt sich dann:

$$Amortisationsdauer = \frac{Anschaffungskosten}{Cash\ Flow}$$

Für das Beispiel aus Abbildung 2-6 ergeben sich in Abbildung 2-13 folgende Amortisationsdauern.

Die Durchschnittsmethode zur Berechnung der Amortisationsdauer ist – wie alle bisher beschriebenen statischen Verfahren – ein einperiodisches Verfahren. Allerdings ist die Durchschnittsmethode bei starken Unterschieden in der Zeitstruktur der Rückflüsse zu ungenau und sollte durch die kumulative Methode ersetzt werden.

	Investitionsobjekt I	Investitionsobjekt III
Investitionsdaten		
Anschaffungskosten	100.000 €	120.000 €
Umsatzerlöse pro Jahr	105.000 €	120.000 €
Abschreibungen	10.000 €	10.000 €
Zinsen	4.400 €	6.000 €
Fixe Betriebskosten	50.000 €	70.000 €
Variable Kosten	30.000 €	10.000 €
Gesamtkosten	94.400 €	96.000 €
Gewinn pro Jahr	10.600 €	24.000 €
Amortisationsrechnung		
Gewinn pro Jahr	10.600 €	24.000 €
Abschreibungen	10.000 €	10.000 €
∅ Cash Flow	20.600 €	34.000 €
Amortisationsdauer	4,9 Jahre	**3,5 Jahre**

Abb. 2-13: Amortisationsrechnung

4.2 Kumulative Methode

Die kumulative Methode sollte immer dann eingesetzt werden, wenn die Rückflüsse eines Investitionsobjektes im Verlauf der Nutzungsdauer stark schwanken. Hier wird nun erstmals die Zahlungsreihe einer Investition über die gesamte Planungs- beziehungsweise Nutzungsdauer betrachtet. Deshalb ist die kumulative Methode im Gegensatz zur Durchschnittsmethode kein einperiodisches, sondern ein mehrperiodisches Verfahren. Da der Zinseszins nicht berücksichtigt wird, ist die kumulative Methode aber noch kein dynamisches Verfahren der Investitionsrechnung, sondern steht gewissermaßen zwischen den statischen und dynamischen Verfahren.

Die Problematik starker struktureller Unterschiede der Rückflüsse und die Vorgehensweise der kumulativen Methode wird in Abbildung 2-14 und 2-15 verdeutlicht. Die Rückflüsse einer Investition sind die Differenzen zwischen den Ein- und Auszahlungen einer Investition und werden auch als Cash Flow bezeichnet.

In dem Beispiel sind die Anschaffungskosten der Investitionsobjekte I und II zum Zeitpunkt 0 jeweils 1.000 € und die Nutzungsdauer 5 Jahre.

Jahre	0	1	2	3	4	5
Investition I	−1.000	500	400	300	200	100
Investition II	−1.000	100	200	300	400	500

Abb. 2-14: Investitionszahlungsreihen

Die Rückflussstruktur von Objekt I ist fallend, die von Objekt II steigend. Die Durchschnittsmethode berücksichtigt diesen Unterschied nicht. Der durchschnittliche Cash Flow wäre für beide Investitionsobjekte 300 € pro Jahr. Deshalb ist die errechnete Amortisationsdauer für beide Objekte gleich und liegt jeweils bei 3,3 Jahren. Der Entscheider hätte in diesem Fall kein Indiz, welches Investitionsobjekt vorziehenswert ist.

Die kumulative Methode berücksichtigt die unterschiedliche Struktur des Cash Flows explizit, in dem die Zahlungsreihe der Investition über die gesamte Laufzeit kumuliert wird. Investitionsobjekt I amortisiert sich bereits im dritten Jahr der Nutzung Investitionsobjekt II amortisiert sich hingegen erst am Ende des vierten Jahres.

Jahre	0	1	2	3	4	5
Investition I	−1.000	500	400	300	200	100
Kumulierte Zahlungsreihe	*−1.000*	*−500*	*−100*	*200*	*400*	*500*
Investition II	−1.000	100	200	300	400	500
Kumulierte Zahlungsreihe	*−1.000*	*−900*	*−700*	*−400*	*0*	*500*

Abb. 2-15: Kumulative Methode

Durch die Anwendung der genaueren kumulativen Methode zeigt sich nun der Unterschied der beiden Investitionsobjekte. Objekt I amortisiert sich bereits nach 2,3 und nicht nach 3,3 Jahren und Objekt II erst nach 4,0 und nicht nach 3,3 Jahren. Die zeitliche Struktur des Cash Flows hat erheblichen Einfluss auf die Amortisationsdauer.

5 Kritik an den statischen Verfahren

Alle statischen Verfahren besitzen folgende gemeinsame Eigenschaften, die gleichzeitig Ansatzpunkte für die an ihnen geübte Kritik sind:

1. Die Investitionsobjekte werden mit durchschnittlichen Erfolgsgrößen beurteilt, bei denen es unerheblich ist, zu welchem Zeitpunkt sie anfallen. Dies trifft nicht zu für die Amortisationsrechnung nach der kumulativen Methode.
2. Die statischen Verfahren arbeiten mit Kosten und Erlösen (Leistungen) statt mit Einzahlungen und Auszahlungen.
3. Mittels der statischen Verfahren lassen sich nur Investitionsobjekte, aber nicht vollständige Handlungsalternativen miteinander vergleichen.

Trotz dieser Kritik werden in der Praxis die Verfahren der statischen Investitionsrechnungen regelmäßig zur Auswahl von Investitionsobjekten herangezogen, da sie

- leicht zu handhaben sind,
- an die Entscheider keine hohen mathematischen Anforderungen stellen und
- nur einen geringen Beschaffungsaufwand von Informationen verlangen.

Begriffe zum Nachlesen

Kostenvergleich	Kritische Ausbringung	Gewinnvergleich
Gewinnschwelle	Deckungsspanne	Sicherheitskoeffizient
Deckungsbeitrag	Kapitalrentabilität	Umsatzrentabilität
Kapitalumschlag	Amortisationsdauer	

Wiederholungsfragen

1. Warum werden die statischen Verfahren der Investitionsrechnung auch einperiodische Verfahren genannt?
2. Der Unternehmer Fuchs möchte Metalldosen produzieren. Zwei verschiedene Produktionsanlagen stehen hierfür zur Auswahl:

	Typ A	Typ B
Anschaffungskosten	70.000 €	90.000 €
Fixe Betriebskosten pro Jahr	23.000 €	32.500 €
Variable Betriebskosten pro Stück	0,70 €	0,50 €
Voraussichtliche Ausbringung pro Jahr	50.000 Stück	75.000 Stück
Geplante Nutzungsdauer (ND)	5 Jahre	6 Jahre
Restverkaufserlös am Ende der geplanten ND	5.000 €	6.000 €
Zinssatz	10 %	10 %

Bei der Berechnung der Kapitalkosten geht Fuchs von einer buchhalterischen Abschreibung am jeweiligen Jahresende aus. Für welche Produktionsanlage wird er sich entscheiden?

3. Der Unternehmer Fuchs ist sich über die mögliche Absatzmenge nicht sicher. Er überlegt, ob sich die Anlage Typ B mit den höheren Fixkosten, aber den geringeren Stückkosten tatsächlich für ihn lohnt. Ab welcher Produktionsmenge ist Typ B tatsächlich wirtschaftlich sinnvoll?

4. Die Marktstudie, die Herr Fuchs in Auftrag gegeben hat, brachte folgende Ergebnisse:
Absatzmöglichkeit im Inland: maximal 55.000 Stück zu einem Preis von 1,80 €. Zusätzliche Absatzmöglichkeit im Ausland: weitere 30.000 Stück zu einem Stückpreis von 1,20 €. Wird Herr Fuchs seine unter Punkt 2 getroffene Entscheidung nochmals überdenken?

5. Da Herr Fuchs sich nicht sicher ist, ob er im Auslandsmarkt erfolgreich sein wird und seine gesamte Produktionsmenge absetzen kann, möchte für beide Produktionsanlagen die Break-Even-Menge ermitteln.

6. Der Unternehmensberater Pfiffig rät Herrn Fuchs, auf die Rentabilität des eingesetzten Kapitals zu achten und die Finanzierung zunächst außer Acht zu lassen. Welche Rentabilitätskennzahl muss Herr Fuchs berechnen?

7. Da die Zukunft des Marktes für Metalldosen schwer prognostizierbar ist, möchte Herr Fuchs gerne wissen, wann sich sein eingesetztes Kapital amortisiert hat. Wird er die unter Punkt 2 und 4 getroffene Investitionsentscheidung nochmals überdenken?

Literaturhinweise

Kruschwitz, L.: Investitionsrechnung, 5. Aufl., Berlin 1993.

Olfert, K.: Investitionen, 5. Aufl., Ludwigshafen 1992.

III. Dynamische Verfahren der Investitionsrechnung

In diesem Kapitel lernen Sie

- die Aufzinsungs-, Abzinsungs- und Rentenfaktoren,
- die Endwertmethode,
- die Kapitalwertmethode,
- den internen Zinsfuß,
- die Annuitätenmethode und
- die dynamische Amortisationsrechnung

kennen.

Der große Nachteil der statischen Verfahren war die Beurteilung der Investition mit nur einem durchschnittlichen beziehungsweise repräsentativen Jahr. Durch diese einperiodische Betrachtungsweise konnten eventuelle Unterschiede in der zeitlichen Struktur der Rückflüsse nicht beachtet werden.

Im Gegensatz dazu betrachten die dynamischen Verfahren die gesamte Laufzeit oder Nutzungsdauer einer Investition und berücksichtigen dadurch zeitliche Unterschiede der Ein- und Auszahlungen, das heißt, zukünftige Zahlungen werden anders bewertet als gegenwärtige Zahlungen. Der Rückfluss von 1 € zum jetzigen Zeitpunkt hat einen höheren Wert als der Rückfluss von 1 € zu einem späteren Zeitpunkt, da man den früher erwirtschafteten Euro in der Zwischenzeit zinsbringend anlegen könnte. Oder anders formuliert: Der Zinseffekt bewirkt, dass Einzahlungen in späteren Perioden einen geringeren Wert haben als in früheren Perioden.

Zusammenfassend kann man folgende Merkmale der dynamischen Investitionsrechnung feststellen:

- Basis der Beurteilung sind Ein- und Auszahlungen und nicht Kostengrößen.
- Es wird die gesamte Nutzungsdauer berücksichtigt.
- Die Entscheidungsrechnung erfolgt mit finanzmathematischen Methoden.

Um nun eine Investitionsentscheidung mit einem dynamischen Verfahren durchführen zu können, müssen folgende Voraussetzung gegeben sein:

- Die Investition muss in Form einer Zahlungsreihe dargestellt sein (siehe hierzu Abbildung 1-4 im Kapitel „Investitionsplanung").
- Alle mit der Investition verbundenen Ein- und Auszahlungen können eindeutig zugeordnet werden.
- Alle Ein- und Auszahlungen werden mit einem Kalkulationszinssatz auf einen vergleichbaren Zahlungszeitpunkt auf- oder abgezinst.

- Es liegt ein vollkommener Kapitalmarkt vor.

- Sämtliche Ein- und Auszahlungen sind sicher, die Investitionsentscheidung wird unter vollkommener Voraussicht getroffen.

Einige dieser Annahmen sind in der Realität etwas problematisch, treffen aber auch für die statischen Modelle zu, wie etwa die Prämisse der vollkommenen Voraussicht. Diese Prämisse muss auch bei den statischen Verfahren vorliegen, da das Problem der Planungsunsicherheit weder bei den statischen noch bei den dynamischen Verfahren berücksichtigt wird. Bei den dynamischen Verfahren wird die Problematik nur deutlicher, da konkrete Zahlungen für die einzelnen Jahre der Nutzungsdauer ermittelt werden müssen und nicht die Angabe eines durchschnittlichen oder repräsentativen Wertes genügt. Die Prämisse der eindeutigen Zuordnung trifft auch die statischen Verfahren, auch hier kann beispielsweise die Zuordnung von Gewinnanteilen auf einzelne Investitionsobjekte problematisch sein.

Die Zahlungsreihe für eine Investition, die zum Zeitpunkt $t = 0$ beginnt und zum Zeitpunkt $t = n$ endet und in den einzelnen Perioden die Zahlungen z_t als Differenz zwischen den Einzahlungen E_t und Auszahlungen A_t der Periode t wiedergibt, wird nun als Tabelle folgendermaßen dargestellt:

t	0	1	2	...	n
z_t	z_0	z_1	z_2	...	z_n

$$z_t = E_t - A_t$$

Zu Beginn der ersten Periode $t = 0$ fällt in der Regel eine Ausgabe für die Investition an, das heißt, z_0 ist negativ. Die Zahlung z_1 kennzeichnet dann die Differenz der Ein- und Auszahlungen am Ende der ersten Periode und z_n die Differenz der Ein- und Auszahlungen am Ende der letzten Periode.

Die Prämisse des vollkommenen Kapitalmarktes ist unrealistisch, für eine Modellrechnung aber zwingend erforderlich und muss daher näher diskutiert werden.

Vollkommener Kapitalmarkt

Ein Markt ist dann vollkommen, wenn zwischen Anbietern und Nachfragern des Marktes sämtliche Informationen über die entscheidungsrelevanten Parameter bekannt sind. Das heißt: Es herrscht vollständige Markttransparenz. Weiterhin dürfen auf dem Markt keine Transaktionskosten oder Steuern auftreten. Einigen sich Anbieter und Nachfrager auf einen Preis, wird die Transaktion zu diesem Preis durchgeführt, ohne zusätzliche Kosten oder Gebühren. Speziell für den Kapitalmarkt gilt noch, dass alle Investitionsobjekte und alle Finanzierungsmöglichkeiten beliebig teilbar sin, und dass keine Unterscheidung zwischen Eigenkapital und Fremdkapital gemacht wird. Dies entspricht der Forderung nach homogenen Gütern eines vollkommenen Marktes.

Aufgrund dieser Annahmen des vollkommenen Kapitalmarktes ergeben sich für die Investitionsentscheidung folgende Bedingungen:

- Es gibt einen einheitlichen Marktzinssatz (Sollzins = Habenzins).
- Zu diesem Marktzinssatz kann zu jedem Zeitpunkt beliebig lange Kapital angelegt oder aufgenommen werden.
- Die Möglichkeit Kapital anzulegen oder aufzunehmen ist unbegrenzt, es existieren keine Liquiditätsprobleme.

Der einheitliche Marktzinssatz, bei dem jederzeit beliebig viel und beliebig lange Kapital aufgenommen beziehungsweise angelegt werden kann, ist der bereits erwähnte Kalkulationszinsfuß.

Kalkulationszinsfuß

Der Kalkulationszinsfuß muss bereits bei der Erhebung der Investitionsdaten ermittelt werden. Da in der Realität kein einheitlicher Marktzinssatz vorliegt, wird häufig eine Ersatzgröße für den Kalkulationszinsfuß gewählt. Hierzu dienen häufig

- die gewünschte Mindestverzinsung des Investors bei Eigenfinanzierung
- die erforderlichen Kapitalkosten des Kreditgebers bei Fremdfinanzierung.

Die gewünschte Mindestverzinsung entspricht der Verzinsung, die eine alternative Anlagemöglichkeit dem Investor bringen würde. Die erforderlichen Kapitalkosten sind in diesem Fall die Zinskosten, die beispielsweise für einen Bankkredit bezahlt werden müssten.

Zur Beurteilung, ob ein Investitionsobjekt besser ist als ein anderes, können je nach Ziel des Entscheiders die Endwertmethode, die Kapitalwertmethode, die Annuitätenmethode und der interne Zinsfuß als Entscheidungshilfe herangezogen werden. Die dynamische Amortisationsrechnung kann die Entscheidung durch zusätzliche Informationen abrunden.

Bevor die dynamischen Verfahren im Einzelnen erläutert werden, soll zunächst eine kurze Wiederholung der Zinseszinsrechnung erfolgen.

1 Zinseszinsrechnung

1.1 Auf- und Abzinsungsfaktoren

Der Aufzinsungsfaktor gibt den Betrag an, auf den 1 € nach n Jahren anwächst.

Beispiel: Welchen Wert haben 100 € nach 3 Jahren bei einem Zins von 10%?

t	0	1	2	3
	100 →	110 →	121 →	133,1

Nach 1 Jahr erhält man unter Berücksichtigung der Zinsen 110 €. Verzinst man diesen Betrag um ein weiteres Jahr, ergibt sich ein Betrag von 121 €. Nach 3 Jahren entsteht dann ein Betrag in Höhe von:

$$100 \cdot 1{,}1 \cdot 1{,}1 \cdot 1{,}1 = 100 \cdot 1{,}1^3 = 100 \cdot 1{,}331 = 133{,}1$$

In diesem Fall wäre 1,331 der Aufzinsungsfaktor. Definiert man zur Vereinfachung

$$q = 1 + i$$

dann erhält man den Aufzinsungsfaktor für n Jahre bei einem Zins i folgendermaßen:

$$AUF(i,n) = (1+i)^n = q^n$$

Der Abzinsungsfaktor gibt den Betrag an, der in n Jahren auf 1 € anwächst.

Beispiel: Welchen Betrag muss man jetzt anlegen, wenn man nach 3 Jahren bei einem Zins von 10% 100 € haben möchte?

t	0	1	2	3
	75,13	← 82,64	← 90,91	← 100

Am Ende des zweiten Jahres benötigt man 100 € : 1,1 = 90,91 €, denn dieser Betrag ergibt inklusive Zinsen am Ende des dritten Jahres genau 100 €. Am Ende des ersten Jahres benötigt man dafür 90,91 € : 1,1 = 82,64 € usw. Zu Beginn des ersten Jahres benötigt man also einen Betrag in Höhe von:

$$100 \div 1{,}1 \div 1{,}1 \div 1{,}1 = 100 \cdot 1{,}1^{-3} = 100 \cdot 0{,}7513 = 75{,}13$$

In diesem Fall wäre 0,7513 der Abzinsungsfaktor. Allgemein ergibt sich demnach der Abzinsungsfaktor für n Jahre bei einem Zins i:

$$AB(i,n) = (1+i)^{-n} = q^{-n}$$

1.2 Rentenfaktoren

Als Rente bezeichnet man jährliche Zahlungen in gleicher Höhe. Die folgenden Rentenfaktoren beziehen sich auf eine Rente, die am Ende des ersten Jahres (t = 1) zum ersten Mal und am Ende des letzten Jahres (t = n) zum letzten Mal gezahlt wird (nachschüssige Rente).

1.2.1 Endwertfaktor (EWF)

Der Endwertfaktor gibt den Wert an, den eine Rente von 1 € nach n Jahren hat.

Beispiel: Welchen Betrag erhält man nach 3 Jahren, wenn man bei einem Zins von 10% am Ende jedes Jahres 100 € anlegt?

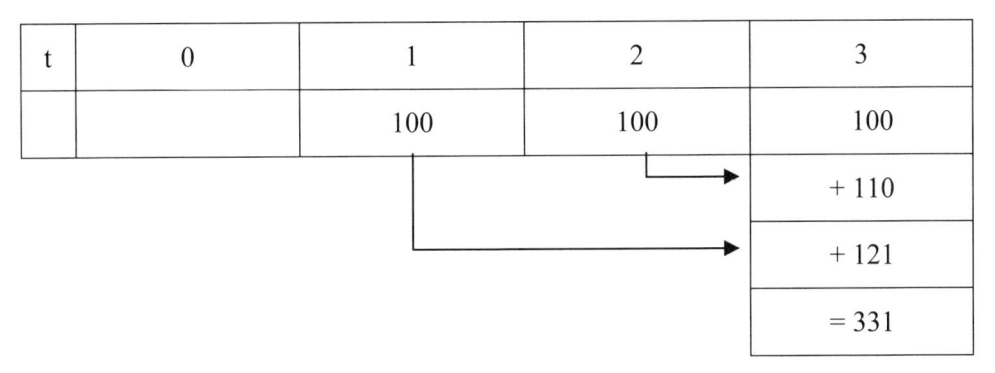

t	0	1	2	3
		100	100	100
				+ 110
				+ 121
				= 331

Addiert man zu den 100 € des dritten Jahres die verzinsten Beträge des zweiten und ersten Jahres, erhält man am Ende des dritten Jahres einen Endwert K_3 in Höhe von:

$$K_3 = 100 \cdot 1{,}1^0 + 100 \cdot 1{,}1^1 + 100 \cdot 1{,}1^2 = 100 + 110 + 121 = 331$$

$$K_3 = 100 \cdot (1{,}1^0 + 1{,}1^1 + 1{,}1^2) = 100 \cdot 3{,}31 = 331$$

In diesem Fall wäre 3,31 der Endwertfaktor. Demnach hat eine Rente r, die am Ende der Perioden t = 1, ..., n gezahlt wird, einen Endwert K_n von:

$$K_n = r \cdot \sum_{t=0}^{n-1}(1+i)^t$$

Da weiterhin gilt:

$$\sum_{t=0}^{n-1}(1+i)^t = \frac{(1+i)^n - 1}{i}$$

kann man den Endwert K_n mit Hilfe des Endwertfaktors berechnen:

$$EWF(i,n) = \frac{(1+i)^n - 1}{i} = \frac{q^n - 1}{i}$$

$$K_n = r \cdot EWF\,(i,n)$$

Bezogen auf das oben beschriebene Beispiel ergibt sich ein Endwertfaktor bei einem Zins von 10% und 3 Jahren:

$$EWF\,(10\%,\,3) = \frac{1{,}1^3 - 1}{0{,}1} = \frac{1{,}331 - 1}{0{,}1} = 3{,}31$$

1.2.2 Rentenbarwertfaktor (RBF)

Der Rentenbarwertfaktor gibt den Wert an, den eine n-jährige Rente von 1 € zu Beginn des ersten Jahres hat.

Beispiel: Welchen Wert hat jetzt eine Rente von 100 €, die 3 Jahre lang bei einem Zins von 10% gezahlt wird?

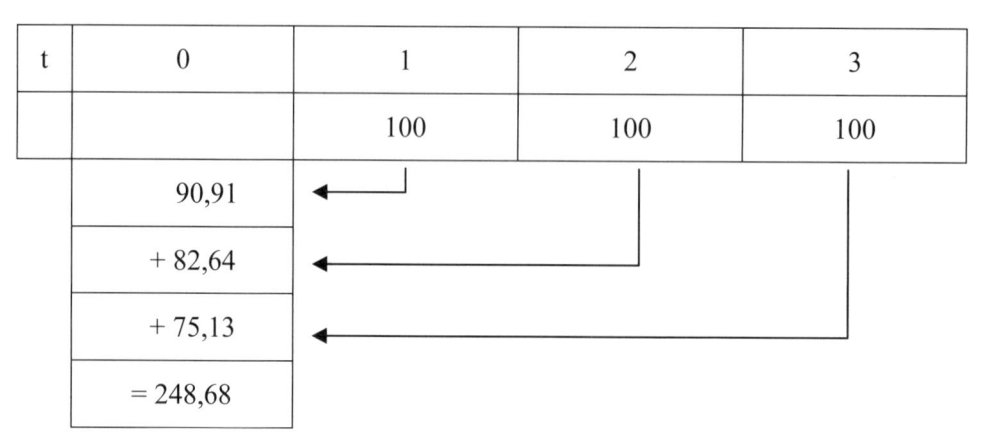

t	0	1	2	3
		100	100	100
	90,91			
	+ 82,64			
	+ 75,13			
	= 248,68			

Addiert man zu den abgezinsten 100 € des ersten Jahres die abgezinsten Beträge des zweiten und dritten Jahres, erhält man zu Beginn des ersten Jahres einen Barwert K_0 in Höhe von:

$$K_0 = 100 \div 1{,}1^1 + 100 \div 1{,}1^2 + 100 \div 1{,}1^3 = 90{,}91 + 82{,}64 + 75{,}13 = 248{,}68$$
$$K_0 = 100 \cdot (1{,}1^{-1} + 1{,}1^{-2} + 1{,}1^{-3}) = 100 \cdot 2{,}4868 = 248{,}68$$

In diesem Fall wäre 2,4868 der Rentenbarwertfaktor. Demnach hat eine Rente r, die am Ende der Perioden t = 1, ..., n gezahlt wird, einen Barwert K_0 von:

$$K_0 = r \cdot \sum_{t=1}^{n} (1+i)^{-t}$$

Auch diese Summe lässt sich durch einen Quotienten ersetzen, den man aus dem Endwertfaktor ableiten kann. Der Barwert K_0 kann nämlich auch durch Abzinsung des Endwerts K_n berechnet werden:

$$K_0 = K_n \cdot AB(i,n) = r \cdot EWF(i,n) \cdot AB(i,n)$$

Der Rentenbarwertfaktor ergibt sich also aus dem Produkt von Endwertfaktor und Abzinsungsfaktor:

$$RBF(i,n) = \frac{(1+i)^n - 1}{i} \cdot (1+i)^{-n} = \frac{(1+i)^n - 1}{i \cdot (1+i)^n} = \frac{q^n - 1}{q^n \cdot i}$$

Der Barwert einer Rente kann dann direkt mit dem Rentenbarwertfaktor berechnet werden:

$$K_0 = r \cdot RBF(i,n)$$

Dies wird deutlich, wenn man den Rentenbarwertfaktor aus dem zuvor beschriebenen Beispiel berechnet:

$$RBF(10\%, 3) = \frac{1{,}1^3 - 1}{1{,}1^3 \cdot 0{,}1} = \frac{1{,}331 - 1}{1{,}331 \cdot 0{,}1} = \frac{0{,}331}{0{,}1331} = 2{,}4868$$

1.2.3 Kapitalwiedergewinnungsfaktor (KWF)

Der Kapitalwiedergewinnungsfaktor, der auch als Annuitätenfaktor bezeichnet wird, gibt die n-jährige Rente von 1 € Barwert an.

Beispiel: Welche Rente erhält man 3 Jahre lang bei einem Zins von 10%, wenn man zu Beginn des ersten Jahres 248,68 € einzahlt?

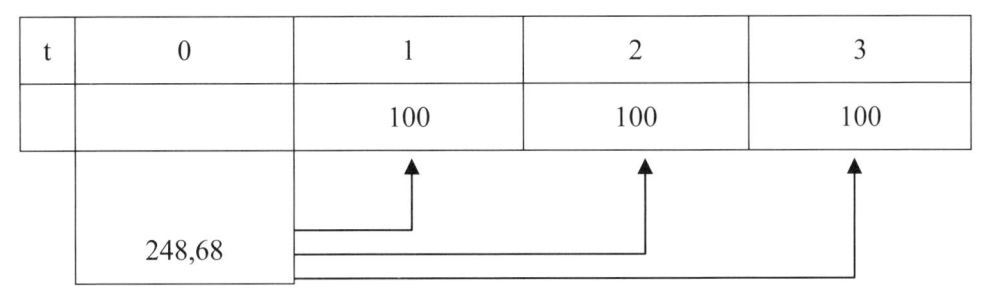

t	0	1	2	3
		100	100	100
	248,68			

Das Beispiel zum Rentenbarwertfaktor hat bereits gezeigt, dass bei einem Zins von 10% eine Rente von 100 € zu einem Barwert von 248,68 € führt. Bei der Berechnung der Rente geht man nun so vor, dass man die Gleichung zur Barwertermittlung mit dem bekannten Barwert und der unbekannten Rente r aufstellt und nach r auflöst:

$$248{,}68 = r \cdot 1{,}1^{-1} + r \cdot 1{,}1^{-2} + r \cdot 1{,}1^{-3}$$
$$248{,}68 = r \cdot (1{,}1^{-1} + 1{,}1^{-2} + 1{,}1^{-3})$$
$$248{,}68 = r \cdot 2{,}4868$$
$$r = 248{,}68 \cdot \frac{1}{2{,}4868} = 248{,}68 \cdot 0{,}4021 = 100$$

In diesem Fall wäre 0,4021 der Kapitalwiedergewinnungsfaktor. Dieses Beispiel zeigt, dass der Kehrwert des Rentenbarwertfaktors dem Kapitalwiedergewinnungsfaktor entspricht und dass sich die Rente dann aus der Multiplikation mit dem Barwert K_0 ergibt.

$$KWF(i,n) = \frac{1}{RBF(i,n)} = \frac{(1+i)^n \cdot i}{(1+i)^n - 1} = \frac{q^n \cdot i}{q^n - 1}$$

$$r = K_0 \cdot KWF(i,n)$$

1.2.4 Rückverteilungsfaktor (RVF)

Der Rückverteilungsfaktor gibt die n-jährige Rente von 1 € Endwert an.

Beispiel: Welche Rente muss man 3 Jahre lang bei einem Zins von 10% zahlen, wenn man am Ende des dritten Jahres 331 € haben möchte?

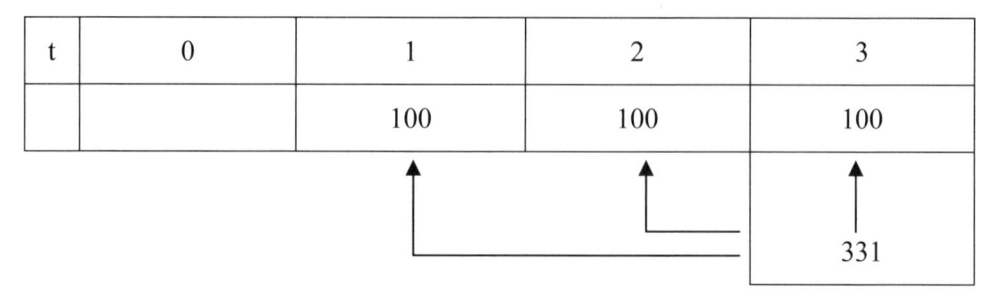

t	0	1	2	3
		100	100	100
				331

Aus dem Beispiel zum Endwertfaktor ist bereits ersichtlich, dass aus einer Rente von 100 € bei einem Zins von 10% ein Endwert von 331 € entsteht. Möchte man nun die Rente bei gegebenen Endwert berechnen, so setzt man einfach in die Gleichung zur Ermittlung des Endwerts die Rente r als Unbekannte ein und löst dann die Gleichung nach r auf.

$$331 = r \cdot 1{,}1^0 + r \cdot 1{,}1^1 + r \cdot 1{,}1^2$$
$$331 = r \cdot (1{,}1^0 + 1{,}1^1 + 1{,}1^2)$$
$$331 = r \cdot 3{,}31$$
$$r = 331 \cdot \frac{1}{3{,}31} = 331 \cdot 0{,}3021 = 100$$

In diesem Fall wäre 0,3021 der Rückverteilungsfaktor. Auch aus diesem Beispiel ist ersichtlich, dass der Kehrwert des Endwertfaktors dem Rückverteilungsfaktor entspricht und man diesen mit dem Endwert K_n multiplizieren muss, um die Rente zu berechnen.

$$RVF(i,n) = \frac{1}{EWF(i,n)} = \frac{i}{(1+i)^n - 1} = \frac{i}{q^n - 1}$$

$$r = K_n \cdot RVF(i,n)$$

1.2.5 Zusammenfassung Rentenfaktoren

EWF ⇒ Endwert einer Rente

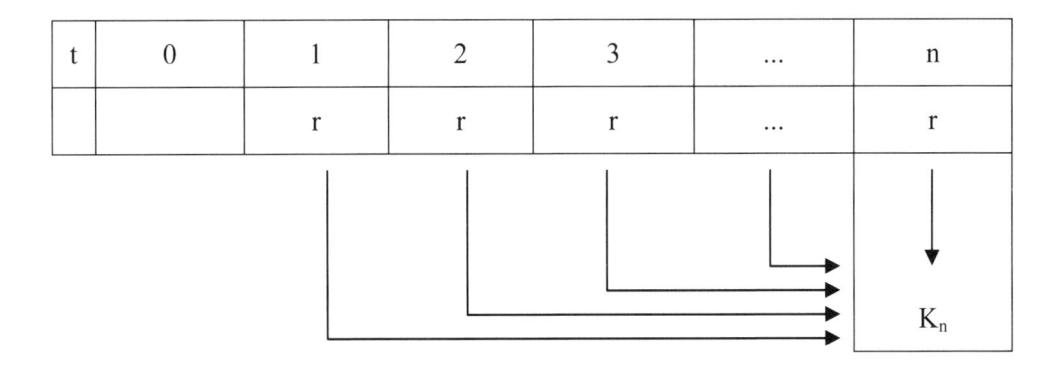

t	0	1	2	3	...	n
		r	r	r	...	r

K_n

$$EWF(i,n) = \frac{(1+i)^n - 1}{i} = \frac{q^n - 1}{i}$$

$$K_n = r \cdot EWF(i,n)$$

RBF ⇒ Barwert einer Rente

t	0	1	2	3	...	n
		r	r	r	...	r

K_0

$$RBF\,(i,n) = \frac{(1+i)^n - 1}{i \cdot (1+i)^n} = \frac{q^n - 1}{q^n \cdot i}$$

$$K_0 = r \cdot RBF\,(i,n)$$

KWF ⇒ Rente eines Barwerts

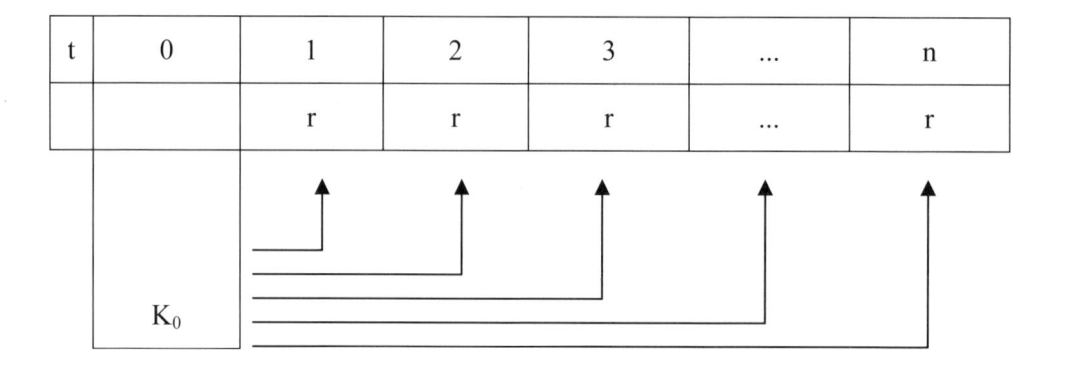

t	0	1	2	3	...	n
		r	r	r	...	r

K_0

$$KWF\,(i,n) = \frac{1}{RBF\,(i,n)} = \frac{(1+i)^n \cdot i}{(1+i)^n - 1} = \frac{q^n \cdot i}{q^n - 1}$$

$$r = K_0 \cdot KWF\,(i,n)$$

RVF ⇒ Rente eines Endwerts

t	0	1	2	3	...	n
		r	r	r	...	r

$$RVF(i,n) = \frac{1}{EWF(i,n)} = \frac{i}{(1+i)^n - 1} = \frac{i}{q^n - 1}$$

$$r = K_n \cdot RVF(i,n)$$

Eine Tabelle mit Werten für die Auf-, Abzinsungs- und Rentenfaktoren befindet sich im Anhang auf S. 181 ff.

2 Dynamische Methoden

Die Zahlungsreihe einer Investition, die die Zahlungen z_t als Differenz zwischen den Einzahlungen und Auszahlungen der Perioden t = 1,..., n wiedergibt, beginnt in der Regel mit einer Investitionsausgabe, das heißt, z_0 ist negativ. In den Folgeperioden soll dann die getätigte Investition zu Einzahlungsüberschüssen führen, das heißt, die Zahlungen z_1, ..., z_n werden im Regelfall in unterschiedlicher Höhe anfallen und überwiegend positiv sein. Da Rentenfaktoren nur bei Zahlungsreihen mit gleich hohen Zahlungen angewandt werden können, ist die Beurteilung der Vorteilhaftigkeit von Investitionen auf diesem Wege in der Regel nicht möglich.

Die Berücksichtigung des Zinseffektes bei Zahlungsreihen mit unterschiedlich hohen Zahlungen ist aufwendiger, da die Verzinsung der einzelnen Zahlungen unterschiedlich ist und gesondert berechnet werden muss. Dies kennzeichnet die Vorgehensweise bei den dynamischen Verfahren der Investitionsrechnung, die im Folgenden erläutert werden. Dabei wird unterstellt, dass der Investor die Investitionsausgabe und während des Projekts auftretende Defizite zum Zins i finanzieren und Überschüsse aus dem Projekt zum Zins i anlegen kann.

2.1 Endwert

Der Endwert gibt den Betrag an, den der Investor am Ende des Projekts entnehmen kann.

Beispiel: Eine Investition erfordert eine Anschaffungsauszahlung von 1.000 € und erzielt in den folgenden Jahren sichere Rückflüsse in Höhe von 600 €, 500 € und 400 €. Um die Investition finanzieren zu können, muss ein Bankkredit zu einem Zinssatz von 8% aufgenommen werden. Die Zahlungsreihe der Investition stellt sich wie folgt dar:

t	0	1	2	3
z_t	−1.000	600	500	400

Welchen Betrag kann der Investor nun am Ende der Periode 3 entnehmen? Addiert man zu den 400 € des dritten Jahres die mit 8% verzinsten 500 € des zweiten Jahres und die für zwei Jahre verzinsten 600 € des ersten Jahres, so erhält der Investor am Ende der dritten Periode aus den Rückflüssen der Investition:

$$400 + 500 \cdot 1{,}08^1 + 600 \cdot 1{,}08^2 = 400 + 540 + 699{,}84 = 1.639{,}84$$

Für die Rückzahlung des Kredits inklusive Zinsen benötigt der Investor am Ende der dritten Periode:

$$1.000 \cdot 1{,}08^3 = 1.259{,}71$$

Der Investor kann also die Differenz von 380,13 € am Ende der dritten Periode entnehmen.

Der Endwert der Investition ergibt sich also durch Aufzinsung und Addition der einzelnen Beträge:

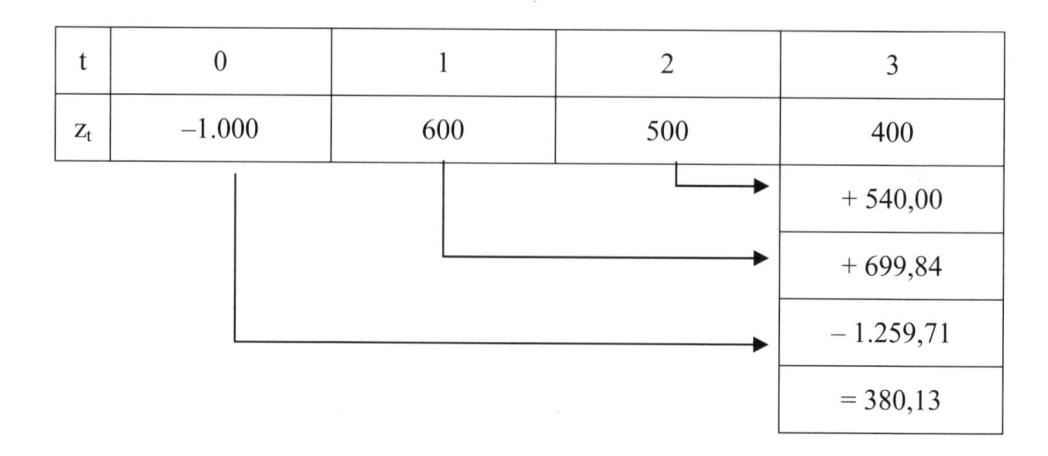

t	0	1	2	3
z_t	−1.000	600	500	400
				+ 540,00
				+ 699,84
				− 1.259,71
				= 380,13

$$K_3 = -1.000 \cdot 1,08^3 + 600 \cdot 1,08^2 + 500 \cdot 1,08^1 + 400 \cdot 1,08^0 = 380,13$$

Bei der Berechnung des Endwertes K_n in allgemeiner Form werden also die Zahlungen $z_0, ..., z_n$ zunächst auf den Zeitpunkt n aufgezinst und anschließend addiert:

$$K_n = z_0 \cdot (1+i)^{n-0} + z_1 \cdot (1+i)^{n-1} + ... + z_n \cdot (1+i)^{n-n}$$

beziehungsweise

$$K_n = \sum_{t=0}^{n} z_t \cdot (1+i)^{n-t}$$

Die Berechnung des Endwertes kann mit Hilfe der Aufzinsungsfaktoren vereinfacht werden:

$$K_n = z_0 \cdot AUF(i,n) + z_1 \cdot AUF(i,n) + z_2 \cdot AUF(i,n) + ... + z_n$$

beziehungsweise bezogen auf das Beispiel:

$$K_3 = -1.000 \cdot AUF(8\%,3) + 600 \cdot AUF(8\%,2) + 500 \cdot AUF(8\%,1) + 400$$
$$= -1.000 \cdot 1,259712 + 600 \cdot 1,1664 + 500 \cdot 1,08 + 400$$
$$= 380,13$$

Wählt man den Endwert als Kriterium zur Beurteilung von Investitionsprojekten, dann gilt als Entscheidungsregel:

- bei der Beurteilung eines einzelnen Projekts:

Ist der Endwert positiv, dann ist das Projekt lohnend!

- bei der Auswahl zwischen mehreren Projekten:

Wähle das Projekt mit dem maximalen Endwert!

Wenn die Zahlungsreihe einer Investition über konstante Rückflüsse verfügt, kann die Aufzinsung der Rückflüsse vereinfacht mit Hilfe des Endwertfaktors erfolgen. Die Aufzinsung der einzelnen Zahlungen $z_1, ..., z_n$ ist dann nicht mehr erforderlich.

$$K_n = z_0 + r \cdot EWF(i,n)$$

Beispiel: Eine Investition erfordert eine Anschaffungsauszahlung von 1.000 € und erzielt 3 Jahre lang Rückflüsse in Höhe 500 €. Der Zinssatz beträgt 8%.

t	0	1	2	3
z_t	−1.000	500	500	500

$$K_3 = -1.000 \cdot 1,08^3 + 500 \cdot EWF(8\%,3)$$
$$= -1.000 \cdot 1,25971 + 500 \cdot 3,2464$$
$$= 363,49$$

Es fällt auf, dass der Endwert von 363,49 € geringer ist als der Endwert aus dem Beispiel zuvor in Höhe von 380,13 €, obwohl die Rückflüsse insgesamt die gleiche Höhe aufweisen. Ursache dafür ist, dass sich die zeitliche Struktur der Rückflüsse geändert hat. Im vorigen Beispiel wurden in der ersten Periode 100 € mehr und in der dritten Periode 100 € weniger Rückflüsse erzielt, das heißt, die 100 € konnten 2 Jahre länger mit 8% verzinst werden. Dies erklärt die Differenz der Endwerte:

$$380,13 - 363,49 = 16,64$$
$$100 \cdot 1,08^2 - 100 = 116,64 - 100 = 16,64$$

Hier zeigt sich der Vorteil der dynamischen Verfahren gegenüber den statischen Verfahren, die mit durchschnittlichen Rückflüssen rechnen und daher die zeitliche Entwicklung nicht berücksichtigen.

2.2 Kapitalwert

Der Kapitalwert gibt den Betrag an, den der Investor zu Beginn des Projekts entnehmen kann.

Beispiel: Zins 8%

t	0	1	2	3
z_t	−1.000	600	500	400

Bei der Ermittlung des Kapitalwertes werden die Rückflüsse zunächst auf den Zeitpunkt 0 (Beginn der Periode 1) abgezinst und anschließend zur Anschaffungsausgabe addiert. So haben z. B. die 600 € am Ende der Periode 1 zum Zeitpunkt 0 einen Wert von 555,56 €. Würde man nämlich 555,56 € 1 Jahr zu 8% anlegen, dann hätte man wieder 600 €.

$$K_0 = -1.000 + 600 \cdot 1,08^{-1} + 500 \cdot 1,08^{-2} + 400 \cdot 1,08^{-3}$$
$$= -1.000 + 555,56 + 428,67 + 317,53$$
$$= 301,76$$

Das Prinzip der Kapitalwertermittlung lässt sich demnach folgendermaßen darstellen:

t	0	1	2	3
z_t	−1.000	600	500	400

+ 555,56

+ 428,67

+ 317,53

= 301,76

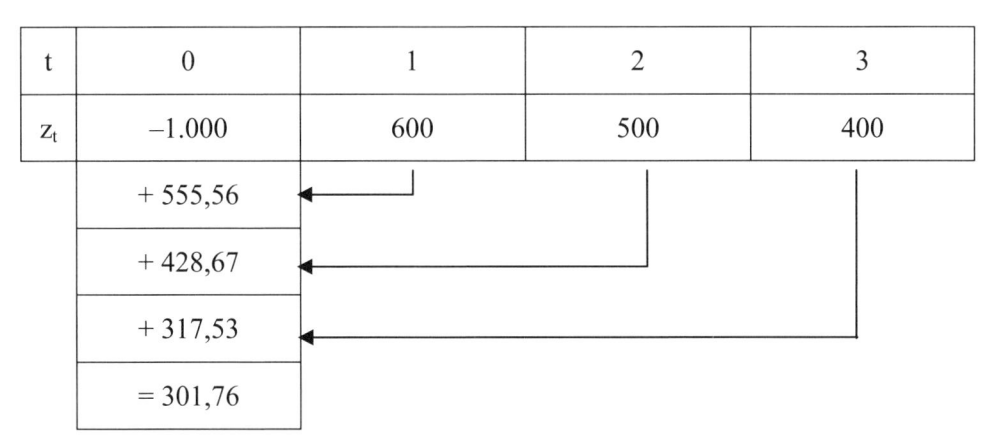

Die nachfolgende Rechnung zeigt, dass der Investor den Kapitalwert von 301,76 €
zu Beginn des Projekts entnehmen kann:

t	0	1	2	3
z_t	−1.000,00	600,00	500,00	400,00
	−301,76	−1.405,90	−870,37	−400,00
	= −1.301,76	= −805,90	= −370,37	= 0

Addiert man die Entnahme zur Investitionsausgabe, so ergibt dies ein Defizit von
1.301,76 € zu Beginn des Projekts, das am Ende der ersten Periode durch die Verzinsung mit 8% auf 1.405,90 € anwächst. Dieses Defizit wird nun durch den Rückfluss der ersten Periode von 600 € auf 805,90 € gemindert. Das verbleibende Defizit erhöht sich durch die Verzinsung um 1 Jahr am Ende der zweiten Periode auf einen Betrag von 870,37 €, der jedoch durch den Rückfluss von 500 € auf 370,37 € gemindert wird. Am Ende der dritten Periode beläuft sich das verbleibende Defizit inklusive Zinsen auf 400 €, das durch den Rückfluss der dritten Periode ausgeglichen werden kann.

Die Berechnung des Kapitalwertes in allgemeiner Form durch Addition der abgezinsten Zahlungen $z_0, ..., z_n$ auf den Zeitpunkt 0 lässt sich demnach folgendermaßen darstellen:

$$K_0 = z_0 \cdot (1+i)^0 + z_1 \cdot (1+i)^{-1} + ... + z_n \cdot (1+i)^{-n}$$

beziehungsweise

$$K_0 = \sum_{t=0}^{n} z_t \cdot (1+i)^{-t}$$

Werden in der Zukunft zu erwartende Zahlungen auf den gegenwärtigen Zeitpunkt abgezinst, so bezeichnet man diesen Vorgang auch als Diskontieren und den abgezinsten Wert einer künftigen Zahlung als Barwert. Die Kapitalwertmethode wird daher auch als Diskontierungs- oder Barwertmethode bezeichnet. Die Ermittlung der Barwerte der einzelnen Rückflüsse kann mit Hilfe der Abzinsungsfaktoren vereinfacht werden:

$$K_0 = z_0 + z_1 \cdot AB(i,1) + z_2 AB(i,2) + \ldots + z_n \cdot AB(i,n)$$

bezogen auf das Beispiel:

$$\begin{aligned} K_0 &= -1.000 + 600 \cdot AB(8\%,1) + 500 \cdot AB(8\%,2) + 400 \cdot AB(8\%,3) \\ &= -1.000 + 600 \cdot 0{,}9259259 + 500 \cdot 0{,}8573388 + 400 \cdot 0{,}7938322 \\ &= 301{,}76 \end{aligned}$$

Wählt man den Kapitalwert als Kriterium zur Beurteilung von Investitionsprojekten, dann gilt als Entscheidungsregel:

- bei der Beurteilung eines einzelnen Projekts:

Ist der Kapitalwert positiv, dann ist das Projekt lohnend!

- bei der Auswahl zwischen mehreren Projekten:

Wähle das Projekt mit dem maximalen Kapitalwert!

Der Kapitalwert kann auch direkt durch Abzinsung des Endwertes berechnet werden:

$$K_0 = K_n \cdot AB(i,n)$$

beziehungsweise der Endwert durch Aufzinsung des Kapitalwertes:

$$K_n = K_o \cdot AUF(i,n)$$

In der Beispielrechnung:

$$K_0 = 380{,}13 \cdot AB(8\%,3) = 380{,}13 \cdot 1{,}08^{-3} = 301{,}76$$

$$K_3 = 301{,}76 \cdot AUF(8\%,3) = 301{,}76 \cdot 1{,}08^3 = 380{,}13$$

t	0	1	2	3
z_t	−1.000	600	500	400
K_0 = 301,76				K_3 =380,13

Sollte der Sonderfall auftreten, dass die Zahlungsreihe der Investition konstante Rückflüsse aufweist, kann die Abzinsung der Rückflüsse mit dem Rentenbarwertfaktor vereinfacht vorgenommen werden:

$$K_0 = z_0 + r \cdot RBF(i,n)$$

t	0	1	2	3
z_t	−1.000	500	500	500

$$\begin{aligned} K_0 &= -1.000 + 500 \cdot RBF(8\%,3) \\ &= -1.000 + 500 \cdot 2{,}577097 \\ &= 288{,}55 \end{aligned}$$

2.3 Annuität

Die Annuität gibt die Rente an, die der Investor jährlich entnehmen kann.

Es gibt prinzipiell zwei Möglichkeiten die Annuität r zu berechnen:

1. Den Kapitalwert berechnen und mit dem Kapitalwiedergewinnungsfaktor auf die Perioden 1, ..., n verteilen:

$$r = K_0 \cdot KWF(i,n)$$

bezogen auf das Beispiel:

$$r = 301{,}76 \cdot KWF(8\%,3) = 301{,}76 \cdot 0{,}388034 = 117{,}09$$

t	0	1	2	3
z_t	−1.000	600	500	400
		117,09	117,09	117,09
	$K_0 = 301{,}76$			

oder

2. Den Endwert berechnen und mit dem Rückverteilungsfaktor auf die Perioden 1, ..., n verteilen:

$$r = K_n \cdot RVF(i,n)$$

bezogen auf das Beispiel:

$$r = 380{,}13 \cdot RVF(8\%,3)$$
$$= 380{,}13 \cdot 0{,}308034$$
$$= 117{,}09$$

t	0	1	2	3
z_t	−1.000	600	500	400
		117,09	117,09	117,09
				$K_3 = 380{,}13$

Auch hier lässt sich nachweisen, dass der Investor den Betrag von 117,09 € jährlich entnehmen kann:

t	0	1	2	3
z_t	−1.000,00	600,00	500,00	400,00
		−117,09	−117,09	−117,09
		−1.080,00	−644,86	−282,91
	= −1.000,00	= −597,09	= −261,95	= 0

Subtrahiert man von dem Rückfluss der ersten Periode (600 €) das verzinste Defizit aus der Kreditaufnahme (1.080 €) und die entnommene Rente (117,09 €), so verbleibt ein Defizit am Ende der Periode 1 in Höhe von 597,09 €. In der zweiten Periode wächst dieses Defizit aufgrund der Verzinsung mit 8% auf 644,86 € an, so dass von dem Rückfluss von 500 € nach Abzug der Rente noch ein Defizit von 261,95 € verbleibt. Am Ende der dritten Periode kann dann das verzinste Defizit (−282,91 €) und die entnommene Rente (117,09 €) durch den Rückfluss von 400 € ausgeglichen werden.

Wählt man die Annuität als Kriterium zur Beurteilung von Investitionsprojekten, dann gilt als Entscheidungsregel:

- bei der Beurteilung eines einzelnen Projekts:

Ist die Annuität positiv, dann ist das Projekt lohnend!

- bei der Auswahl zwischen mehreren Projekten:

| Wähle das Projekt mit der maximalen Annuität! |

2.4 Interner Zinsfuß

Der interne Zinsfuß ist der Zins, bei dem der Kapitalwert gleich „0" ist.

Berechnet man den Kapitalwert einer Zahlungsreihe mit unterschiedlichen Zinssätzen, dann stellt man fest, dass der Kapitalwert mit zunehmendem Zins abnimmt. Je höher also der Zinssatz ist, umso kleiner wird der Kapitalwert. Dies erscheint logisch, da die Abzinsung der Rückflüsse bei steigendem Zins zu niedrigeren Barwerten führen. Der Kapitalwert als Funktion des Zinssatzes ist also – abgesehen von Ausnahmefällen – eine monoton fallende Funktion.

Berechnet man den Kapitalwert der Zahlungsreihe aus dem bereits mehrfach verwendeten Standardbeispiel für verschiedene Zinssätze, so führt dies zu folgendem Ergebnis:

t	0	1	2	3
z_t	−1.000	600	500	400

$$K_0 = -1.000 + 600 \cdot (1+i)^{-1} + 500 \cdot (1+i)^{-2} + 400 \cdot (1+i)^{-3}$$

Zins	Kapitalwert
0%	500,00
5%	370,48
10%	259,20
15%	162,82
20%	78,70
25%	4,80
30%	−60,54
35%	−118,63
40%	−170,55
45%	−217,19

Zins	Kapitalwert
25,1%	3,41
25,2%	2,03
25,3%	0,65
25,4%	−0,72
25,31%	0,52
25,32%	0,38
25,33%	0,24
25,34%	0,10
25,35%	−0,04

Eine Steigerung des Zinssatzes in 5%-Schritten zeigt zunächst, dass bei einem Zinssatz von 25% der Kapitalwert noch positiv ist. Die weitere Eingrenzung führt zu dem Ergebnis, dass der interne Zinsfuß der Investition zwischen 25,34% und 25,35% liegen muss.

Die Entwicklung des Kapitalwertes in grafischer Form zeigt die nachfolgende Abbildung 3-1:

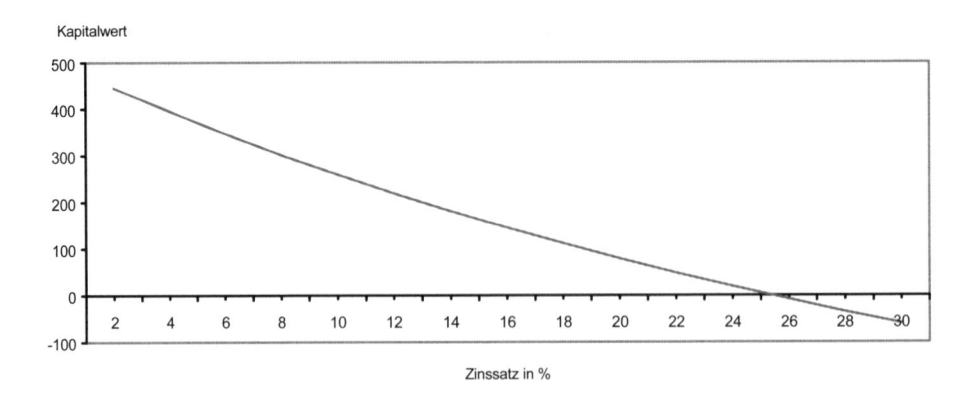

Abb. 3-1: Verlauf der Kapitalwertfunktion

Eine direkte mathematisch exakte Berechnung des internen Zinsfußes ist nicht möglich, da sich die Gleichung nicht mehr nach dem gesuchten Zins i auflösen lässt, wenn die Investition mehr als 2 Perioden dauert, also n > 2 ist:

$$z_0 \cdot (1+i)^0 + z_1 \cdot (1+i)^{-1} + ... + z_n \cdot (1+i)^{-n} = 0$$

beziehungsweise im Beispiel:

$$-1.000 + 600 \cdot (1+i)^{-1} + 500 \cdot (1+i)^{-2} + 400 \cdot (1+i)^{-3} = 0$$

Man versucht daher mit Hilfe von Näherungsverfahren den internen Zinsfuß zu bestimmen. Als brauchbar haben sich erwiesen:

- das iterative Verfahren,
- das grafische Verfahren,
- die Berechnung einer Geradengleichung.

2.4.1 Das iterative Verfahren

Bei diesem Verfahren nähert man sich mit jedem Iterationsschritt dem internen Zinsfuß. Zunächst sucht man einen Zins, bei dem der Kapitalwert der Investition positiv ist, und wählt anschließend einen höheren Kalkulationszinsfuß, bei dem der Kapitalwert negativ wird. Damit hat man ein Intervall festgelegt, in dem der Kapitalwert 0 wird und der interne Zinsfuß liegen muss. Mit jedem Iterationsschritt wird anschließend das Intervall so lange verkleinert, bis man den internen Zinsfuß mit einer ausreichenden Genauigkeit bestimmt hat. Dabei kann die Wahl der neuen

Intervallgrenzen durch lineare Interpolation optimiert werden:

1. Schritt	
Zins	Kapitalwert
20%	78
30%	−60
Differenz = 10%	Differenz = 138

Erhöht man den Zins um 10% Punkte, dann verringert sich der Kapitalwert um 138 €. Eine Verringerung des Kapitalwertes um 78 € auf 0 € müsste dann bei linearem Verlauf mit einer Zinserhöhung von

$$10\% \cdot (78 \div 138) = 10\% \cdot 0{,}565 = 5{,}65\%$$

verbunden sein.

Als nächstes wählt man dann z.B. als Unter- und Obergrenze 25% und 26%.

2. Schritt	
Zins	Kapitalwert
25%	4,80
26%	−8,91
Differenz = 1%	Differenz = 13,71

$$1\% \cdot (4{,}80 \div 13{,}71) = 1\% \cdot 0{,}35 = 0{,}35\%$$

Im dritten Schritt verkleinert man das Zinsintervall auf 25,3% und 25,4%:

3. Schritt	
Zins	Kapitalwert
25,3%	0,65
25,4%	−0,72
Differenz = 0,1%	Differenz = 1,37

$$0{,}1\% \cdot (0{,}65 \div 1{,}37) = 0{,}1\% \cdot 0{,}474 = 0{,}0474\%$$

Im vierten Schritt wählt man als Intervallgrenze 25,34% und 25,35%:

4. Schritt	
Zins	Kapitalwert
25,34%	0,10
25,35%	–0,04
Differenz = 0,01%	Differenz = 0,14

Nach 4 Schritten ist bereits bekannt, dass der interne Zinsfuß zwischen 25,34% und 25,35% liegen muss.

2.4.2 Das grafische Verfahren

Eine weitere Möglichkeit ist die Anwendung eines grafischen Verfahrens. Bei der grafischen Lösung wählt man ebenfalls wie beim Iterationsverfahren einen Zinssatz, bei dem der Kapitalwert positiv wird, und einen Zinssatz, bei dem der Kapitalwert negativ wird. Die ermittelten Werte werden dann in ein Diagramm eingetragen, bei dem die Abszisse den Zinssatz und die Ordinate den Kapitalwert darstellt. Anschließend werden die beiden Punkte mit einer Geraden verbunden, und der Schnittpunkt mit der Abszisse ergibt den internen Zinsfuß, bei dem der Kapitalwert der Investition gleich 0 ist. Abbildung 3-2 zeigt die grafische Lösung für das Zinsintervall zwischen 20% und 30%:

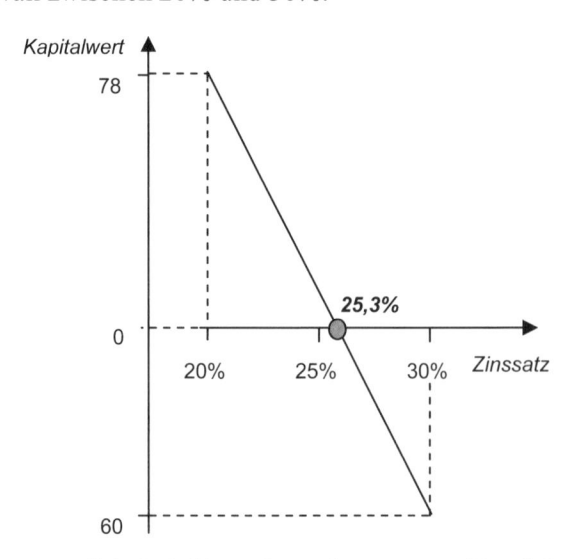

Abb. 3-2: Ermittlung des internen Zinsfußes

Problematisch bei der Anwendung des grafischen Verfahrens ist allerdings die lineare Verbindung der beiden Punkte im Diagramm, da die tatsächlichen Werte der Kapitalwerte bei stetiger Erhöhung des Kalkulationszinsfußes nicht auf einer Geraden liegen, sondern auf einer Kurve, wie Abbildung 3-1 bereits gezeigt hat.

Bei Anwendung des grafischen Verfahrens ergeben sich somit nur approximative Werte für den internen Zinsfuß. Die Genauigkeit hängt von dem gewählten Intervall ab: Je kleiner das gewählte Zinsintervall, umso präziser ist das Ergebnis.

2.4.3 Die Berechnung einer Geradengleichung

Schließlich besteht noch die Möglichkeit, eine Geradengleichung aus 2 Wertepaaren (i_1, K_{01}) und (i_2, K_{02}) abzuleiten und den Schnittpunkt mit der Abszisse zu berechnen, wie Abbildung 3-3 grafisch verdeutlicht. Die zugrunde liegende Überlegung ist die gleiche wie beim bereits beschriebenen grafischen Verfahren. Allerdings wird der Schnittpunkt nun berechnet und nicht gezeichnet. Abbildung 3-3 stellt die Vorgehensweise zur Verdeutlichung nur noch einmal grafisch dar.

Bezeichnet man die Steigung der Geraden für die Verbindung zwischen den Wertepaaren mit a und den Schnittpunkt mit der Ordinate mit b, dann hat die Geradengleichung die allgemeine Form:

$$K_0 = a \cdot i + b$$

Zunächst berechnet man die Steigung a aus den Wertepaaren (i_1, K_{01}) und (i_2, K_{02})

$$a = \frac{K_{02} - K_{01}}{i_2 - i_1}$$

und anschließend b durch einsetzen der Werte eines Wertepaares, z.B. (i_1, K_{01})

$$K_{01} = a \cdot i_1 + b \Rightarrow b = K_{01} - a \cdot i_1$$

Somit kann die Geradengleichung direkt aus den Wertepaaren ermittelt werden:

$$K_0 = \frac{K_{02} - K_{01}}{i_2 - i_1} \cdot i + K_{01} - \frac{K_{02} - K_{01}}{i_2 - i_1} \cdot i_1$$

Um schließlich den Zins zu berechnen, bei dem die Gerade die Abszisse schneidet, setzt man $K_0 = 0$ und löst die Gleichung nach i auf:

$$i = i_1 - K_{01} \cdot \frac{i_2 - i_1}{K_{02} - K_{01}}$$

Wählt man z.B. die Wertepaare:

$$i_1 = 20\% \text{ mit } K_{01} = 78€ \text{ und}$$

$$i_2 = 30\% \text{ mit } K_{02} = -60€$$

dann schneidet die Gerade die Abszisse beim Zins

$$i = 20 - 78 \cdot \frac{30 - 20}{-60 - 78} = 20 + 5{,}65 = 25{,}65$$

Das Ergebnis von 25,65% entspricht dem der linearen Interpolation beim iterativen Verfahren nach dem ersten Schritt und weicht vom tatsächlichen internen Zinsfuß von 25,34% ab, weil der Verlauf der Kapitalwertfunktion eben nicht – wie hier unterstellt – einer Geraden entspricht.

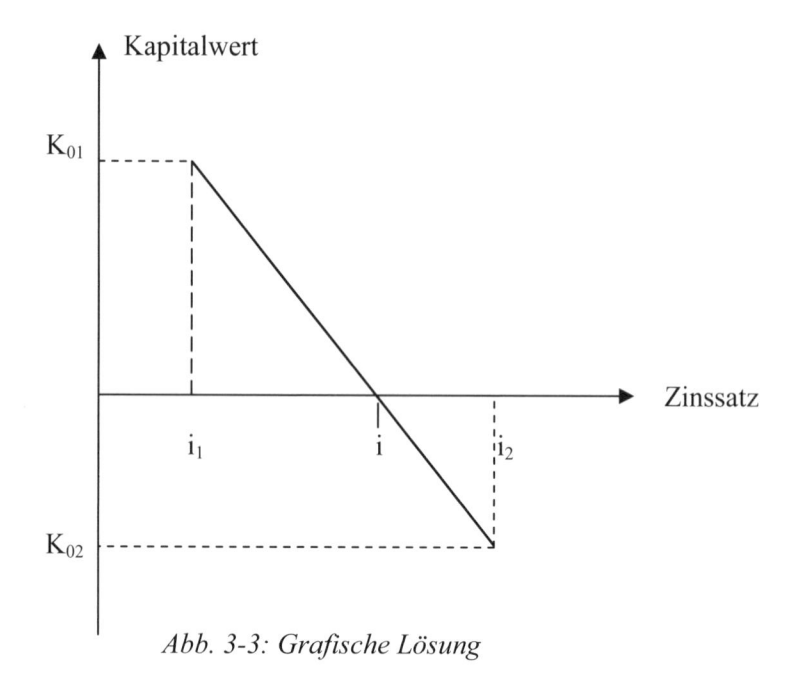

Abb. 3-3: Grafische Lösung

Ökonomisch lässt sich der interne Zinsfuß als Verzinsung des investierten Kapitals interpretieren, das heißt, er gibt die Rendite des Investitionsprojekts an.

Wählt man den internen Zinsfuß als Kriterium zur Beurteilung von Investitionsprojekten, dann gilt als Entscheidungsregel:

- bei der Beurteilung eines einzelnen Projekts:

Ist der interne Zinsfuß höher als der Zins für die Kapitalbeschaffung, dann ist das Projekt lohnend!

- bei der Auswahl zwischen mehreren Projekten:

Wähle das Projekt mit dem maximalen internen Zinsfuß!

Wenn die Investition mit konstanten Rückflüssen verbunden ist, kann man sich die vereinfachte Berechnung des Kapitalwertes auch bei der Ermittlung des internen Zinsfußes zu Nutze machen. Man berechnet den Rentenbarwertfaktor, bei dem der Kapitalwert 0 ist:

$$K_0 = z_0 + r \cdot RBF(i,n)$$
$$0 = z_0 + r \cdot RBF(i,n)$$
$$RBF(i,n) = -\frac{z_0}{r}$$

Ist der Rentenbarwertfaktor und die Laufzeit der Investition bekannt, kann man in der Tabelle der Rentenbarwertfaktoren in der Zeile mit der entsprechenden Laufzeit die Spalten mit dem errechneten Rentenbarwert suchen. Der zu dieser Spalte gehörende Zinssatz ist der interne Zinsfuß.

Beispiel:

t	0	1	2	3
z_t	−1.000	500	500	500

$$RBF(i,3) = -\frac{-1.000}{500} = 2,0$$

Geht man nun in die Tabelle der Rentenbarwertfaktoren, findet man in der Zeile Laufzeit t = 3 in der Spalte i = 20% den Faktor 2,106 und in der Spalte i = 25% den Faktor 1,952. Der interne Zinssatz der Investition lässt dann durch lineare Interpolation wieder näherungsweise berechnen:

Zins	RBF (i, 3)
20%	2,106
25%	1,952
Differenz = 5%	Differenz = 0,154

Eine Erhöhung des Zinssatzes um 5% führt zu einer Verminderung des Rentenbarwertfaktors um 0,154. Eine Verminderung des Rentenbarwertfaktors von 2,106 auf 2,0 führt demnach zu einer Erhöhung des Zinssatzes um:

$$5\% \cdot (0,106 \div 0,154) = 5\% \cdot 0,688 = 3,44\%$$

Der interne Zinsfuß der Investition mit konstanten Rückflüssen liegt folglich bei 23,44%. Auch diese Berechnung ist ungenau, da der Rentenbarwertfaktor bei steigenden Zinsen nicht linear abnimmt. Der exakte interne Zinsfuß beträgt in diesem Fall 23,37%.

Für eine exaktere Bestimmung müsste eine detailliertere Tabelle der Rentenbarwertfaktoren herangezogen oder das Intervall durch Berechnung des Rentenbarwertes verkleinert werden. Häufig reicht aber für eine Investitionsentscheidung in der Praxis ein Näherungswert aus.

Ein weiterer interessanter Fall ist der Zwei-Perioden-Fall. Hier kann der interne Zinsfuß exakt bestimmt werden, wenn die nachfolgende Gleichung nach i aufgelöst wird:

$$0 = z_0 + z_1 \cdot (1+i)^{-1} + z_2 \cdot (1+i)^{-2}$$

Die Multiplikation mit $(1+i)^2$ ergibt:

$$0 = z_0 \cdot (1+i)^2 + z_1 \cdot (1+i) + z_2$$

Setzt man $(1+i) = x$, $z_0 = a$, $z_1 = b$ und $z_2 = c$, dann erkennt man die Normalform einer quadratischen Gleichung, die sich mit Hilfe der quadratischen Ergänzung nach x auflösen lässt:

$$0 = a \cdot x^2 + b \cdot x + c$$

$$x_{1,2} = -0{,}5 \cdot \frac{b}{a} \pm \sqrt{-\frac{c}{a} + 0{,}25 \cdot \left(\frac{b}{a}\right)^2}$$

Vernachlässigt man den Fall der Subtraktion der Wurzel, da $(1+i)$ nicht negativ sein kann und setzt man wieder $x = (1+i)$, $a = z_0$, $b = z_1$ und $c = z_2$, dann erhält man folgende Gleichung

$$1+i = -0{,}5 \cdot \frac{z_1}{z_0} + \sqrt{-\frac{z_2}{z_0} + 0{,}25 \cdot \left(\frac{z_1}{z_0}\right)^2}$$

die man einfach nach i auflösen kann:

$$i = -0{,}5 \cdot \frac{z_1}{z_0} + \sqrt{-\frac{z_2}{z_0} + 0{,}25 \cdot \left(\frac{z_1}{z_0}\right)^2} - 1$$

Das nachfolgende Beispiel zeigt, dass man mit dieser Formel den internen Zinsfuß exakt berechnen kann:

t	0	1	2
z_t	−1.000	500	700

$$i = -0,5 \cdot \frac{500}{-1.000} + \sqrt{-\frac{700}{-1.000} + 0,25 \cdot \left(\frac{500}{-1.000}\right)^2} - 1$$

$$= -0,5 \cdot -0,5 + \sqrt{0,7 + 0,25 \cdot 0,25} - 1$$

$$= 0,25 + \sqrt{0,7625} - 1$$

$$= 0,25 + 0,87321 - 1$$

$$= 0,1232$$

Der interne Zinsfuß der Investition beträgt demnach 12,32%.

2.5 Dynamische Amortisationsrechnung

Die dynamische Amortisationsrechnung geht von der gleichen Überlegung aus wie die statische Amortisationsrechnung: Es geht um die Frage, nach welcher Zeit die Anschaffungsauszahlung durch Rückflüsse in den Folgeperioden zurück gewonnen werden kann. Die Amortisationsdauer kann auch hier mit der Durchschnittsmethode oder mit der kumulativen Methode ermittelt werden. Eine weitere Möglichkeit ist die sukzessive Endwertrechnung.

2.5.1 Durchschnittsmethode

Bei der Durchschnittsmethode müssen die einzelnen Rückflüsse in einen durchschnittlichen Rückfluss, der über die gesamte Laufzeit der Investition gleich bleibt, umgerechnet werden. Um den durchschnittlichen Kapitalrückfluss zu erhalten, kann man nicht einfach – wie bei der statischen Amortisationsrechnung – die Rückflüsse addieren und durch die Anzahl der Perioden dividieren. Die dynamische Amortisationsrechnung muss berücksichtigen, dass die Rückflüsse zu den verschiedenen Zeitpunkten aufgrund des Zinseffektes nicht den gleichen Wert haben und deshalb nicht einfach addiert werden können. Um vergleichbare Werte zu erhalten, werden die Rückflüsse zunächst auf den Zeitpunkt 0 abgezinst und anschließend addiert. Die Summe der Barwerte der Rückflüsse wird dann mithilfe des Kapitalwiedergewinnungsfaktors wieder gleichmäßig auf die Laufzeit der Investition verteilt, um den durchschnittlichen Kapitalrückfluss (Cash Flow) zu erhalten.

$$\varnothing \, Cash \, Flow = \left[z_1 \cdot (1+i)^{-1} + z_2 \cdot (1+i)^{-2} + \ldots + z_n \cdot (1+i)^{-n} \right] \cdot KWF(i,n)$$

Beispiel:

t	0	1	2	3
z_t	−1.000	600	500	400

$$\varnothing \, Cash \, Flow = \left[600 \cdot 1{,}08^{-1} + 500 \cdot 1{,}08^{-2} + 400 \cdot 1{,}08^{-3}\right] \cdot KWF(8\%,3)$$
$$= [555{,}56 + 428{,}67 + 317{,}53] \cdot 0{,}388034$$
$$= 505{,}13$$

Dividiert man schließlich die Investitionsausgabe z_0 durch den durchschnittlichen jährlichen Cash Flow, so erhält man den Zeitraum, der zur Rückgewinnung des Kapitals benötigt wird:

$$Amortisationsdauer = \frac{-z_0}{\varnothing \, Cash \, Flow}$$

Die durchschnittliche Amortisationsdauer beträgt demnach im Beispiel 1,98 Jahre.

Die Bildung von durchschnittlichen Cash Flow-Werten wird hier zwar unter Berücksichtigung des Zinseffektes durchgeführt, sie hat aber – wie bei der statischen Durchschnittsrechnung – den Nachteil, dass eine steigende oder fallende Tendenz der Rückflüsse nicht korrekt berücksichtigt wird. Die Anwendung der Durchschnittsmethode ist daher nur bei gleichmäßigen Rückflüssen sinnvoll. Sind die Rückflüsse stark steigend, fallend oder schwankend, muss die kumulative Methode angewendet werden, um zu aussagekräftigen Ergebnissen zu gelangen.

2.5.2 Kumulative Methode

Bei der statischen Vorgehensweise wurden die Rückflüsse so lange addiert, bis deren Summe größer war als die Investitionsausgabe. Die dynamische Kumulationsrechnung berücksichtigt nun den Zinseffekt dadurch, dass nicht die Rückflüsse, sondern die Barwerte der Rückflüsse kumuliert werden. Zur Verdeutlichung werden die Investitionsbeispiele mit stark fallenden beziehungsweise steigenden Rückflüssen aus Kapitel II zur statischen Amortisationsrechnung nochmals aufgegriffen.

t	0	1	2	3	4	5
z_t Investition I	−1.000	500	400	300	200	100
z_t Investition II	−1.000	100	200	300	400	500

Werden nun die Rückflüsse mit einem Kalkulationszinssatz von 8% zu Barwerten abgezinst und die Barwerte zusammen mit Investitionsauszahlung kumuliert, ergibt sich bei der Investition I folgende Reihe:

t	0	1	2	3	4	5
z_t Investition I	−1.000	500	400	300	200	100
Barwerte I	−1.000	463	343	238	147	68
Kumulierte Barwerte I	−1.000	−537	−194	44	191	259

Addiert man zur Anschaffungsauszahlung den Barwert des ersten Rückflusses, so verbleibt nach einer Periode noch ein Fehlbetrag von 537 €, der 1 Jahr später durch den Barwert des Rückflusses der zweiten Periode auf 194 € vermindert wird. Am Ende der dritten Periode sind die Barwerte der kumulierten Rückflüsse um 44 € höher als die Anschaffungsausgabe, das heißt, die Amortisationsdauer liegt zwischen dem zweiten und dritten Jahr.

Durch lineare Interpolation ergibt sich eine Amortisationsdauer von

$$2 + \frac{-194 - 0}{-194 - 44} = 2,815 \text{ Jahren.}$$

Die Kumulation der Barwerte bei der Investition II führt zu folgenden Ergebnissen:

t	0	1	2	3	4	5
z_t Investition II	−1.000	100	200	300	400	500
Barwerte II	−1.000	93	171	238	294	340
Kumulierte Barwerte II	−1.000	−907	−736	−498	−204	136

Da hier die höheren Beträge erst in den späteren Perioden zurückfließen, verlängert sich dadurch natürlich die Amortisationsdauer auf

$$4 + \frac{-204 - 0}{-204 - 136} = 4,6 \text{ Jahre.}$$

Die Ergebnisse unterscheiden sich doch deutlich von den Werten der statischen Methode in Kapitel II, und es ist wiederum zu erkennen, dass die Anwendung der dynamischen Amortisationsrechnung zu besseren Ergebnissen führt.

2.5.3 Sukzessive Endwertrechnung

Die sukzessive Endwertrechnung ermittelt den Endwert schrittweise, das heißt, der Stand des Projekts wird von Periode zu Periode fortgeschrieben, bis schließlich in der letzten Periode der Endwert erreicht wird. Diese Vorgehensweise verdeutlicht sehr anschaulich die Ermittlung der Amortisationsdauer unter Berücksichtigung des Zinseffektes. Die Anwendung der sukzessiven Endwertrechnung bei den beiden Investitionsbeispielen führt zu folgenden Ergebnissen:

t	0	1	2	3	4	5
z_t Investition I	–1.000,00	500,00	400,00	300,00	200,00	100,00
		0,00	–1.080,00	–624,40	–244,51	59,93	280,72
Stand des Projekts I	–1000,00	–580,00	–226,40	55,49	259,93	380,72

Die Investitionsausgabe von 1.000 € ergibt nach 1 Jahr durch die Verzinsung mit 8% ein Defizit von 1.080 €, das sich jedoch durch den Rückfluss der ersten Periode von 500 € auf 580 € vermindert. Der Stand des Projekts nach 1 Jahr beträgt demnach –580 €. Verzinst man dieses Defizit wieder mit 8%, so ergibt sich nach einem weiteren Jahr ein Defizit von 624,40 €, das nach der Minderung durch den Rückfluss der zweiten Periode von 400 € zu einem Stand des Projekts von –226,40 € führt. In der dritten Periode ist der Stand des Projekts erstmals positiv, da der Rückfluss der dritten Periode um 55,49 € höher ist als das verzinste Defizit der Vorperiode. Die Amortisationsdauer beträgt demnach

$$2 + \frac{-226,40 - 0}{-226,40 - 55,49} = 2,803 \text{ Jahre.}$$

Führt man diese Vorgehensweise bis zum Ende der Investition fort, so erhält man den Endwert der Investition in Höhe von 380,72 €, der sich natürlich auch ergibt, wenn man ihn durch Aufzinsung der einzelnen Zahlungen berechnet:

$$-1.000 \cdot 1,08^5 + 500 \cdot 1,08^4 + 400 \cdot 1,08^3 + 300 \cdot 1,08^2 + 200 \cdot 1,08^1 + 100 = 380,72$$

Bei dem Beispiel mit steigenden Rückflüssen bewirken die geringen Rückflüsse in den ersten Perioden, dass der Stand des Projekts erst später positiv wird, mit der Folge, dass sich auch hier die Amortisationsdauer verlängert:

t	0	1	2	3	4	5
z_t Investition II	−1.000,00	100,00	200,00	300,00	400,00	500,00
		0,00	−1.080,00	−1.058,40	−927,07	−677,24	−299,42
Stand des Projekts II	−1000,00	−980,00	−858,40	−627,07	−277,24	200,58

Sie beträgt in diesem Fall

$$4 + \frac{-277,24 - 0}{-277,24 - 200,58} = 4,58 \text{ Jahre.}$$

3 Vergleich der Ergebnisse dynamischer Verfahren

3.1 Äquivalenz der Kriterien Endwert, Kapitalwert und Annuität

Führt die Berechnung von einem der Kriterien Endwert, Kapitalwert oder Annuität zu einem positiven Ergebnis, dann müssen auch die Ergebnisse der beiden anderen Kriterien positiv sein. Ist z. B. der Kapitalwert einer Zahlungsreihe positiv, dann muss auch der Endwert und die Annuität positiv sein, denn der Endwert ergibt sich aus dem Kapitalwert durch Multiplikation mit dem Aufzinsungsfaktor (und dieser ist immer positiv) und die Annuität ergibt sich aus dem Kapitalwert durch Multiplikation mit dem Kapitalwiedergewinnungsfaktor (und dieser ist ebenfalls immer positiv). Gleiches gilt auch für die Rangfolge bei der Beurteilung von zwei oder mehreren Investitionsprojekten, wenn die Projekte die gleiche Laufzeit haben. Ordnet man die verschiedenen Projekte z. B. nach der Höhe der Kapitalwerte, so ergibt sich die gleiche Reihenfolge, wenn man den Endwert oder die Annuität als Kriterium verwenden würde. Dies bedeutet, dass die Kriterien Endwert, Kapitalwert und Annuität äquivalent sind.

3.2 Investitionen mit unterschiedlicher Laufzeit

Sind die Laufzeiten der zu vergleichenden Projekte unterschiedlich, dann können die Ergebnisse von Kapitalwert und Annuität zu unterschiedlichen Beurteilungen führen, wie das nachfolgende Beispiel zeigt:

t	0	1	2	3	4	5	6
z_t Investition I	–1.000	300	280	260	250	240	230
z_t Investition II	–1.000	500	450	400			

Berechnet man die Kapitalwerte und die Annuitäten bei einem Zinssatz von 8%, so gelangt man zu folgenden Ergebnissen:

	Investition I	Investition II	Vergleich
Laufzeit	6 Jahre	3 Jahre	
Kapitalwert	216,27	166,30	I > II
KWF (8%)	0,21632	0,38803	
Annuität	46,78	64,53	II > I

Der höhere Kapitalwert spricht für Projekt I, die höhere Annuität hingegen für Projekt II. Dieses Ergebnis verwundert nicht, wenn man bedenkt, dass der höhere Kapitalwert der Investition I auf 6 Jahre verteilt werden muss und der niedrigere Kapitalwert der Investition II nur auf 3 Jahre. Welches Projekt realisiert werden soll, hängt von der Prämisse ab, ob die Projekte wiederholt werden können oder nicht.

Können die Projekte nur einmal durchgeführt werden, dann ist die Investition I mit dem höheren Kapitalwert vorzuziehen. Sie hat zwar die geringere Annuität, die Annuität von Projekt I (46,78 €) kann jedoch vom Investor sechsmal entnommen werden, die höhere Annuität von Projekt II (64,53 €) hingegen nur dreimal. Oder anders betrachtet: Verteilt man den Kapitalwert von Projekt II (166,30 €) mit dem Kapitalwiedergewinnungsfaktor auf 6 Jahre, dann ergibt sich eine Annuität in Höhe von 35,97 €, die geringer ist als die Annuität von Projekt I (46,78 €).

Wenn man hingegen von der Prämisse ausgeht, dass die Projekte wiederholt werden können, dann wäre die Annuität das maßgebende Entscheidungskriterium. Unterstellt man z. B., dass die Investition II zweimal hintereinander durchgeführt wird, so ergibt sich folgende Zahlungsreihe:

t	0	1	2	3	4	5	6
z_t Investition II	−1.000	500	450	400			
z_t Investition II				−1.000	500	450	400
z_t Gesamt	−1.000	500	450	−600	500	450	400

Im Vergleich zur Investition I ergeben sich dann folgende Werte:

	Investition I einmal	Investition II zweimal	Vergleich
Laufzeit	6 Jahre	6 Jahre	
Kapitalwert	216,27	298,31	II > I
KWF (8%)	0,21632	0,21632	
Annuität	46,78	64,53	II > I

Bei der zweimaligen Durchführung von Projekt II sind sowohl Kapitalwert als auch Annuität höher als bei Projekt I, so dass in diesem Fall die Durchführung von Projekt I ungünstiger ist. Diesmal sind die Laufzeiten der beiden Alternativen gleich, es gilt wieder die Äquivalenz der Kriterien, denn bei gleicher Laufzeit und gleichem Zins werden die Kapitalwerte der Investitionen mit dem gleichen Kapitalwiedergewinnungsfaktor auf die Laufzeit verteilt, um die Annuität zu berechnen.

Die Beurteilung von Projekten mit unterschiedlichen Laufzeiten hängt also von der Prämisse ab, ob eine Wiederholung der Projekte möglich ist oder nicht. Als Entscheidungsregel kann somit folgendes festgehalten werden: Sind die zu vergleichenden Projekte

- nur einmal durchführbar:

> **Wähle das Projekt mit dem maximalen Kapitalwert!**

- wiederholbar:

> **Wähle das Projekt mit der maximalen Annuität.**

3.3 Investitionen mit unterschiedlichem Kapitaleinsatz

Ist der Kapitaleinsatz der zu vergleichenden Projekte unterschiedlich, dann können die Ergebnisse von Kapitalwert und internem Zinsfuß zu unterschiedlichen Beurteilungen führen, wie das nachfolgende Beispiel zeigt:

t	0	1	2	3
z_t Investition I	−1.000	600	500	400
z_t Investition II	−2.000	1.000	900	800

Berechnet man den internen Zinsfuß und die Kapitalwerte bei einem Zins von 8% und 10%, so gelangt man zu folgenden Ergebnissen:

	Investition I	Investition II	Vergleich
Kapitaleinsatz	1.000	2.000	
Interner Zinsfuß	25,35 %	17,38 %	I > II
Kapitalwert bei 8%	301,76	332,60	II > I
Kapitalwert bei 10%	259,20	253,94	I > II

Würde man als Entscheidungskriterium die höhere interne Verzinsung des Projekts wählen, dann wäre Projekt I vorzuziehen. Bei einem Zins von 8% hat aber Projekt II den höheren Kapitalwert und wegen der Äquivalenz der Kriterien auch den höheren Endwert und die höhere Annuität. Demnach wäre bei einer Verzinsung von 8% Projekt II mit dem höheren Kapitaleinsatz wegen der höheren Entnahmemöglichkeit für den Investor vorzuziehen. Bei einer Verzinsung von 10% ist es umgekehrt, dann hat die Investition I mit dem geringeren Kapitaleinsatz den höheren Kapitalwert. Welches Projekt die höhere Entnahme erlaubt und damit vorteilhaft ist, hängt also vom Zinssatz ab. Die Investition II mit dem höheren Kapitaleinsatz ist bei geringer Verzinsung noch günstiger, bei höheren Zinsen ist jedoch die Investition I mit dem geringeren Kapitaleinsatz vorteilhafter. Die nachfolgende Graphik in Abbildung 3-4 zeigt die Kapitalwerte der beiden Investitionen in Abhängigkeit vom Zinssatz:

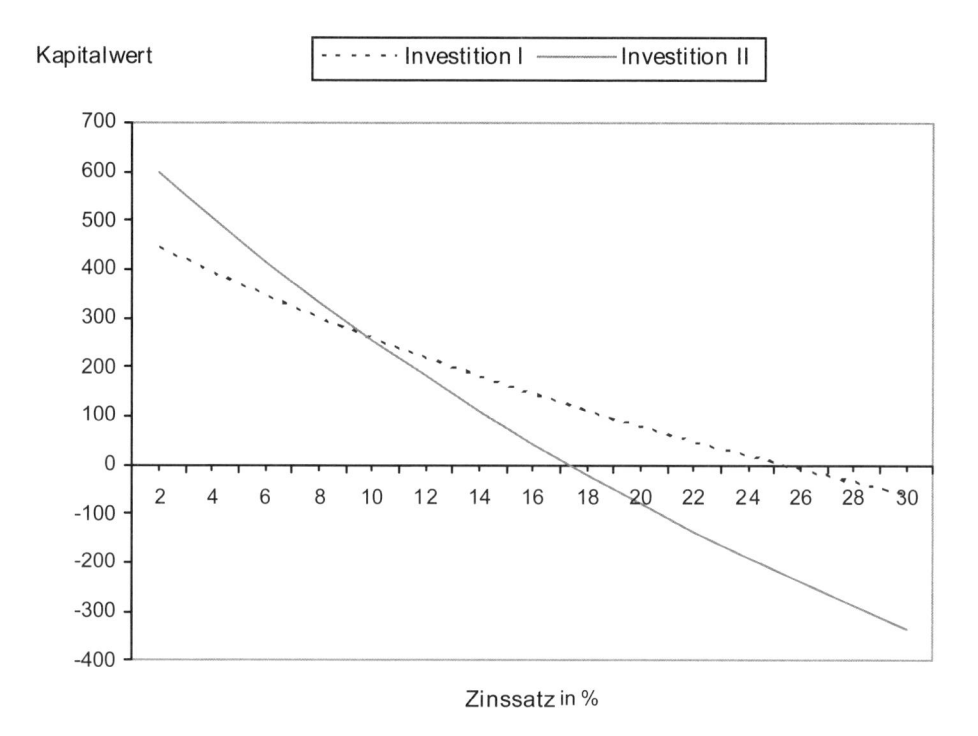

Abb. 3-4: Kapitalwert und Zinssatz

Es wird deutlich, dass sich die beiden Kapitalwertfunktionen schneiden. Vor dem Schnittpunkt, der bei 9,7% liegt, hat die Investition II den höheren Kapitalwert, danach die Investition I.

Auch beim Vergleich von Investitionen mit unterschiedlichem Kapitaleinsatz stellt sich die Frage, ob die einzelnen Investitionsprojekte mehrfach durchgeführt werden können. Wenn es z. B. möglich ist, die Investition I zweimal gleichzeitig durchzuführen, mit der Folge, dass sich der Kapitaleinsatz auf 2.000 € verdoppelt und damit dem Kapitaleinsatz der Investition II entspricht, würde der Vergleich folgendermaßen aussehen:

t	0	1	2	3
z_t Investition I zweimal	–2.000	1.200	1.000	800
z_t Investition II	–2.000	1.000	900	800

Der Vergleich der beiden Alternativen zeigt, dass bei gleichem Kapitaleinsatz die Kriterien interner Zinsfuß und Kapitalwert zum gleichen Ergebnis führen:

	Investition I zweimal	Investition II einmal	Vergleich
Kapitaleinsatz	2.000	2.000	
Interner Zinsfuß	25,35 %	17,38 %	I > II
Kapitalwert bei 8%	603,52	332,60	I > II
Kapitalwert bei 10%	518,41	253,94	I > II

Der Kapitalwert von Projekt I bei zweifacher Ausführung ist bei jedem Zins höher als der Kapitalwert von Projekt II. Die Kapitalwertfunktionen schneiden sich in diesem Fall nicht, wie Abbildung 3-5 zeigt.

Es kann festgehalten werden, dass Kapitalwert, Endwert, Annuität und interner Zinsfuß nur dann immer zum gleichen Ergebnis führen, wenn die Laufzeit und der Kapitaleinsatz der zu vergleichenden Investitionsprojekte identisch sind.

Ist der Kapitaleinsatz unterschiedlich, kommt es bei der Auswahl des Beurteilungskriteriums darauf an, ob die einzelnen Projekte gleichzeitig mehrfach durchgeführt werden können oder nicht. Sind die zu vergleichenden Investitionsprojekte

- nur einmal durchführbar:

Wähle das Projekt mit dem maximalen Kapitalwert!

- mehrfach parallel durchführbar:

Wähle das Projekt mit dem maximalen internen Zinsfuß!

Kapitalwert

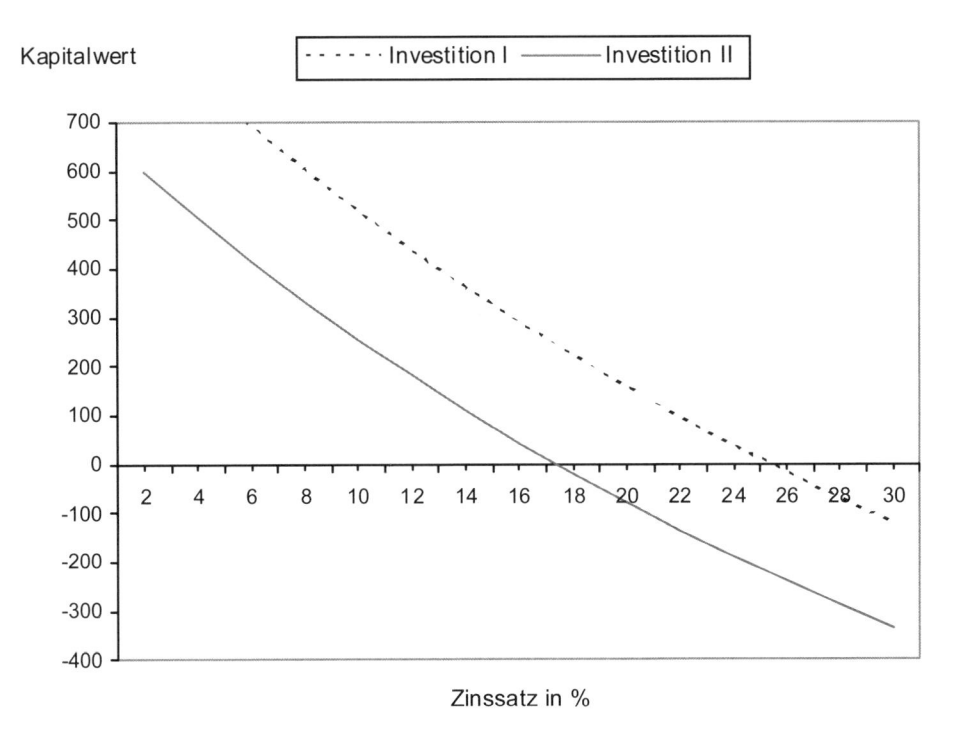

Abb. 3-5: Kapitalwertkurven

4 Beurteilung der dynamischen Verfahren

Gegenüber den statischen Verfahren hat die Aufstellung von Zahlungsreihen bei den dynamischen Verfahren folgende Vorteile:

- Berücksichtigt werden Einzahlungen und Auszahlungen und nicht – wie bei den statischen Verfahren – Kosten und Erträge.

- Der Zins- und Zinseszinseffekt wird durch die Zuordnung von Ein- und Auszahlungen zu den einzelnen Perioden richtig erfasst.

- Die zeitliche Entwicklung von Kapitalrückflüssen wird berücksichtigt. Eine Investition mit zunächst hohen und später geringen Rückflüssen hat einen höheren Kapitalwert als eine Investition, bei der die Rückflüsse in umgekehrter Reihenfolge (zunächst gering und später hoch) erfolgen. Bei einer statischen Rechnung, die nur mit Durchschnittswerten operiert, wirkt sich die zeitliche Abfolge der Rückflüsse hingegen nicht auf das Ergebnis aus.

Die Anwendung der dynamischen Verfahren ist aber auch mit Problemen verbunden:

- Die Prognose künftiger Einzahlungen und Auszahlungen wird geschätzt und ist daher unsicher.

- Die unterstellte Prämisse, man könnte zu einem einheitlichen Zins i Überschüsse aus dem Projekt anlegen und Defizite finanzieren, ist unrealistisch, da in der Realität der Sollzins höher ist als der Habenzins. Weiterhin wird unterstellt, dass der Zinssatz während der Laufzeit des Projekts konstant ist und sich nicht verändert. Auch diese Annahme ist nicht realitätsnah.

- Die Ermittlung der Höhe des Kalkulationszinsfußes ist – wie bereits erläutert – problematisch.

- Die Interpretation der Ergebnisse hängt zum einen von weiteren Prämissen ab (ist das Projekt wiederholbar oder nur einmal durchführbar) und zum anderen auch von den persönlichen Präferenzen des Investors (legt z. B. der Investor mehr Wert auf eine hohe Entnahme oder auf eine kurze Amortisationsdauer).

Abschließend muss man sich aber die Frage stellen, ob der erhöhte Planungsaufwand – es müssen die Ein- und Auszahlungen für die einzelnen Jahre konkret bestimmt werden – angesichts der in der Realität vorliegenden Planungsunsicherheit gerechtfertigt ist und ob weiterhin die Anwendung finanzmathematischer Methoden zur Berücksichtigung des Zins- und Zinseszinseffektes sinnvoll ist, wenn die zugrunde gelegten Planwerte teilweise oder völlig auf mehr oder weniger groben Schätzungen basieren.

Für kleinere Investitionsobjekte mit kurzer Laufzeit muss man die Anwendung dynamischer Verfahren durchaus in Frage stellen. Aber bei großen Investitionsprojekten mit einer langen Laufzeit kann sich der Zins- und Zinseszinseffekt erheblich auf das Ergebnis der Investition auswirken und sollte bei der Investitionsrechnung sowie Investitionsentscheidung berücksichtigt werden.

Begriffe zum Nachlesen

Vollkommener Kapitalmarkt	Kalkulationszinsfuß	Interner Zinsfuß
Aufzinsungsfaktor	Abzinsungsfaktor	Rentenbarwertfaktor
Endwert	Barwert	Rückverteilungsfaktor
Kapitalwiedergewinnungsfaktor	Kapitalwert	Annuität

Wiederholungsfragen

1. Erläutern Sie die Gemeinsamkeiten der dynamischen Investitionsrechnungsverfahren.

2. Die Spedition EUROTRANS möchte einen neuen Lastkraftwagen anschaffen. Folgende Investitionsdaten stehen für die Entscheidungsfindung zur Verfügung: Anschaffungskosten 220.000 €, Rückflüsse pro Periode 60.000 €, Nutzungsdauer 5 Jahre, Restverkaufserlös 10.000 €. Ein Kredit kostet z. Zt. effektiv 8% Zinsen pro Jahr. Wie hoch ist der Kapitalwert, der mit dem Lastkraftwagen erwirtschaftet werden kann?

3. Der Lastkraftwagen könnte auch mit Eigenkapital finanziert werden. Die 8%

Zinskosten für die Kreditfinanzierung würden dann entfallen. Um die Entscheidung treffen zu können, möchte der Geschäftsführer der EUROTRANS die interne Verzinsung der Investition mit der Rechenmethode ermitteln.

4. Der Finanzberater Witzig hat zwei Kapitalanlagemöglichkeiten mit folgenden Investitionszahlungsreihen:

t	0	1	2	3	4	5
z_t Investition I	−2.000	400	450	500	550	600
z_t Investition II	−2.000	900	800	600		

Herr Witzig kann entweder eine der beiden Alternativen realisieren, oder sein Kapital als Festgeld bei seiner Hausbank zu 6% anlegen. Zur Entscheidungsfindung ermittelt er den Kapitalwert der beiden Investitionsalternativen. Können Sie ihm diese Vorgehensweise empfehlen? Welche Anlagestrategie würden Sie wählen?

Literaturhinweise

Breuer, W.: Investition I – Entscheidungen bei Sicherheit, 2. Aufl., Wiesbaden 2002.

Busse von Colbe, W.; Laßmann, G.: Betriebswirtschaftstheorie, Bd. III: Investitionstheorie, 3. Aufl., Berlin u.a. 1990.

Eisenführ, F., Investitionsrechnung, 9. Aufl., Aachen 1994.

IV. Optimale Nutzungsdauer und optimaler Ersatzzeitpunkt

In diesem Kapitel lernen Sie

- die Ermittlung der optimalen Nutzungsdauer und
- die Ermittlung des optimalen Ersatzzeitpunktes

kennen.

In der Betriebswirtschaftslehre kennt man verschiedene Nutzungsdauern. Im Wesentlichen sind dies die

- maximale Nutzungsdauer,
- rechtliche Nutzungsdauer,
- buchhalterische Nutzungsdauer und die
- wirtschaftliche Nutzungsdauer.

In diesem Kapitel werden verschiedene Begriffe zu Nutzungsdauern kurz erklärt und die Bestimmung der wirtschaftlichen Nutzungsdauer, die für die Investitionsrechnung von zentraler Bedeutung ist, eingehend erläutert.

Maximale Nutzungsdauer

Die maximale Nutzungsdauer ist der Zeitraum, in dem der technische Zustand eines Investitionsobjekts die Nutzung zulässt. Am Ende der technischen Lebensdauer ist das Objekt verbraucht oder abgenutzt und kann nicht mehr eingesetzt werden. Diese technisch maximale Lebensdauer ist oft nicht eindeutig bestimmbar, da Investitionsobjekte in der Regel einer regelmäßigen Wartung und Instandhaltung unterliegen, um die Funktionsfähigkeit zu erhalten. Solche Instandhaltungsmaßnahmen werden auch als werterhaltende Maßnahmen bezeichnet. Bei diesen Wartungs- und Instandhaltungsmaßnahmen dürfen theoretisch nur durch Verschleiß während des normalen Gebrauchs auftretende Abnutzungen ersetzt werden. Bei einem Kraftfahrzeug wären solche Instandhaltungsmaßnahmen beispielsweise das Wechseln des Motoröls oder der Bremsbeläge.

Neben den werterhaltenden Maßnahmen gibt es noch die werterhöhende Instandhaltung, die den Wert des Investitionsobjekts deutlich steigern beziehungsweise die technische Lebensdauer verlängern kann. Bei einem Kraftfahrzeug wäre dies beispielsweise der Tausch des schon abgenutzten Motors durch einen neuen Motor. Der neue Motor könnte die Lebensdauer des Kraftfahrzeuges verlängern und stellt somit keine Instandhaltung, sondern eher eine Teilinvestition in ein bereits vorhandenes Investitionsobjekt dar.

In der Praxis ist oft nicht genau zwischen werterhaltender und werterhöhender Instandhaltung zu trennen, somit kann die genaue Festlegung der maximalen oder technischen Lebensdauer problematisch sein.

Rechtliche Nutzungsdauer

Die rechtliche Nutzungsdauer ist der Zeitraum, in dem gesetzliche Vorschriften oder vertragliche Vereinbarungen die Nutzung zulassen. Der Gesetzgeber kann z.B. aus Sicherheitsgründen die Nutzung bestimmter Teile zeitlich begrenzen. Auch Lizenz-, Leasing-, oder Mietverträge beinhalten eine zeitliche Begrenzung der Nutzungsmöglichkeit.

Buchhalterische Nutzungsdauer

Die buchhalterische Nutzungsdauer spiegelt den Abschreibungszeitraum wieder, innerhalb dem das Investitionsobjekt entsprechend handels- oder steuerrechtlicher Vorschriften in der Bilanz abgeschrieben wird. Ist die Abschreibungsdauer kürzer als die tatsächliche Nutzungsdauer, so baut das Unternehmen stille Reserven auf.

Wirtschaftliche Nutzungsdauer

Die wirtschaftliche Nutzungsdauer kennzeichnet den Zeitraum, in dem die Nutzung eines Investitionsobjekts wirtschaftlich sinnvoll ist. Man unterscheidet dabei zwischen optimaler Nutzungsdauer und optimalem Ersatzzeitpunkt.

Die optimale Nutzungsdauer wird vor der Anschaffung des Investitionsobjekts bestimmt. Es geht also bei der Bestimmung der optimalen Nutzungsdauer um die Frage:

> **Wie lange soll eine neue Anlage genutzt werden?**

Der optimale Ersatzzeitpunkt wird bestimmt, wenn bereits eine Investition vorgenommen wurde. Hier befasst man sich mit der Frage:

> **Wann soll eine vorhandene alte Anlage durch eine neue ersetzt werden?**

1 Optimale Nutzungsdauer

1.1 Optimale Nutzungsdauer bei einmaliger Durchführung des Projekts

Im Fall der einmaligen Durchführung des Projekts geht man von der Annahme aus, dass das Investitionsprojekt nicht identisch wiederholt werden kann oder dass der Investor nicht beabsichtigt, eine Wiederholung des Projekts durchzuführen.

1.1.1 Kapitalwertvergleich

Für die Ermittlung der optimalen Nutzungsdauer benötigt man neben der Zahlungsreihe zusätzlich die Liquidationserlöse (L_t) für die Zeitpunkte $t = 1, ..., n$. Die Liquidationserlöse geben an, welchen Restwert man erzielen würde, wenn man das zum Zeitpunkt $t = 0$ angeschaffte Investitionsobjekt nach t Jahren wieder verkaufen würde. Im nachfolgenden Beispiel wird vereinfacht unterstellt, dass der Liquidationserlös bei sofortiger Veräußerung (L_0) der Anschaffungsauszahlung (z_0) entspricht.

t	0	1	2	3	4	5
z_t	−1.000	600	400	300	200	60
L_t	1.000	600	500	300	100	0

Mithilfe der Liquidationserlöse kann man nun Zahlungsreihen für alternative Nutzungsdauern aufstellen, indem man in der letzten Periode der Nutzung den Liquidationserlös zum Einzahlungsüberschuss addiert. Würde man zum Beispiel das oben beschriebene Projekt nach dem ersten Jahr abbrechen, so erhält man am Ende des ersten Jahres zusätzlich zu der Einzahlung der ersten Periode von 600 € auch den Liquidationserlös von 600 €, also insgesamt 1.200 €. Die Zahlungsreihen für die alternativen Nutzungsdauern $t = 2$ bis $t = 5$ werden dann entsprechend gebildet:

t	0	1	2	3	4	5
1	−1.000	1.200				
2	−1.000	600	900			
3	−1.000	600	400	600		
4	−1.000	600	400	300	300	
5	−1.000	600	400	300	200	60

Die Aufstellung der Zahlungsreihen für alternative Nutzungsdauern $t = 1, ..., n$ in allgemeiner Form sieht demnach folgendermaßen aus:

t	0	1	2	3	...	n
1	z_0	$z_1 + L_1$				
2	z_0	z_1	$z_2 + L_2$			
3	z_0	z_1	z_2	$z_3 + L_3$		
...						
n	z_0	z_1	z_2	z_3	...	$z_n + L_n$

Es stellt sich nun die Frage, welche Alternative optimal ist. Um die Alternativen vergleichen zu können, berechnet man die Kapitalwerte der zugehörigen Zahlungsreihen. Die Nutzungsdauer, die zum maximalen Kapitalwert führt, ist dann die optimale Nutzungsdauer.

Berechnet man die Kapitalwerte (K_0) der zuvor aufgestellten Zahlungsreihen bei einem Zins von 10%, zeigt sich, dass der Investor den maximalen Kapitalwert erzielt, wenn er das Projekt nach 3 Jahren abbricht. Die optimale Nutzungsdauer beträgt also in diesem Fall 3 Jahre.

t	0	1	2	3	4	5	K_0
1	−1.000	1.200					90,91
2	−1.000	600	900				289,26
3	**−1.000**	**600**	**400**	**600**			**326,82**
4	−1.000	600	400	300	300		306,33
5	−1.000	600	400	300	200	60	275,29

Betrachtet man die Entwicklung des Kapitalwertes, so kann man erkennen, dass der Kapitalwert zunächst zunimmt, bei t = 3 sein Maximum erreicht und anschließend wieder abnimmt. Wenn man bestimmen könnte, ab wann die Verlängerung der Nutzungsdauer um 1 Jahr nicht mehr zu einem höheren Kapitalwert führt, könnte man die optimale Nutzungsdauer auch auf andere Weise bestimmen.

1.1.2 Differenzinvestition

Für die Bestimmung der optimalen Nutzungsdauer muss man lediglich wissen, wann der Kapitalwert sein Maximum erreicht. Die Kenntnis der Höhe des Kapitalwertes ist dafür nicht unbedingt erforderlich. Solange eine Verlängerung der Nutzungsdauer den Kapitalwert erhöht, hat er sein Maximum noch nicht erreicht. Erst wenn die Verlängerung der Nutzungsdauer den Kapitalwert verringert, ist das Maximum überschritten worden. Man muss also – ausgehend von einer Nutzungsdauer von 1 Jahr – herausfinden, ob die Verlängerung der Nutzungsdauer um ein weiteres Jahr zu einer Erhöhung des Kapitalwertes führt oder nicht.

Da alle Zahlungsreihen mit dem gleichen Zinssatz abgezinst wurden, kann die Änderung des Kapitalwertes nur in der Änderung der Zahlungsreihe ihre Ursache haben. Vergleicht man z.B. die Zahlungsreihen für die Nutzungsdauern von 2 und 3 Jahren, so kann man erkennen, dass in den Perioden t = 0 und t = 1 identische Zahlungen vorliegen. Erst in den Perioden t = 2 und t = 3 zeigen sich Unterschiede:

t	0	1	2	3	4	5	K_0
2	−1.000	600	900				289,26
3	−1.000	600	400	600			326,82
(3) − (2)	0	0	−500	600			37,56

Bei einer Laufzeit des Projekts von 2 Jahren erhält man im zweiten Jahr z_2 (400 €) und L_2 (500 €), also 900 €, während man bei einer Laufzeit von 3 Jahren in der zweiten Periode nur z_2 (400 €) erhält, aber dafür zusätzlich im dritten Jahr z_3 (300 €) und L_3 (300 €). Man erhält also bei einer Verlängerung der Nutzungsdauer von 2 auf 3 Jahre im zweiten Jahr 500 € weniger, aber dafür im dritten Jahr 600 € mehr, was letztlich dazu führt, dass der Kapitalwert bei einer Laufzeit von 3 Jahren höher ist. Die Differenzinvestition entscheidet also darüber, ob der Kapitalwert zunimmt oder nicht.

Welche einzelnen Effekte erhöhen beziehungsweise mindern nun den Kapitalwert einer Zahlungsreihe der Periode t im Vergleich zur Vorperiode t − 1?

Den Kapitalwert erhöhen:

- die zusätzliche Zahlung zum Zeitpunkt t (z_t) und
- der Liquidationserlös zum Zeitpunkt t (L_t).

Den Kapitalwert mindern:

- der nicht erhaltene Liquidationserlös aus dem Vorjahr (L_{t-1}) und
- die entgangene Verzinsung des Liquidationserlöses aus dem Vorjahr ($i \cdot L_{t-1}$).

Die zusätzliche Einzahlung zum Zeitpunkt t bezeichnet man als Grenzeinzahlung (g_t), sie beträgt demnach:

$$g_t = z_t + L_t - L_{t-1} - i \cdot L_{t-1}$$

Im Beispielfall führt also die Verlängerung der Nutzungsdauer von 2 auf 3 Jahre zu einer Grenzeinzahlung im Jahr 3 von 50 €:

$$\begin{aligned} g_3 &= z_3 + L_3 - L_2 - i \cdot L_2 \\ &= 300 + 300 - 500 - 0,1 \cdot 500 \\ &= 600 - 550 \\ &= 50 \end{aligned}$$

Die positive Grenzeinzahlung bewirkt, dass der Kapitalwert ansteigt. Würde man die Grenzeinzahlung im Jahr 3 auf den Zeitpunkt 0 abzinsen, so erhält man exakt den Anstieg des Kapitalwerts:

$$50 \cdot 1,1^{-3} = 37,56$$
$$326,82 - 289,26 = 37,56$$

Solange also die Grenzeinzahlungen positiv sind, steigt der Kapitalwert. Erst wenn die Grenzeinzahlung erstmalig negativ wird, verringert sich der Kapitalwert. Der Kapitalwert erreicht also beim Vorzeichenwechsel der Grenzeinzahlung sein Maximum.

Da sich die Grenzeinzahlungen g_1 bis g_n aus der Zahlungsreihe z_1 bis z_n und den Liquidationserlösen L_1 bis L_n direkt einfach berechnen lassen, kann man den maximalen Kapitalwert und somit die optimale Nutzungsdauer auch ohne die Berechnung von Kapitalwerten bestimmen.

Im Beispielfall würden sich dann folgende Werte ergeben:

t	0	1	2	3	4	5
z_t	−1.000	600	400	300	200	60
L_t	1.000	600	500	300	100	0

Bis zur dritten Periode werden positive Grenzeinzahlungen erzielt. Ohne Kenntnis der Kapitalwerte kann man also berechnen, dass der Kapitalwert in der Periode 3 sein Maximum erreicht und dass die optimale Nutzungsdauer in diesem Fall 3 Jahre beträgt.

t	z_t	$+ L_t$	$- L_{t-1}$	$- i \cdot L_{t-1}$	=	g_t
1	600	600	–1.000	–100	=	100
2	400	500	–600	–60	=	240
3	300	300	–500	–50	=	**50**
4	200	100	–300	–30	=	–30
5	60	0	–100	–10	=	–50

Wenn bei den Grenzeinzahlungen der alternativen Nutzungsdauern mehrere Vorzeichenwechsel auftreten, gibt es mehrere Suboptima und man muss entscheiden, welches dieser Suboptima das absolute Optimum ist. Unterstellt man beispielsweise die in der nachfolgenden Tabelle aufgeführten Grenzeinzahlungen, so erkennt man, dass der Wechsel von einer positiven zu einer negativen Grenzeinzahlung zweimal stattfindet.

t	g_t	$i = 10\%$
1	30	
2	100	
3	–40	
4	–20	$-40 \cdot 1{,}1 + (-20) = -64$
5	60	$-64 \cdot 1{,}1 + 60 = -10{,}4$
6	30	$-10{,}4 \cdot 1{,}1 + 30 = 18{,}56$
7	–50	

In der Periode t = 2 und in der Periode t = 6 existiert jeweils die letzte positive Grenzeinzahlung vor dem Vorzeichenwechsel. Dies sind die Suboptima, das heißt, bei einem dieser beiden Zeitpunkte muss der Kapitalwert sein Maximum erreichen. Welches dieser Suboptima das absolute Optimum ist, hängt davon ab, ob die Grenzeinzahlungen in dem Zeitraum zwischen den Suboptima insgesamt zu einer Erhöhung des Kapitalwertes führen oder nicht. Auf den ersten Blick erkennt man bereits, dass die Summe der positiven Grenzeinzahlungen in den Perioden t = 5 und t = 6 (90 €) höher ist als die Summe der negativen Grenzeinzahlungen in den Perioden t = 3 und t = 4 (–60 €). Diese Rechnung ist aber nicht exakt, denn es fehlt die Verzinsung im Zeitablauf. Wenn man die Grenzeinzahlungen von der dritten bis zur sechsten Periode mit einem Zinssatz von 10% aufzinst und kumuliert, so erkennt man, dass letztlich ein positiver Betrag von 18,56 € übrig bleibt, das heißt, die Verlängerung der Nutzungsdauer von der Periode t = 2 bis zur Periode t = 6 ist sinnvoll.

$$(-40) \cdot 1{,}1^3 + (-20) \cdot 1{,}1^2 + 60 \cdot 1{,}1^2 + 30 = 18{,}56$$

Der maximale Kapitalwert – und damit die optimale Nutzungsdauer – existiert also in der Periode t = 6.

Liegen mehrere Vorzeichenwechsel vor, lässt sich also durch Aufzinsung und Kumulation der Grenzeinzahlungen bis zum nächsten Suboptimum feststellen, wo das absolute Optimum ist.

1.2 Optimale Nutzungsdauer bei zweimaliger Durchführung des Projekts

Führt man dasselbe Projekt zweimal hintereinander durch, so mag man zunächst annehmen, dass die optimale Nutzungsdauer bei der ersten und zweiten Durchführung identisch ist und der optimalen Nutzungsdauer bei einmaliger Durchführung entspricht. Diese Annahme trifft aber nicht zu. Die Ermittlung der optimalen Nutzungsdauer bei der Verknüpfung von identischen Projekten ist komplizierter und es kann durchaus sein, dass die optimale Nutzungsdauer bei der ersten Durchführung des Projekts anders ist als bei der zweiten Durchführung. Ursache dafür ist, dass eine Verlängerung der Nutzungsdauer der ersten Durchführung zur Folge hat, dass mit der zweiten Durchführung erst später begonnen werden kann. Der Kapitalwert der zweiten Durchführung (K_{02}) steht somit dem Investor erst später zur Verfügung, das heißt, er verliert die Verzinsung des Kapitalwerts für diesen Zeitraum. Die Verlängerung der Nutzungsdauer bei der zweiten Durchführung hat hingegen keine negativen Folgen, da nach der zweiten Durchführung keine weitere Durchführung des Projekts vorgesehen ist. Dieser Effekt soll anhand des nachfolgenden Beispiels verdeutlicht werden.

Zins = 10%

t	0	1	2	3	4	5	6
z_t	–1.000	350	400	300	200	150	50
L_t	1.000	700	600	500	400	300	150

1.2.1 Kapitalwertvergleich

Bei der Ermittlung der optimalen Nutzungsdauer mit Hilfe von Kapitalwerten geht man folgendermaßen vor:

1. Ermittlung der optimalen Nutzungsdauer der zweiten Durchführung

Wie bei der einmaligen Durchführung werden Zahlungsreihen für alternative Nutzungsdauern aufgestellt, die zugehörigen Kapitalwerte (K_{02}) berechnet und der maximale Kapitalwert bestimmt.

t	0	1	2	3	4	5	6	K_{02}
1	−1.000	1.050						−45,45
2	−1.000	350	1.000					144,63
3	−1.000	350	1.000	800				249,81
4	−1.000	350	400	300	600			283,96
5	−1.000	350	400	300	200	450		**290,17**
6	−1.000	350	400	300	200	150	200	216,79

Im Beispielfall erreicht der Kapitalwert sein Maximum von 290,17 € bei einer Nutzungsdauer von 5 Jahren.

2. Ermittlung der optimalen Nutzungsdauer der ersten Durchführung

Bei der Aufstellung der Zahlungsreihen für alternative Nutzungsdauern der ersten Durchführung muss berücksichtigt werden, dass man den Kapitalwert der zweiten Durchführung zu dem Zeitpunkt erhält, wenn man die erste Durchführung beendet. Der zuvor bestimmte maximale Kapitalwert der zweiten Durchführung ($K_{02\,max}$) wird deshalb in der jeweils letzten Periode zum Einzahlungsüberschuss z_t und dem Liquidationserlös L_t addiert. Somit ergibt sich für die erste Durchführung folgendes Schema für die Zahlungsreihen der alternativen Nutzungsdauern:

t	0	1	2	...	n
1	z_0	$z_1 + L_1 + K_{02\,max}$			
2	z_0	z_1	$z_2 + L_2 + K_{02\,max}$		
...					
n	z_0	z_1	z_2	...	$z_n + L_n + K_{02\,max}$

Berechnet man die Kapitalwerte für die alternativen Nutzungsdauern im Beispielfall, so muss der maximale Kapitalwert der zweiten Durchführung von 290,17 € jeweils in der letzten Periode hinzuaddiert werden.

t	0	1	2	3	4	5	6	$K_{0\,gesamt}$
1	–1.000	1.340						218,34
2	–1.000	350	1.290					384,44
3	–1.000	350	400	1.090				467,82
4	–1.000	350	400	300	890			**482,15**
5	–1.000	350	400	300	200	740		470,35
6	–1.000	350	400	300	200	150	490	380,59

Es zeigt sich, dass der Kapitalwert in der Periode 4 sein Maximum erreicht. Die optimale Nutzungsdauer der ersten Durchführung beträgt somit 4 Jahre. Man erreicht also insgesamt den höchsten Kapitalwert (482,15 €), wenn man das Projekt bei der ersten Durchführung nach 4 Jahren abbricht und anschließend die zweite Durchführung beginnt und diese nach 5 Jahren beendet. Würde man das Projekt zweimal 5 Jahre laufen lassen, wäre dies nicht optimal, da man dann insgesamt nur einen Kapitalwert von 470,35 € erhalten würde.

Zum gleichen Ergebnis gelangt man natürlich auch, wenn man den maximalen Kapitalwert der zweiten Durchführung, den man am Ende der ersten Durchführung erhält, auf den Beginn der ersten Durchführung abzinst und zu den zuvor ermittelten Kapitalwerten der alternativen Nutzungsdauern addiert.

t	$K_{01} + K_{02\,max} \cdot (1 + i)^{-t} = K_{0\,gesamt}$
1	$-45{,}45 + 290{,}17 \cdot 1{,}1^{-1} = 218{,}34$
2	$144{,}63 + 290{,}17 \cdot 1{,}1^{-2} = 384{,}44$
3	$249{,}81 + 290{,}17 \cdot 1{,}1^{-3} = 467{,}82$
4	$283{,}96 + 290{,}17 \cdot 1{,}1^{-4} = 482{,}15$
5	$290{,}17 + 290{,}17 \cdot 1{,}1^{-5} = 470{,}35$
6	$216{,}79 + 290{,}17 \cdot 1{,}1^{-6} = 380{,}59$

1.2.2 Differenzinvestition

Weshalb die Nutzungsdauer der ersten Durchführung kürzer sein kann als die der zweiten Durchführung, wird deutlich, wenn man die Differenzinvestition bei der ersten und zweiten Durchführung bildet und vergleicht.

Um die Differenzinvestition zu bilden, muss man feststellen, welcher Unterschied sich bei den Zahlungsreihen ergibt, wenn man die Nutzungsdauer um 1 Jahr verlängert. Da bei der zweiten Durchführung des Projekts die Zahlungsreihen für die alternativen Nutzungsdauern mit denen bei einmaliger Durchführung identisch sind, erhält der Investor zusätzlich die bereits abgeleitete Grenzeinzahlung (g_t), wenn er die zweite Durchführung um 1 Jahr verlängert.

$$g_t = z_t + L_t - L_{t-1} - i \cdot L_{t-1}$$

Solange die zusätzliche Einzahlung positiv ist, ist eine Verlängerung der Nutzungsdauer um 1 Jahr sinnvoll, denn sie führt zu einer Erhöhung des Kapitalwerts (K_{02}). Damit gilt für $g_t > 0$:

Verlängere die Nutzungsdauer der zweiten Durchführung!

Im Beispielfall werden bis zur Periode 5 positive Grenzeinzahlungen erzielt, das heißt, die optimale Nutzungsdauer der zweiten Durchführung beträgt 5 Jahre. Die Ermittlung der optimalen Nutzungsdauer kann also auch hier alternativ mit dem Vorzeichenwechsel der Grenzeinzahlungen bestimmt werden, ohne dass Kapitalwertberechnungen bei allen Alternativen berechnet werden müssen.

t	0	1	2	3	4	5	6
z_t	−1.000	350	400	300	200	150	50
L_t	1.000	700	600	500	400	300	150

t	z_t	$+ L_t$	$- L_{t-1}$	$- i \cdot L_{t-1}$	=	g_t
1	350	700	−1.000	−100	=	−50
2	400	600	−700	−70	=	230
3	300	500	−600	−60	=	140
4	200	400	−500	−50	=	50
5	150	300	−400	−40	=	**10**
6	50	150	−300	−30	=	−130

Bei der Differenzinvestition der ersten Durchführung ist zu berücksichtigen, dass bei den Zahlungsreihen in der letzten Periode der maximale Kapitalwert der zweiten Durchführung ($K_{02\,max}$) zusätzlich addiert werden muss. Die Verlängerung der Nutzungsdauer von 2 auf 3 Jahre führt z.B. zu folgender Differenz:

t	0	1	2	3
2	z_0	z_1	$z_2 + L_2 + K_{02\,max}$	
3	z_0	z_1	z_2	$z_3 + L_3 + K_{02\,max}$
(3)−(2)	0	0	$- L_2 - K_{02\,max}$	$z_3 + L_3 + K_{02\,max}$

In allgemeiner Form hat die Verlängerung der Nutzungsdauer von der Periode t−1 auf die Folgeperiode t folgende Auswirkungen:

Man gewinnt:

- den Einzahlungsüberschuss der Periode t (z_t),
- den Liquidationserlös der Periode t (L_t),
- den maximalen Kapitalwert der zweiten Durchführung ($K_{02\,max}$).

Man verliert:

- den Liquidationserlös aus dem Vorjahr ($-L_{t-1}$) und dessen Verzinsung für 1 Jahr ($-i \cdot L_{t-1}$)

- den maximalen Kapitalwert der zweiten Durchführung ($-K_{02\,max}$) und dessen Verzinsung für 1 Jahr ($-i \cdot K_{02\,max}$)

Die zusätzliche Einzahlung in der Periode t beträgt demnach:

$$z_t + L_t + K_{02\,max} - L_{t-1} - i \cdot L_{t-1} - K_{02\,max} - i \cdot K_{02\,max}$$
$$= z_t + L_t - L_{t-1} - i \cdot L_{t-1} - i \cdot K_{02\,max}$$
$$= g_t - i \cdot K_{02\,max}$$

Eine Verlängerung der Nutzungsdauer der ersten Durchführung ist somit nur sinnvoll, solange die Grenzeinzahlung abzüglich der entgangenen Verzinsung des maximalen Kapitalwerts der zweiten Durchführung positiv ist.

Somit gilt für $g_t - (i \cdot K_{02\,max}) > 0$:

> **Verlängere die Nutzungsdauer der ersten Durchführung!**

Oder anders formuliert: Solange die Grenzeinzahlung größer ist als die entgangene Verzinsung des maximalen Kapitalwerts der zweiten Durchführung, ist die Verlängerung der Nutzungsdauer der ersten Durchführung um 1 Jahr sinnvoll, da sich der gesamte Kapitalwert dadurch erhöht.

Solange $g_t > i \cdot K_{02\,max}$ gilt:

> **Verlängere die Nutzungsdauer der ersten Durchführung!**

Ursache dafür ist, dass man die zweite Durchführung erst 1 Jahr später beginnen kann, wenn man die erste Durchführung um 1 Jahr verlängert. Man erhält den maximalen Kapitalwert der zweiten Durchführung somit auch erst 1 Jahr später und verliert damit dessen Verzinsung für 1 Jahr. Solange die Grenzeinzahlung diesen Zinsverlust kompensiert, ist die Verlängerung der Nutzungsdauer der ersten Durchführung um 1 Jahr zweckmäßig.

Hier wird der Unterschied zur zweiten Durchführung deutlich. Da nach der zweiten Durchführung kein Folgeprojekt mehr durchgeführt wird, kommt es auch nicht zu einer zeitlichen Verschiebung des Folgeprojekts und damit auch nicht zu einem Zinsverlust des damit verbundenen Kapitalwerts. Bei der zweiten Durchführung reicht es für die Verlängerung der Nutzungsdauer aus, wenn die Grenzeinzahlung größer Null ist.

Zusammenfassend kann festgehalten werden:

Solange $g_t - (i \cdot K_{02\,max}) > 0$	**Solange $g_t > 0$**
$\Rightarrow$ **Verlängerung der Nutzungsdauer der ersten Durchführung**	$\Rightarrow$ **Verlängerung der Nutzungsdauer der zweiten Durchführung**

Dies erklärt, weshalb die Nutzungsdauer der ersten Durchführung kürzer sein kann, denn der Vorzeichenwechsel wird bei der ersten Durchführung schneller erfolgen, da die Grenzeinzahlung noch um die Verzinsung des maximalen Kapitalwerts der zweiten Durchführung vermindert wird.

Im Beispielfall erfolgt der Vorzeichenwechsel der Grenzeinzahlung nach der fünften Periode. Somit erreicht der Kapitalwert der zweiten Durchführung in der Periode t = 5 sein Maximum und beträgt:

$$K_{02\,max} = -1.000 + 350 \cdot 1,1^{-1} + 400 \cdot 1,1^{-2} + 300 \cdot 1,1^{-3} + 200 \cdot 1,1^{-4} + 450 \cdot 1,1^{-5}$$
$$= 290,17$$

Bei einem Zinssatz von 10% würde sich dann folgender Zinsverlust ergeben, wenn man die zweite Durchführung 1 Jahr später beginnen würde:

$$i \cdot K_{02\,max} = 0,1 \cdot 290,17$$
$$= 29,02$$

Die optimale Nutzungsdauer der ersten Durchführung (4 Jahre) und der zweiten Durchführung (5 Jahre) kann nun einfach mit der nachfolgenden Tabelle ermittelt werden:

t	g_t	$g_t - (i \cdot K_{02\,max})$
1	–50	–50 – 29 = –79
2	230	230 – 29 = 201
3	140	140 – 29 = 111
4	50	50 – 29 = **21**
5	**10**	10 – 29 = –19
6	–130	–130 – 29 = –159

Es ist also auch bei zweimaliger Durchführung des Projekts ohne umfangreiche Kapitalwertberechnungen von alternativen Nutzungsdauern möglich, die optimalen Nutzungsdauern zu bestimmen:

1. Berechnung der Grenzeinzahlungen (g_t) für die alternativen Nutzungsdauern t = 1 bis n und den Vorzeichenwechsel feststellen. Die Periode mit der letzten positiven Grenzeinzahlung kennzeichnet die Periode mit der optimalen Nutzungsdauer der zweiten Durchführung.

2. Berechnung des Kapitalwerts dieser Periode. Dies ist der maximale Kapitalwert der zweiten Durchführung ($K_{02\,max}$).

3. Berechnung der Verzinsung des maximalen Kapitalwerts der zweiten Durchführung ($i \cdot K_{02\,max}$).

4. Berechnung der Grenzeinzahlungen abzüglich der Verzinsung des maximalen Kapitalwerts der zweiten Durchführung ($g_t - i \cdot K_{02\,max}$) für die alternativen Nutzungsdauern t = 1 bis n und den Vorzeichenwechsel feststellen. Die Periode mit dem letzten positiven Betrag kennzeichnet die optimale Nutzungsdauer der ersten Durchführung.

1.3 Optimale Nutzungsdauer bei unendlicher Wiederholung des Projekts

Die Annahme, dass ein Projekt nach seiner Durchführung unendlich oft wiederholt werden soll, erscheint zunächst unrealistisch. Möchte aber zum Beispiel ein Spediteur einen neuen LKW anschaffen, so kann man in der Regel davon ausgehen, dass dies keine einmalige Anschaffung ist, sondern dass er immer wieder einen alten LKW durch einen neuen LKW ersetzen wird. Insofern muss man in diesem Fall bei der Ermittlung der optimalen Nutzungsdauer davon ausgehen, dass das Projekt theoretisch unendlich oft wiederholt werden soll.

1.3.1 Annuitätenvergleich

Zunächst geht man genauso vor wie bei der einmaligen Durchführung des Projekts:

1. Aufstellung der Zahlungsreihen für alternative Nutzungsdauern.
2. Berechnung der Kapitalwerte für diese Alternativen.

Dann werden zusätzlich folgende Rechenschritte durchgeführt:

3. Berechnung der Annuitäten aus den Kapitalwerten.
4. Die Alternative mit der maximalen Annuität kennzeichnet die Periode mit der optimalen Nutzungsdauer.

Die Vorgehensweise soll an dem Zahlenbeispiel verdeutlicht werden, dass bereits bei der zweimaligen Durchführung des Projekts verwendet wurde.

Zinssatz = 10%

t	0	1	2	3	4	5	6
z_t	−1.000	350	400	300	200	150	50
L_t	1.000	700	600	500	400	300	150

t	0	1	2	3	4	5	6	K_0
1	−1.000	1.050						−45,45
2	−1.000	350	1.000					144,63
3	−1.000	350	1.000	800				249,81
4	−1.000	350	400	300	600			283,96
5	−1.000	350	400	300	200	450		290,17
6	−1.000	350	400	300	200	150	200	216,79

Die Berechnung der Annuitäten (r_t) erfolgt durch die Multiplikation des Kapitalwerts mit dem entsprechenden Kapitalwiedergewinnungsfaktor:

t	K_{0t}	KWF (10%, t)	r_t
1	–45,45	1,10000	–50,00
2	144,63	0,57619	83,33
3	249,81	0,40211	**100,45**
4	283,96	0,31547	89,58
5	290,17	0,26380	76,55
6	216,79	0,22961	49,78

Die Annuität erreicht in der dritten Periode ihr Maximum. Die optimale Nutzungsdauer bei unendlicher Wiederholung des Projekts beträgt demnach 3 Jahre.

Würde man stattdessen von der Annahme ausgehen, dass dieses Projekt nur einmal durchgeführt wird, dann wäre der maximale Kapitalwert das richtige Entscheidungskriterium, das heißt, die optimale Nutzungsdauer würde 5 Jahre betragen. Dieses Beispiel zeigt, wie sehr sich die Anzahl der beabsichtigten Wiederholungen des Projekts auf das Ergebnis der optimalen Nutzungsdauer auswirkt.

Aus der Tabelle geht ebenfalls hervor, weshalb bei unendlicher Wiederholung des Projekts die maximale Annuität das richtige Entscheidungskriterium ist. Wenn der Investor dass Projekt nach 3 Jahren beendet und identisch wiederholt, kann er unendlich oft jedes Jahr den Betrag von 100,45 € entnehmen. Würde er hingegen das Projekt bis zum maximalen Kapitalwert von 290,17 € laufen lassen, also 5 Jahre, könnte er jedes Jahr nur den Betrag von 76,55 € entnehmen.

1.3.2 Rekursive Ermittlung der Annuitäten aus den Grenzeinzahlungen

Die Ermittlung der maximalen Annuität kann auch ohne Berechnung von Kapitalwerten aus Grenzeinzahlungen erfolgen. Die Annuität der Periode 1 entspricht der Grenzeinzahlung der Periode 1 und die Annuitäten der Folgeperioden lassen sich dann aus den Annuitäten der jeweiligen Vorperiode schrittweise berechen:

1. $r_1 = g_1$
2. Für t = 2, ..., n gilt: $r_t = r_{t-1} + (g_t - r_{t-1}) \cdot RVF(i, t)$

Man bezeichnet dies als rekursive Ermittlung von Annuitäten. Bezogen auf den Beispielfall würde dies folgendermaßen aussehen:

t	g_t	RVF (10%, t)	$r_{t-1} + (g_t - r_{t-1}) \cdot \text{RVF}(i, t) = r_t$
1	−50	1,00000	−50,00
2	230	0,47619	−50,00 + (230 − (−50)) · 0,47619 = 83,33
3	140	0,30211	83,33 + (140 − 83,33) · 0,30211 = 100,45
4	50	0,21547	100,45 + (50 − 100,45) · 0,21547 = 89,58
5	10	0,16380	89,58 + (10 − 89,58) · 0,16380 = 76,55
6	−130	0,12961	76,55 + (−130 + 76,55) · 0,12961 = 49,78

Der Aufbau der Formel für die rekursive Ermittlung ist nachvollziehbar, wenn man sich beispielsweise die Berechnung der Annuität für die Periode 3 aus der Annuität der Periode 2 vor Augen hält:

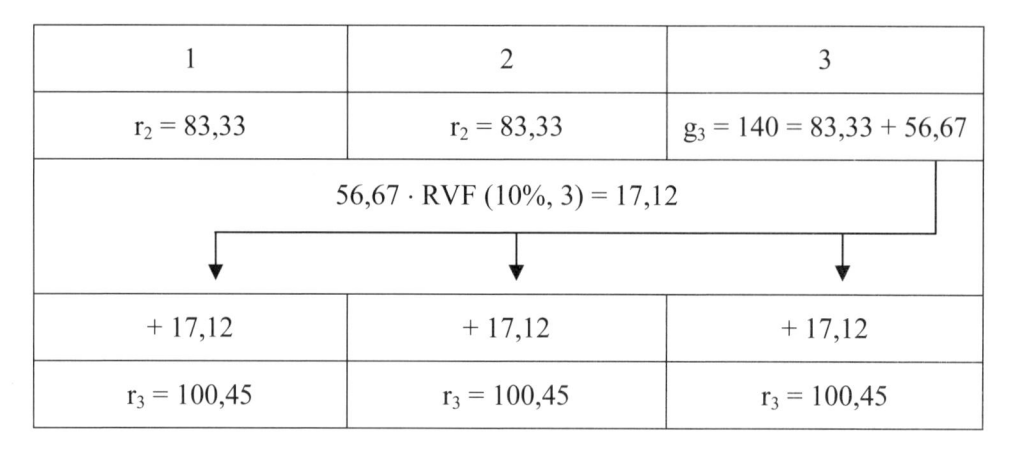

1	2	3
r_2 = 83,33	r_2 = 83,33	g_3 = 140 = 83,33 + 56,67
	56,67 · RVF (10%, 3) = 17,12	
▼	▼	▼
+ 17,12	+ 17,12	+ 17,12
r_3 = 100,45	r_3 = 100,45	r_3 = 100,45

Gegeben ist die Annuität des Vorjahres r_2 in Höhe von 83,33 € und die Grenzeinzahlung der dritten Periode g_3 mit einem Betrag von 140 €. Der Differenzbetrag ($g_3 - r_2$) beträgt 56,67 €. Verteilt man diesen Betrag mit dem Rückverteilungsfaktor (RVF (10%, 3) = 0,30211) auf die drei Perioden, so ergibt dies 17,12 €. Addiert man den verteilten Differenzbetrag zu der gegebenen Annuität r_2, erhält man die gesuchte Annuität r_3 (83,33 € + 17,12 € = 100,45 €).

2 Optimaler Ersatzzeitpunkt

Das Problem des optimalen Ersatzzeitpunktes unterscheidet sich vom Problem der optimalen Nutzungsdauer dahingehend, dass man hier das Investitionsobjekt bereits nutzt und sich die Frage stellt, wie lange man das Objekt noch nutzen soll, bevor man es durch ein neues Objekt ersetzt. Aufgrund des technischen Fortschritts tritt häufig der Fall auf, dass das alte Investitionsobjekt zwar noch weiter genutzt werden könnte, aber der Ersatz durch ein neues, leistungsfähigeres oder kostengünstigeres Investitionsobjekt wirtschaftlich sinnvoll sein könnte.

2.1 Optimaler Ersatzzeitpunkt bei einmaliger Durchführung des Ersatzprojekts

Die Ermittlung des optimalen Ersatzzeitpunktes bei einmaliger Durchführung des Ersatzprojekts ist vergleichbar mit der Ermittlung der optimalen Nutzungsdauer bei einmaliger Wiederholung. Der Unterschied besteht darin, dass jetzt nicht ein Projekt identisch wiederholt wird, sondern dass ein bereits laufendes (altes) Projekt mit einem neuen Projekt verglichen werden soll. Grundlage für die Entscheidung, wann das alte Projekt beendet und mit dem neuen Projekt begonnen wird, sind die Zahlungsreihen und Liquidationserlöse für das alte und neue Projekt.

Die Vorgehensweise soll wieder an einem Beispiel verdeutlicht werden. In einem Unternehmen wird eine Anlage seit 2 Jahren genutzt. Es soll geprüft werden, ob die alte Anlage sofort (also zu Beginn des dritten Jahres), nach 1 Jahr (also zu Beginn des vierten Jahres), oder in den nachfolgenden Jahren durch eine neue Anlage ersetzt werden soll.

Zinssatz = 10%

	Alte Anlage						
t	0	1	2	3	4	5	6
z_t	−1.000	400	350	260	200	150	50
L_t	1.000	600	500	400	300	200	100

	Neue Anlage						
t	0	1	2	3	4	5	6
z_t	−1.000	350	400	300	200	150	50
L_t	1.000	700	600	500	400	300	150

2.1.1 Kapitalwertmethode

Bei der Kapitalwertmethode ist die Vorgehensweise wie folgt:

1. Den Kapitalwert für die optimale Nutzungsdauer der neuen Anlage bestimmen:

Im Kapitel zur „optimalen Nutzungsdauer" wurde bereits erläutert, dass zur Bestimmung der optimalen Nutzungsdauer die Zahlungsreihen für die alternativen Nutzungsdauern aufgestellt und deren Kapitalwerte berechnet werden müssen. Die Zahlungsreihe mit dem maximalen Kapitalwert kennzeichnet die optimale Nutzungsdauer der neuen Anlage.

t	0	1	2	3	4	5	6	$K_{0\,neu}$
1	–1.000	1.050						–45,45
2	–1.000	350	1.000					144,63
3	–1.000	350	400	800				249,81
4	–1.000	350	400	300	600			283,96
5	–1.000	350	400	300	200	450		**290,17**
6	–1.000	350	400	300	200	150	200	216,79

Im Beispielfall beträgt die optimale Nutzungsdauer der neuen Anlage 5 Jahre und der maximale Kapitalwert 290,17 €. (Aus Vereinfachungsgründen wurde für die neue Anlage dasselbe Zahlenbeispiel verwendet wie bei der optimalen Nutzungsdauer bei einmaliger Wiederholung.)

2. Den optimalen Ersatzzeitpunkt der alten Anlage ermitteln:

Der optimale Ersatzzeitpunkt ist dann erreicht, wenn der gesamte Kapitalwert ($K_{0\,gesamt}$) der alten und neuen Anlage maximal wird. Bei der Aufstellung der Zahlungsreihen für die möglichen Ersatzalternativen wird der maximale Kapitalwert der neuen Anlage jeweils in der letzten Periode addiert, denn man erhält den maximalen Kapitalwert der neuen Anlage ($K_{0\,neu}$), wenn die alte Anlage durch die neue ersetzt wird.

Alte Anlage							
t	0	1	2	3	4	5	6
z_t	−1.000	400	350	260	200	150	50
L_t	1.000	600	500	400	300	200	100

Im Beispielfall wird demnach in der letzten Periode neben dem Einzahlungsüberschuss (z_t) und dem Liquidationserlös (L_t) auch der maximale Kapitalwert des neuen Projekts ($K_{0\,neu}$) in Höhe von 290,17 € berücksichtigt.

Ersatz nach	t	0	1	2	3	4	5	6	$K_{0\,gesamt}$
	1	−1.000	1.290						172,88
0	2	−1.000	400	1.140					305,95
1	3	−1.000	400	350	950				366,77
2	**4**	−1.000	400	350	260	790			**387,93**
3	5	−1.000	400	350	260	200	640		382,33
4	6	−1.000	400	350	260	200	150	440	326,44

In der Periode 4 wird der gesamte Kapitalwert maximal, das heißt, es wäre sinnvoll, die alte Anlage noch 2 Jahre weiter laufen zu lassen und dann durch die neue Anlage zu ersetzen.

2.1.2 Differenzinvestition

Auch der optimale Ersatzzeitpunkt kann vereinfacht mit Hilfe der Differenzinvestition festgestellt werden. Wenn der Ersatzzeitpunkt von t − 1 auf t um eine Periode verlängert wird, erhält man zusätzlich den Einzahlungsüberschuss (z_t) und den Liquidationserlös (L_t) aus dem alten Projekt sowie den maximalen Kapitalwert des neuen Projekts ($K_{0\,neu}$). Man verliert hingegen den Liquidationserlös der Vorperiode (L_{t-1}) und dessen Verzinsung ($i \cdot L_{t-1}$) sowie den maximalen Kapitalwert des neuen Projekts ($K_{0\,neu}$) und dessen Verzinsung für 1 Jahr ($i \cdot K_{0\,neu}$).

$$z_t + L_t + K_{0neu} - L_{t-1} - i \cdot L_{t-1} - K_{2neu} - i \cdot K_{0neu}$$
$$= z_t + L_t - L_{t-1} - i \cdot L_{t-1} - i \cdot K_{0neu}$$
$$= g_t - i \cdot K_{0neu}$$

Solange die Differenzinvestition positiv ist, erhöht sich der gesamte Kapitalwert. Eine Verschiebung des Ersatzzeitpunktes um eine Periode ist somit sinnvoll, solange die Grenzeinzahlung des alten Projekts höher ist als die entgangene Verzinsung des maximalen Kapitalwerts des neuen Projekts. Als Entscheidungsregel gilt:

Solange g_t (altes Projekt) > i · K_0 (neues Projekt):

Verschiebe den Ersatzzeitpunkt um eine Periode!

Vergleicht man die Grenzeinzahlung des alten Projekts mit der entgangenen Verzinsung des Kapitalwerts des neuen Projekts (0,1 · 290,17 = 29,017), so zeigt sich, dass in der Periode 4 die Grenzeinzahlung des alten Projekts (60) zum letzten Mal höher ist. Da in dem Beispiel unterstellt wurde, dass die alte Anlage bereits 2 Jahre in Betrieb ist, wäre der Weiterbetrieb der alten Anlage somit noch 2 Jahre lohnend.

	Alte Anlage						
t	0	1	2	3	4	5	6
z_t	−1.000	400	350	260	200	150	50
L_t	1.000	600	500	400	300	200	100

Ersatz nach	t	z_t	$+ L_t$	$- L_{t-1}$	$- i \cdot L_{t-1}$	=	g_t (alt)	i · $K_{0\,neu}$
	1	400	600	−1.000	−100	=	−100	29
0	2	350	500	−600	−60	=	190	29
1	3	260	400	−500	−50	=	110	29
2	**4**	**200**	**300**	**−400**	**−40**	**=**	**60**	**29**
3	5	150	200	−300	−30	=	20	29
4	6	50	100	−200	−20	=	−70	29

2.2 Optimaler Ersatzzeitpunkt bei unendlicher Wiederholung des Ersatzprojekts

Die Annahme, eine alte Anlage nicht nur einmal, sondern immer wieder nach Ablauf der optimalen Nutzungsdauer durch eine neue Anlage zu ersetzen, ist realistisch, da ein Unternehmen in der Regel dauerhaft fortgeführt werden soll.

2.2.1 Kapitalwertmethode

Bei der Kapitalwertmethode ist die Vorgehensweise wieder wie folgt:

1. Die Annuität für die optimale Nutzungsdauer der neuen Anlage bestimmen:

Die Berechnung der Annuitäten (r_t) erfolgt aus den bereits berechneten Kapitalwerten der neuen Anlage durch die Multiplikation mit dem entsprechenden Kapitalwiedergewinnungsfaktor:

t	$K_{0\,neu}$	KWF (10%, t)	r_t
1	–45,45	1,10000	–50,00
2	144,63	0,57619	83,33
3	249,81	0,40211	**100,45**
4	283,96	0,31547	89,58
5	290,17	0,26380	76,55
6	216,79	0,22961	49,78

Die maximale Annuität der neuen Anlage (r_{neu}) beträgt 100,45 €. Demnach ergibt sich für das neue Projekt eine optimale Nutzungsdauer von 3 Jahren, wenn man von einer unendlichen Wiederholung des neuen Projekts ausgeht.

2. Den optimalen Ersatzzeitpunkt der alten Anlage ermitteln:

Wird die alte Anlage durch die neue Anlage ersetzt, so erhält man ab dieser Periode die Annuität der neuen Anlage. Demnach ergeben sich folgende Zahlungsreihen für die möglichen Ersatzalternativen:

Alte Anlage							
t	0	1	2	3	4	5	6
z_t	−1.000	400	350	260	200	150	50
L_t	1.000	600	500	400	300	200	100

Ersatz nach		t	0	1	2	3	4	5	6	$K_{0\,gesamt}$
		1	−1.000	100,45	100,45	100,45	100,45	100,45	100,45	255,27
0		2	−1.000	400	850	100,45	100,45	100,45	100,45	329,28
1		**3**	−1.000	400	350	660	100,45	100,45	100,45	**336,45**
2		4	−1.000	400	350	260	500	100,45	100,45	308,82
3		5	−1.000	400	350	260	200	350	100,45	258,86
4		6	−1.000	400	350	260	200	150	150	162,65

Man erreicht insgesamt den höchsten Kapitalwert, wenn die alte Anlage noch 1 Jahr weiter betrieben wird.

2.2.2 Differenzinvestition

Zum gleichen Ergebnis gelangt man wieder mit der Berechnung der Differenzinvestition. Was gewinnt beziehungsweise verliert der Investor, wenn er den Ersatzzeitpunkt um eine Periode von t - 1 auf t verschiebt? Im Unterschied zur einmaligen Durchführung des Anschlussprojekts verliert er nicht die Verzinsung des maximalen Kapitalwerts des neuen Projekts, sondern die maximale Annuität des neuen Projekts, da er diese bei der Verschiebung der Ersatzinvestition in der Periode t nicht erhält.

$$z_t + L_t - L_{t-1} - i \cdot L_{t-1} - r_{neu} = g_t - r_{neu}$$

Ist der Differenzbetrag positiv, bewirkt dies eine Erhöhung des gesamten Kapitalwerts und eine Verschiebung des Ersatzzeitpunktes um eine Periode.

Demnach gilt bei unendlicher Wiederholung des Ersatzprojekts folgende Entscheidungsregel:

Solange g_t (altes Projekt) > r (neues Projekt):

Verschiebe den Ersatzzeitpunkt um eine Periode!

Solange die zusätzliche Einzahlung der alten Anlage höher ist als die jährliche Einzahlung aus der neuen Anlage, ist der Weiterbetrieb der alten Anlage lohnend. Im Beispielfall ist die Grenzeinzahlung der alten Anlage in der Periode 3 (110 €) zum letzten Mal höher als die Annuität der neuen Anlage, so dass der Weiterbetrieb der alten Anlage noch 1 Jahr sinnvoll ist, wenn sie bereits 2 Jahre in Betrieb ist.

Ersatz nach	t	g_t (alt)	r (neu)	g_t (alt) – r (neu)
	1	–100	100,45	–200,45
0	2	190	100,45	89,55
1	**3**	**110**	**100,45**	**9,55**
2	4	60	100,45	–40,45
3	5	20	100,45	–80,45
4	6	–70	100,45	–170,45

Ist die Differenz zwischen der Grenzeinzahlung der alten Anlage und der Annuität der neuen Anlage positiv, erhöht sich der gesamte Kapitalwert. In der Periode 3 ist die Differenz zum letzten Mal positiv, sie beträgt 9,55 €. Zinst man diesen Betrag ab auf den Zeitpunkt 0, so erhält man den Betrag, um den der gesamte Kapitalwert zugenommen hat.

$$9{,}55 \cdot 1{,}1^{-3} = 7{,}17$$
$$336{,}45 - 329{,}28 = 7{,}17$$

Zusammenfassend kann festgehalten werden:

Optimaler Ersatzzeitpunkt	
bei einmaliger Durchführung	bei unendlicher Wiederholung
des Ersatzprojekts	
g_t (altes Projekt) > $i \cdot K_0$ (neues Projekt)	g_t (altes Projekt) > r (neues Projekt)
⇒ **Verschiebung des Ersatzzeitpunktes um eine Periode**	

Diese Aussagen gelten grundsätzlich auch bei Projekten, die nur Auszahlungen berücksichtigen. Wenn eine alte Maschine durch eine neue Maschine ersetzt werden soll, ist es häufig problematisch, die damit verbundenen Einzahlungen den Investitionsobjekten zuzuordnen. Auf diese Problematik wurde bereits bei den statischen Verfahren (Gewinnvergleich) hingewiesen. Wenn die zu vergleichenden Investitionsobjekte aber in gleichem Maße zu Erzielung von Einzahlungen beitragen (z. B. Lastkraftwagen bei einer Spedition), kann man sich bei der Aufstellung der Zahlungsreihen auf die mit den Investitionsobjekten verbundenen Auszahlungen beschränken. Man erhält dann Zahlungsreihen, die nur negative Zahlen enthalten. Im Grundsatz ist nach wie vor die Alternative zu wählen, die insgesamt zum höchsten Kapitalwert führt (also die Alternative mit dem niedrigsten negativen Wert). Die Formulierung der Entscheidungsregel wäre dann entsprechend anzupassen. Bei der Ermittlung des optimalen Ersatzzeitpunktes bei unendlicher Wiederholung des Ersatzprojekts könnte die Entscheidungsregel für reine Auszahlungsprojekte z. B. lauten:

> **Solange die Grenzauszahlung (negatives g_t) der alten Anlage geringer ist als die jährlichen Auszahlungen (negative Annuität) der neuen Anlage, ist der Weiterbetrieb der alten Anlage lohnend!**

2.3 Kostenvergleichsrechnung

Das Problem des Ersatzzeitpunktes kann auch mit der statischen Kostenvergleichsrechnung gelöst werden. Solange die zusätzlichen Kosten der alten Anlage für 1 Jahr (Grenzkosten) geringer sind als die durchschnittlichen Kosten der neuen Anlage, ist der Weiterbetrieb der alten Anlage für 1 Jahr lohnend.

Grenzkosten (altes Projekt) < Durchschnittskosten (neues Projekt)

> **Verschiebe den Ersatzzeitpunkt um eine Periode!**

Zu den relevanten Kostenpositionen gehören:

- Kapitalkosten (Wertminderung und Zinsen) sowie

- fixe und variable Betriebskosten.

Die zusätzlichen Kapitalkosten der alten Anlage bestehen aus dem Wertverlust und den Zinskosten. Wird die alte Anlage ein weiteres Jahr genutzt, ergibt sich der Wertverlust aus der Differenz zwischen dem Liquidationserlös, der zu Beginn des Jahres, also am Ende des Vorjahres, erzielt werden kann (L_{t-1}), und dem Liquidationserlös am Jahresende (L_t). Die Zinskosten für den Weiterbetrieb der alten Anlage entstehen in Höhe der entgangenen Verzinsung des Restverkaufserlöses, da man bei einem sofortigen Ersatz für den Liquidationserlös der alten Anlage (L_{t-1}) 1 Jahr lang Zinsen bekommen hätte.

Die durchschnittlichen Kosten der neuen Anlage werden jetzt nicht dynamisch als (negative) Annuität einer Zahlungsreihe berechnet, sondern nach dem bei den statischen Verfahren erläuterten Schema zur Berechnung der Kosten pro Periode. Die durchschnittliche Wertminderung der neuen Anlage ergibt sich also aus der Verteilung der Anschaffungskosten (ggf. minus Restwert) auf die Nutzungsdauer, und durchschnittliche Zinskosten entstehen in Höhe der Verzinsung der durchschnittlichen Kapitalbindung.

Die fixen und variablen Betriebskosten der alten und neuen Anlage werden ebenfalls wie bei der statischen Kostenberechnung ermittelt, so dass die Kostenvergleichsrechnung nach folgendem Schema erfolgen kann:

	Alte Anlage	Neue Anlage
Wertminderung	$L_t - L_{t-1}$	$(AK - RW) : ND$ = Abschreibung
Zinsen	$i \cdot L_{t-1}$	$i \cdot (AK + RW + \text{Abschreibung}) : 2$
Fixe Betriebskosten		
Variable Betriebskosten		
Summe	Grenzkosten	Durchschnittskosten

Die Berechnung soll an dem nachfolgenden Beispiel verdeutlicht werden:

	Alte Anlage	Neue Anlage
Anschaffungskosten	85.000 €	100.000 €
Restwert	5.000 €	10.000 €
Nutzungsdauer	10 Jahre	10 Jahre
Fixe Betriebskosten	4.600 €	3.000 €
Variable Betriebskosten	0,70 € pro Stück	0,50 € pro Stück
Ausbringungsmenge	20.000 Stück	20.000 Stück
Zinssatz	10%	10%
Verkaufserlös bei Sofortersatz (L_{t-1})	35.000 €	
Verkaufserlös nach 1 Jahr (L_t)	20.000 €	

	Alte Anlage Grenzkosten	Neue Anlage Durchschnittskosten
Wertminderung	15.000 €	9.000 €
Zinsen	3.500 €	5.950 €
Fixe Betriebskosten	4.600 €	3.000 €
Variable Betriebskosten	14.000 €	10.000 €
Summe	37.100 €	27.950 €

Da die Grenzkosten der alten Anlage höher sind als die Durchschnittskosten der neuen Anlage, ist es sinnvoll, die alte Anlage sofort durch die neue Anlage zu ersetzen.

2.4 Buchhalterischer Vergleich

Im buchhalterischen Vergleich werden die durchschnittlichen Kosten der alten Investition, wie sie bei der ursprünglichen Investitionsentscheidung ermittelt wurden, mit den durchschnittlichen Kosten der neuen Investition verglichen. Im Gegensatz zum Grenzkostenvergleich werden die Abschreibungen und die Zinsen für die alte Investition wie bei der Kostenvergleichsrechnung im Abschnitt II errechnet, also von den ursprünglichen Anschaffungskosten und dem damit verbundenen durchschnittlichen Kapitaleinsatz.

Ausgehend von 85.000 € Anschaffungskosten, 5.000 € Restwert und einer geplanten Nutzungsdauer von 10 Jahren erhält man eine durchschnittliche jährliche Abschreibung von 8.000 €. Bei einem heutigen Restbuchwert von 45.000 € befindet sich der Zeitpunkt für die Ersatzentscheidung am Ende des fünften Jahres der Nutzungsdauer. Würde man die alte Investition heute durch die neue Anlage ersetzen, läge der Verkaufserlös bei 35.000 €. Dieser entspricht nicht dem Restbuchwert von 45.000 €. Das bedeutet, dass handelsbilanziell aufgrund des Niederstwertprinzips eine außerplanmäßige Abschreibung von 45.000 € auf 35.000 € erforderlich wäre. Die Wertminderung der alten Investition betrug folglich nicht wie ursprünglich geplant 40.000 € über 5 Jahre beziehungsweise 8.000 € pro Jahr, sondern insgesamt 50.000 € beziehungsweise 10.000 € jährlich.

Die Situation, dass die Wertminderung einer laufenden Investition höher ist als ursprünglich geplant, tritt immer dann ein, wenn aufgrund technischen Fortschritts eine neue Investition, die entweder kostengünstiger oder leistungsfähiger ist, zur Verfügung steht, also genau in dem Fall, für den eine Ersatzentscheidung anfällt. Die alte Investition oder Anlage hat also schneller an Wert verloren, da sie mit der neuen Anlage nicht konkurrieren kann. Würde man nun die ursprünglichen Abschreibungen der alten Investition mit den Abschreibungen der neuen Investition vergleichen, wäre das Ergebnis systematisch fehlerhaft, da sich nachträglich herausgestellt hat, dass die ursprünglichen Abschreibungen zu niedrig waren.

Bei der Grenzkostenbetrachtung hatte der Unterschied zwischen Restbuchwert und Verkaufserlös keine Bedeutung, da man nur die ausgabewirksamen Kosten der Folgeperiode betrachtet hat. Die angelsächsischen Vertreter der Grenzkostenrechnung sind der Meinung, dass falsche Abschreibungen in der Vergangenheit nicht die Investitionsentscheidung beeinflussen dürfen, sondern nur die relevanten Kosten, die in Zukunft durch die Ersatzentscheidung beeinflusst werden. Die Folge ist bei dieser Methode, dass der Wertverlust durch die zu niedrigen Abschreibungen zu niedrig angesetzt und damit der Gewinn zu hoch ausgewiesen wird.

Bleibt man nun beim buchhalterischen Kostenvergleich, so entsteht durch den Ersatz der alten Investition ein Verlust aus dem Verkauf von Anlagevermögen in Höhe von 10.000 €. Dieser Verlust muss bei der Ersatzentscheidung berücksichtigt werden. Da man die Abschreibungen der Vergangenheit nicht mehr korrigieren kann und die alte Anlage durch die Ersatzentscheidung nicht mehr zur Verfügung steht, muss dieser Verlust der neuen Anlage zugerechnet werden. Zu dem Verlust kam es eben durch den Kauf der neuen Anlage, folglich muss die neue Anlage diesen Verlust auch mittragen. Es müssen für die neue Investition zwei zusätzliche Kostenpositionen aufgenommen werden. Eine Position für die Abschreibung dieses Verlustes, der ebenso wie Anschaffungskosten auf die Nutzungsdauer der neuen Investition verteilt beziehungsweise normalisiert wird.

Bei diesem Ansatz liegt die Idee zugrunde, den entstandenen Substanzverlust durch die zu gering angesetzte Wertminderung der alten Anlage während der Nutzungsdauer der neuen Anlage wieder aufzufangen.

In unserem Beispiel werden die 10.000 € mit jährlich 1.000 € auf die 10 Jahre Nutzungsdauer verteilt. Durch die „Aktivierung" dieses Verlustes und spätere Abschreibung wird Kapital gebunden. Diese Kapitalbindung führt zu einer zweiten Kostenposition, den zusätzlichen Zinsen. In unserem Beispiel haben wir eine Aktivierung des Verlustes in Höhe von 10.000 € und eine buchhalterische Abschreibung am Ende des jeweiligen Jahres. Dies führt zu einem durchschnittlichen Kapitaleinsatz von 5.500 € und zusätzlichen Zinsen von 550 €. Der vollständige buchhalterische Kostenvergleich zeigt folgendes Ergebnis:

	Alte Anlage	Neue Anlage
Abschreibung	8.000 €	9.000 €
Zinsen	4.900 €	5.950 €
Fixe Betriebskosten	4.600 €	3.000 €
Variable Betriebskosten	14.000 €	10.000 €
Verlustabschreibung		1.000 €
Zusätzliche Kosten		550 €
Summe	31.500 €	29.500 €

Die Ergebnisse des Grenzkosten- und des buchhalterischen Kostenvergleichs sind identisch. In beiden Fällen ist es wirtschaftlich sinnvoll, die alte Investition durch die neue zu ersetzen. Der buchhalterische Kostenvergleich bringt aber einen interessanten Aspekt zu Tage.

Durch den technischen Fortschritt war die Wertminderung der alten Investition größer als ursprünglich geplant und die Abschreibungen zu gering. Diese Abschreibungen wurden für die Kalkulation der verkauften Leistung herangezogen, beispielsweise wenn es sich bei der Investition um eine Produktionsanlage handelte. Dadurch wurden die Produktionskosten der Produkte zu niedrig kalkuliert. Dies kann dazu führen, dass die Verkaufspreise zu niedrig angesetzt werden oder, falls man sich an Marktpreisen orientiert, der Gewinn zu hoch ausgewiesen wird. In beiden Fällen droht die Gefahr, dass aufgrund der zu niedrigen Abschreibungen das Unternehmen in den letzten Jahren einen Teil seiner Substanz eingebüßt hat, da es entweder zu geringe Umsatzerlöse erwirtschaftet, oder einen zu hohen Gewinn ausgewiesen und diesen unter Umständen ausgeschüttet hat.

Durch die Zurechnung dieses Substanzverlustes auf die neue Investition besteht die Möglichkeit, diesen Substanzverlust durch die zusätzlichen Abschreibungen wieder aufzuholen und den Fehler der Vergangenheit zu korrigieren.

Begriffe zum Nachlesen

Nutzungsdauer   Ersatzzeitpunkt   Grenzkostenvergleich
Buchhalterischer Kostenvergleich

Wiederholungsfragen

1. Was versteht man unter dem Begriff „wirtschaftliche Nutzungsdauer". Grenzen Sie diese zum Problem des optimalen Ersatzzeitpunktes ab.

2. Folgendes Investitionsobjekt hat eine technische Lebensdauer von 5 Jahren und einen ständig sinkenden Restwert. Berechnen Sie die wirtschaftliche Nutzungsdauer unter der Voraussetzung, dass das Investitionsobjekt unendlich oft wiederholt wird und der Kalkulationszinssatz 8% beträgt.

t	0	1	2	3	4	5
Investition	-1.500	500	700	800	600	400
Restwert		1.000	600	400	200	0

3. Sie besitzen eine alte Produktionsanlage, die Sie noch einige Jahre nutzen oder jetzt durch eine neue, modernere Anlage ersetzen könnten. Ist nach den vorliegenden Investitionsdaten der heutige Ersatz der alten Anlage durch die neue Anlage

   a) nach dem Grenzkostenvergleich,

   b) nach dem buchhalterischen Kostenvergleich

   wirtschaftlich sinnvoll?

Investitionsdaten	Alte Anlage	Neue Anlage
Anschaffungskosten	130.000 €	180.000 €
Restwert	10.000 €	20.000 €
Nutzungsdauer	10 Jahre	10 Jahre
Fixe Betriebskosten	22.000 €	14.000 €
Variable Betriebskosten	0,70 €	0,50 €
Ausbringungsmenge	30.000 Stück	30.000 Stück
Restbuchwert heute	46.000 €	
Verkaufserlös heute	30.000 €	
Verkaufserlös nach 1 Jahr	10.000 €	

Gehen Sie bei der Berechnung der Kapitalkosten von einem Kalkulationszinssatz von 10% und einer Amortisation am jeweiligen Jahresende aus.

4. Sie betreiben ein altes Investitionsobjekt, das noch eine Restlaufzeit von 3 Jahren besitzt. Bestimmen Sie den optimalen Ersatzzeitpunkt nach der Kapitalwertmethode unter der Voraussetzung, dass der Kalkulationszinsfuß 8% beträgt und das nachfolgende Investitionsobjekt eine Annuität von 90 € hat, wenn es unendlich oft wiederholt wird.

	t	t + 1	t + 2	t + 3
alte Investition		900	500	100
Restwert	800	400	200	0

Literaturhinweise

Schierenbeck, H.: Grundzüge der Betriebswirtschaftslehre, 13. Aufl., München 1997.

Blohm, H.;Lüder, K.: Investition, 7. Aufl., München 1991.

V. Besondere Aspekte der Investitionsrechnung

In diesem Kapitel lernen Sie

- das Investitionsprogramm,
- das Marktzinsmodell,
- die Berücksichtigung von Gewinnsteuern und
- das Problem des Risikos und der Unsicherheit

kennen.

1 Investitionsprogramm

Bei der Kritik der dynamischen Modelle wurde bereits auf die Problematik des Kalkulationszinsfußes hingewiesen, der implizit einen vollkommenen Kapitalmarkt unterstellt. In der Realität gibt es leider keinen vollkommenen Kapitalmarkt und die Verwendung eines Kalkulationszinsfußes ist bei Investitionsprogrammen äußerst kritisch zu sehen.

Gehen wir bei einem Entscheidungsproblem davon aus, dass mehrere Investitionsobjekte zur Auswahl stehen. Hierbei gibt es hinsichtlich der Finanzierung zwei Fälle zu unterscheiden:

- unbegrenzte finanzielle Ressourcen und
- begrenzte finanzielle Ressourcen.

Im Fall der unbegrenzten finanziellen Ressourcen ist das Entscheidungsproblem relativ einfach. Man muss nur darauf achten, dass sich die einzelnen Alternativen technisch nicht ausschließen. Bei zwei konkurrierenden Alternativen, die sich technisch gegenseitig ausschließen, ist diejenige mit dem höheren Kapitalwert zu wählen. Von den verbleibenden Investitionsalternativen sind alle zu realisieren, die einen positiven Kapitalwert erwirtschaften. Der Fall der unbegrenzten finanziellen Möglichkeiten ist in der Realität eher selten. Meistens sind die finanziellen Mittel begrenzt.

Sind die finanziellen Ressourcen begrenzt, gibt es in der Regel eine oder mehrere Finanzierungsmöglichkeiten. Wenn nur eine Finanzierungsmöglichkeit zur Verfügung steht, ist das Entscheidungsproblem wiederum relativ leicht zu lösen, da der Kalkulationszinsfuß gleich dem Sollzins der Finanzierungsmöglichkeit gesetzt werden kann und anschließend die Kapitalwerte der verschiedenen Investitionsalternativen berechnet werden kann. Alle Alternativen mit einem positiven Kapitalwert sollten realisiert werden.

Problematisch wird die Investitionsentscheidung, wenn mehrere Investitionsalternativen mit verschiedenen Finanzierungsmöglichkeiten kombiniert werden können und die Finanzierungsmöglichkeiten unterschiedliche Sollzinssätze aufweisen. Leider tritt in der Realität diese Konstellation sehr häufig auf. Meistens sind die Sollzinssätze der Finanzierungsmöglichkeiten nach dem Verschuldungsgrad beziehungsweise nach dem Grad des aufgenommenen Fremdkapitals gestaffelt. Das heißt, der erste Kredit oder die erste Finanzierungsmöglichkeit hat einen niedrigen Sollzinssatz und je mehr Finanzierungsmöglichkeiten man in Anspruch nimmt, umso höher steigt der Sollzinssatz, da mit zunehmender Verschuldung das Risiko für den Kapitalgeber, in den meisten Fällen die Bank, steigt.

Aufgrund der Staffelung der Sollzinssätze gibt es keinen einheitlichen Satz für die Kapitalkosten, der als Kalkulationszinsfuß für die Investitionsentscheidung herangezogen werden kann. Der Investor muss nun entscheiden, welche Investitionsobjekte er realisiert und welche Finanzierungsmöglichkeit er dafür in Anspruch nimmt. Je nach Laufzeit unterscheidet man bei diesem Entscheidungsproblem den

- Einperiodenfall und den
- Mehrperiodenfall.

Zunächst wird der Einperiodenfall, der auch leichter zu lösen ist, diskutiert. Anschließend werden einige Modelle für den Mehrperiodenfall vorgestellt.

1.1 Einperiodenfall

Umfasst der Betrachtungs- oder Planungszeitraum nur eine Periode, so finden wir die Situation vor, dass auf der einen Seite mehrere Investitionsobjekt mit der Laufzeit von 1 Jahr und unterschiedlichen internen Zinsfüßen zur Auswahl stehen und auf der anderen Seite verschiedene Finanzierungsmöglichkeiten mit unterschiedlichen Sollzinssätzen ausgeschöpft werden können.

Für dieses Problem bieten sich zwei Lösungsmöglichkeiten an, die grafische und die tabellarische Methode, die beide zu einem gleichen Ergebnis führen.

Grafische Methode

Bei der grafischen Lösungsmethode geht man nach der folgenden strukturierten Methode vor:

1. Sortierung der Finanzierungsmöglichkeiten nach steigendem Sollzinssatz,
2. Konstruktion der Kapitalangebotskurve,
3. Berechnung der internen Zinsfüße der einzelnen Investitionsobjekte,
4. Sortierung der Investitionsobjekte nach fallendem internen Zinsfuß,
5. Konstruktion der Kapitalnachfragekurve,
6. Aufnahme der Investitionsobjekte und Finanzierungsmöglichkeiten, die links vom Schnittpunkt von Kapitalangebots- und Kapitalnachfragekurve liegen.

Zur Verdeutlichung der Konstruktion von Kapitalangebots- und Kapitalnachfragekurve zeigt Abbildung 5-1 ein kleines Zahlenbeispiel, in dem die internen Zinssätze und die Sortierung der Alternativen nach steigendem Sollzinssatz beziehungsweise fallendem internen Zinsfuß bereits erfolgt sind. In unserem Beispiel sind sowohl die Finanzierungsmöglichkeiten als auch die Investitionsobjekte beliebig teilbar. Die angegebenen Beträge sind jeweils maximale Kreditaufnahme- beziehungsweise Kapitalanlagewerte.

Finanzierungs- möglichkeiten	*maximaler Betrag*	*Sollzins- satz*	*Investitions- objekte*	*maximaler Kapitaleinsatz*	*interne Verzinsung*
Finanzierung A	2.000	5,0%	Investition I	2.000	11,5%
Finanzierung B	4.000	6,0%	Investition II	3.000	11,0%
Finanzierung C	1.000	7,0%	Investition III	2.000	10,0%
Finanzierung D	2.000	9,0%	Investition IV	1.000	9,5%
			Investition V	2.000	8,0%
Summe	**9.000**			**10.000**	

Abb. 5-1: Investitions- und Finanzierungsprogramm

Beginnt man mit der Konstruktion der Kapitalangebotskurve, trägt man die einzelnen Finanzierungsmöglichkeiten in ein Koordinatensystem kumulativ ein. Anschließend verfährt man ebenso mit den Investitionsobjekten. Man erhält dann folgendes Diagramm:

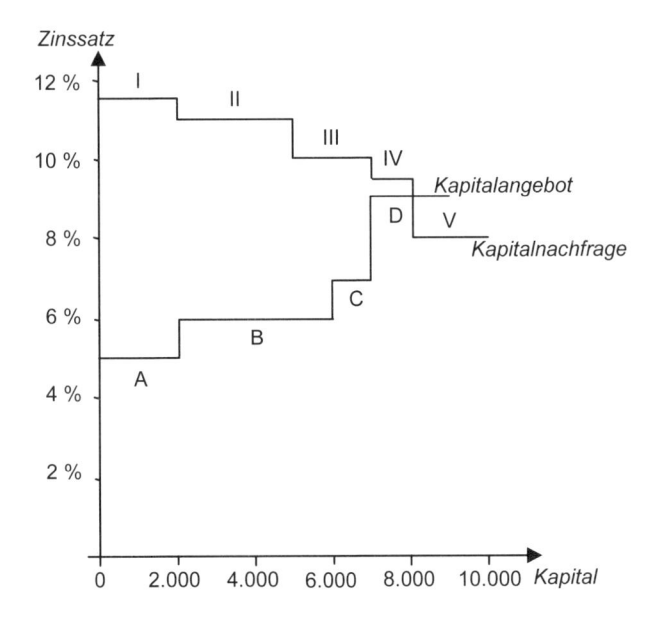

Abb. 5-2: Grafische Lösung

Die grafische Lösung führt zu folgendem optimalen Investitions- und Finanzierungsprogramm, das Abbildung 5-3 zeigt.

Finanzierungs- möglichkeiten	maximaler Betrag	Sollzins- satz	Investitions- objekte	maximaler Kapitaleinsatz	interne Verzinsung
Finanzierung A	2.000	5,0%	Investition I	2.000	11,5%
Finanzierung B	4.000	6,0%	Investition II	3.000	11,0%
Finanzierung C	1.000	7,0%	Investition III	2.000	10,0%
Finanzierung D	1.000	9,0%	Investition IV	1.000	9,5%
Summe	**8.000**			**8.000**	

Abb. 5-3: Optimales Programm

Das optimale Investitions- und Finanzierungsprogramm zeigt, dass Finanzierung D nur zur Hälfte ausgeschöpft und Investitionsobjekt V nicht realisiert wird. Die Berechnung des Ergebnisses aus diesem Programm ergibt sich wie Abbildung 5-4 zeigt:

Finanzierungs- möglichkeiten	maximaler Betrag	Zins- kosten	Investitions- objekte	maximaler Kapitaleinsatz	Zins- erträge
Finanzierung A	2.000	100	Investition I	2.000	230
Finanzierung B	4.000	240	Investition II	3.000	330
Finanzierung C	1.000	70	Investition III	2.000	200
Finanzierung D	1.000	90	Investition IV	1.000	95
Summe		**500**			**855**
Gewinn			**355**		

Abb. 5-4: Gewinnermittlung

In der Grafik zur Bestimmung des optimalen Investitions- und Finanzierungsbudgets ergibt sich im Einperiodenfall der Gewinn über die Fläche zwischen Kapitalnachfrage- und Kapitalangebotskurve links vom Schnittpunkt der beiden Kurven. Berechnet man den Flächeninhalt, gelangt man zum gleichen Zahlenwert wie in Abbildung 5-4.

Tabellarische Methode

Einige Schritte der tabellarischen Methode sind mit der grafischen Methode identisch. Auch hier müssen die Finanzierungsmöglichkeiten nach steigendem Sollzins und die Investitionsobjekte nach fallender interner Verzinsung sortiert werden. Anschließend wird aber nicht eine Kapitalangebots- und Kapitalnachfragekurve konstruiert, sondern die Finanzierungsmöglichkeiten und Investitionsobjekte werden in einer Tabelle gegenübergestellt und dabei so gestückelt beziehungsweise aufgeteilt, dass die Kumulation von Finanzierungs- und Investitionsseite in gleichen Schritten erfolgt. Es werden dann solange zeilenweise Finanzierungsmöglichkeiten und Investitionsobjekte aufgenommen beziehungsweise Teilbeträge von diesen, bis der Sollzinssatz die interne Verzinsung übersteigt. Für unser kleines Zahlenbeispiel aus Abbildung 5-1 ergibt sich dann folgende tabellarische Lösung:

Finanzierungs-möglichkeiten	maximaler Betrag	Sollzins-satz	Investitions-objekte	maximaler Kapitaleinsatz	interne Verzinsung
Finanzierung A	2.000	5,0%	Investition I	2.000	11,5%
Finanzierung B	3.000	6,0%	Investition II	3.000	11,0%
	1.000	6,0%	Investition III	1.000	10,0%
Finanzierung C	1.000	7,0%		1.000	10,0%
Finanzierung D	1.000	9,0%	Investition IV	1.000	9,5%
	1.000	9,0%	Investition V	1.000	8,0%
				1.000	8,0%
Summe	**9.000**			**10.000**	

Abb. 5-5: Tabellarische Lösung

Abbildung 5-5 zeigt die gleiche Lösung wie der grafische Ansatz in Abbildung 5-2. Die Doppellinie in der Tabelle zeigt, dass auch hier die Finanzierungsmöglichkeit D nur zur Hälfte ausgeschöpft und das Investitionsobjekt V nicht mehr realisiert werden sollte.

1.2 Mehrperiodenfall

Wesentlich aufwendiger wird die Lösung, wenn das Investitions- und Finanzierungsprogramm nicht nur über eine Periode läuft, sondern eine Laufzeit von mehreren Perioden aufweist. Hier ist die Ermittlung einer optimalen Lösung nur mit Verfahren des Operations Research wie beispielsweise mit linearer Programmierung oder dem Simplex-Algorithmus möglich. Diese Verfahren sind sehr aufwändig und im Rahmen dieses Buches kann hierauf nicht eingegangen werden.

Es gibt noch weitere Aspekte der Investitionsrechnung, die für praktische Anwendungen durchaus relevant sind, wie beispielsweise laufzeitabhängige Zinsen, die im Marktzinsmodell behandelt werden.

2 Marktzinsmodell

Die Verwendung des Kalkulationszinsfußes und damit die Annahme, dass ein vollkommener Kapitalmarkt vorliegt, ist nicht nur bei unterschiedlichen Soll- und Habenzinsen und bei je nach Kreditaufnahme gestaffelten Sollzinsen ein Problem, wie das Investitionsprogramm gezeigt hat, sondern auch bei laufzeitabhängigen Sollzinsen. Laufzeitabhängige Sollzinsen treten aber in der Realität häufig auf. Dies bedeutet, dass je nach Länge beziehungsweise Laufzeit des für die Finanzierung einer Investition benötigten Kredites der Sollzinssatz unterschiedlich hoch ist. Die Staffelung des Sollzinssatzes nach Kreditlaufzeit ist aus Sicht des Kapitalgebers durchaus nachvollziehbar. Je länger ein Kredit läuft, umso größer ist das Risiko für den Kapitalgeber, der sich das höhere Risiko über einen höheren Sollzinssatz bezahlen lassen möchte. Das höhere Risiko resultiert aus der zunehmenden Planungsunsicherheit mit länger werdendem Planungshorizont. Diese Problematik hatten wir bei der Amortisationsrechnung bereits behandelt. Bei der Amortisationsdauer galt der Entscheidungsgrundsatz, je kürzer die Amortisationsdauer umso sicherer und umso vorteilhafter ist die Investition.

Diese nach Kreditlaufzeit gestaffelten Sollzinsen können im Marktzinsmodell berücksichtigt werden. Der Investor oder auch Kapitalnehmer muss seine Investitionsrechnung mit einem Marktzinsgefüge durchführen. Nehmen wir an, eine Investition läuft über drei Jahre und hat folgende Rückflussstruktur:

t	0	1	2	3
Investition	−1.000	250	390	600

Der Investor muss das Investitionsobjekt fremd finanzieren. Der Kapitalgeber arbeitet mit folgendem Marktzinsgefüge

- Sollzins bei Laufzeit 1 Jahr: 3%
- Sollzins bei Laufzeit 2 Jahre: 4%
- Sollzins bei Laufzeit 3 Jahre: 5%

Um das Investitionsobjekt beurteilen zu können, kann nicht einfach der Kapitalwert oder die Annuität nach den in Abschnitt III vorgestellten Methoden ermittelt werden, da ein einheitlicher Kalkulationszinssatz für die Berechnung nicht verwendet werden kann.

2.1 Berechnung des Kapitalwertes bei gestaffelten Zinsen

Der Kapitalwert kann mittels zweier Methoden ermittelt werden. Zum einen durch retrograde Abzinsung und zum anderen durch die Abzinsung mit Zerobond-Faktoren. Beide Methoden führen zum gleichen Kapitalwert.

Retrograde Abzinsung

Bei der retrograden Abzinsung wird die Investitionszahlungsreihe stufenweise umgeformt, indem Kredite entsprechend der Rückflussstruktur der Investition aufgenommen werden. Der erste Kredit läuft über 3 Jahre und hat demnach einen Sollzins von 5%. Im dritten Jahr wird der Kredit und die Zinsen für das dritte Jahr mit dem Rückfluss des dritten Jahres abgedeckt. Als Kreditbetrag erhält man dann:

$$Kreditbetrag = \frac{Rückfluss}{1 + Sollzins} = \frac{600}{1,05} = 571$$

Durch diesen ersten Kredit ist das dritte Jahr ausgeglichen, das heißt, der Rückfluss deckt Zins und Tilgung. Nun betrachtet man das erste und zweite Jahr. Der Kredit verursacht eine Zinszahlung im ersten und zweiten Jahr. Die Zinszahlung wird von den Rückflüssen des ersten und zweiten Jahres abgezogen. Der verbleibende Betrag kann dann wiederum für einen Kredit verwendet werden. Formt man die drei Jahre der Investitionslaufzeit entsprechend um, erhält man folgende stufenweise retrograde Abzinsung:

t	0	1	2	3
Investition	−1.000	250	390	600
Kredit$_1$	571			−571
5% Zins für Kredit$_1$		−29	−29	−29
		221	361	0
Kredit$_2$	347		−347	
4% Zins für Kredit$_2$		−14	−14	
		207	0	
Kredit$_3$	201	−201		
3% Zins für Kredit$_3$		−6		
		0		

Durch die stufenweise retrograde Abzinsung sind die Jahre 1 bis 3 so umgeformt, dass die Rückflüsse gerade die Zins- und Tilgungszahlungen abdecken und die Summen darüber jeweils 0 ergeben.

Den Kapitalwert der Investition erhält man, wenn man die einzelnen Kreditbeträge zum Zeitpunkt t = 0 addiert und die Anschaffungsauszahlung subtrahiert:

$$Kapitalwert = Kredit_1 + Kredit_2 + Kredit_3 - I_0$$
$$= 571 + 347 + 201 - 1000$$
$$= 119$$

Der Kapitalwert von 119 € zeigt uns, dass die Investition wirtschaftlich sinnvoll ist. Würde man die Investition entsprechend dem Marktzinsgefüge und der Rückzahlungsstruktur mit drei Krediten finanzieren, würde man zum Zeitpunkt 0 einen Gewinn von 119 € erwirtschaften.

Die retrograde Abzinsung ist aber nicht immer möglich. In unserem Beispiel gab es kein Liquiditätsproblem, da die Rückflüsse der Perioden 1 und 2 die Zinszahlungen für die Kredite 1 und 2 abdecken. Ist dies nicht der Fall, muss die Abzinsung und damit die Berechnung des Kapitalwertes mit Zerobond-Faktoren erfolgen.

Abzinsung mit Zerobond-Faktoren

Bei der retrograden Abzinsung wurden Kredite verwendet, die zum Zeitpunkt 0 eine Einzahlung in Höhe des Kreditbetrages aufwiesen und während der Laufzeit eine Zinszahlung in jedem Jahr und am Ende der Laufzeit die Tilgung. Es erfolgte demnach jedes Jahr eine Zahlung. Ein Zerobond-Kredit hat im Gegensatz dazu nur zwei Zahlungszeitpunkte. Es gibt eine Einzahlung in Höhe des Kreditbetrages und eine Auszahlung, die die Tilgung des Kreditbetrages und sämtliche Zinsen, die während der Laufzeit angefallen sind, umfasst.

Für unser Zahlenbeispiel bedeutet dies, dass der Rückfluss im dritten Jahr den Kreditbetrag und die Zinsen für die 3-jährige Laufzeit abdecken muss. Die Auszahlung ist demnach durch den Rückfluss 3 festgelegt, und es muss der hierfür mögliche Zerobond-Kredit ermittelt werden. Die Bestimmung der Kreditbeträge erfolgt mit sogenannten Zerobond-Faktoren. Zunächst müssen die Zerobond-Faktoren ermittelt werden und dann kann die Abzinsung erfolgen.

Als erstes wird der Zerobondfaktor für den Kredit mit 1 Jahr Laufzeit ermittelt. Hätte man nach 1 Jahr 1 € für Tilgung und Zins, so könnte man bei einem Sollzins von 3% jetzt einen Kredit von

$$Kreditbetrag = \frac{Rückfluss}{1 + Sollzins} = \frac{1}{1,03} = 0,9709$$

erhalten. Nach 1 Jahr müsste man den Kredit von 0,9709 € und die Zinsen für die 1-jährige Laufzeit von 0,0291 € zurückzahlen.

Bei dem Zerobond-Faktor mit 2-jähriger Laufzeit wird die Ermittlung schon etwas umfangreicher. Bei einem Sollzins von 4% für einen Kredit mit 2 Jahren Laufzeit bekäme man zunächst einen Kredit von

$$Kreditbetrag = \frac{1}{1{,}04} = 0{,}9615$$

Im zweiten Jahr würde man dann den Kredit von 0,9615 € und die Zinsen von 0,0385 € zurückzahlen. Für den Kredit werden aber auch im ersten Jahr Zinsen von 0,0385 € fällig, die durch eine 1-jährige Zwischenanlage finanziert werden müssen. Das bedeutet, dass der ursprüngliche Kredit von 0,9615 € um 0,0374 € für die Zwischenanlage vermindert werden muss. Die Anlage von 0,0374 € ergibt nach 1 Jahr inklusive 3% Zins einen Betrag von 0,0385 €, der genau die anfallende Zinszahlung abdeckt.

Für den Kredit mit der 3-jährigen Laufzeit verfährt man analog, hier sind allerdings zwei Zwischenanlagen für die Zinszahlungen im ersten und im zweiten Jahr notwendig. Folgende Tabelle zeigt für unser aktuelles Marktzinsgefüge mit den unterschiedlichen laufzeitabhängigen Zinsen die Ermittlung der Zerobond-Faktoren im Überblick. Man erkennt deutlich, dass jeder Zerobond-Faktor nur zwei Zahlungspunkte am Anfang und am Ende der Laufzeit umfasst, die Zahlungen während der Laufzeit sind 0.

t		0	1	2	3
1 Jahr:					
	3,0%	0,9709	−1		
Zerobond-Faktor		0,9709	−1		
2 Jahre:					
	4,0%	0,9615	−0,0385	−1	
	3,0%	−0,0374	0,0385		
Zerobond-Faktor		0,9241	0	−1	
3 Jahre:					
	5,0%	0,9524	−0,0476	−0,0476	−1
	4,0%	−0,0458	0,0018	0,0476	
	3,0%	0,0445	−0,0458		
Zerobond-Faktor		0,9511	0	0	−1

Mithilfe der Zerobond-Faktoren kann man nun sehr schnell den Kapitalwert unserer Investition bestimmen:

	Zahlungs-reihe	Zerobond-Faktor	Barwert
Investition	−1.000	1,0000	−1.000
Rückfluss 1	250	0,9709	242
Rückfluss 2	390	0,9241	360
Rückfluss 3	600	0,8621	517
Kapitalwert			119

Der Kapitalwert von 119 € entspricht dem Ergebnis der retrograden Abzinsung. Der Vorteil der Zerobond-Faktoren liegt in der schnellen Bestimmung des Kapitalwertes. Hat man die Zerobond-Faktoren einmal berechnet, kann man damit den Kapitalwert für jedes Investitionsobjekt bestimmen. Die Zerobond-Faktoren ändern sich nur, wenn sich das Marktzinsgefüge ändert.

Neben dem Kapitalwert sind aber noch folgende Kennzahlen interessant:

- Bruttoinvestitionsrendite sowie
- Nettoinvestitionsrendite.

Die Investitionsrendite wird häufig auch als Investitionsmarge bezeichnet. Die Bruttoinvestitionsrendite zeigt, was das Investitionsobjekt an interner Verzinsung erzielt, und die Nettoinvestitionsrendite gibt an, wie viel nach Abzug der Finanzierungskosten als Gewinn bleibt.

2.2 Bestimmung der Investitionsrenditen

Den Zusammenhang von Brutto- und Nettoinvestitionsrendite zeigt folgende Formel:

$$\begin{array}{l} \textit{Bruttoinvestitionsrendite} \\ - \; \underline{\textit{Finanzierungszinssatz}} \\ = \textit{Nettoinvestitionsrendite} \end{array}$$

Bruttoinvestitionsrendite

Die Bruttoinvestitionsrendite entspricht der internen Verzinsung und kann, wie in Abschnitt II gezeigt, bestimmt werden. Der interne Zinsfuß beträgt für unser Zahlenbeispiel 10%. Das bedeutet, dass vom jährlichen Rückfluss 10% Verzinsung für das im entsprechenden Jahr gebundene Kapital abgeführt werden muss und der Rest für die Amortisation des Kapitals verwendet wird. Geht man wie eben beschrieben vor, erhält man folgende Kapitalbindung während der Laufzeit der Investition:

Besondere Aspekte der Investitionsrechnung   123

t	0	1	2	3
Investition	−1.000	250	390	600
Verzinsung 10%		100	85	55
Amortisation		150	305	545
Gebundenes Kapital	1.000	850	545	0

Im ersten Jahr beträgt der Kapitaleinsatz 1.000 €, der zu 10% verzinst werden muss. Vom Rückfluss im ersten Jahr werden 100 € für die Verzinsung des Kapitaleinsatzes und 150 € für die Amortisation des Kapitals verwendet. Der Kapitaleinsatz im zweiten Jahr beträgt dann nur noch 850 € usw.

Nettoinvestitionsrendite

Die Bestimmung der Nettoinvestitionsrendite kann nicht direkt durch Abzug der Finanzierungskosten erfolgen, da wir keinen Kalkulationszinsfuß als einheitlichen Zinssatz haben, sondern ein Marktzinsgefüge mit laufzeitabhängigen Zinsen und unterschiedlicher Kapitalbindung während der Laufzeit. Das Diagramm in Abbildung 5-6 verdeutlicht die Problematik. Man erkennt, dass 545 € über 3 Jahre mit einem Zins von 5%, 305 € über 2 Jahre mit 4% und 150 € über 1 Jahr mit einem Zins von 3% gebunden sind. Durch die unterschiedlich hohe Kapitalbindung kann nicht der durchschnittliche Zins aus den drei Zinssätzen 3%, 4% und 5% als arithmetisches Mittel gebildet werden, sondern es müsste ein über die Kapitalbindung gewichteter Durchschnittszins errechnet werden.

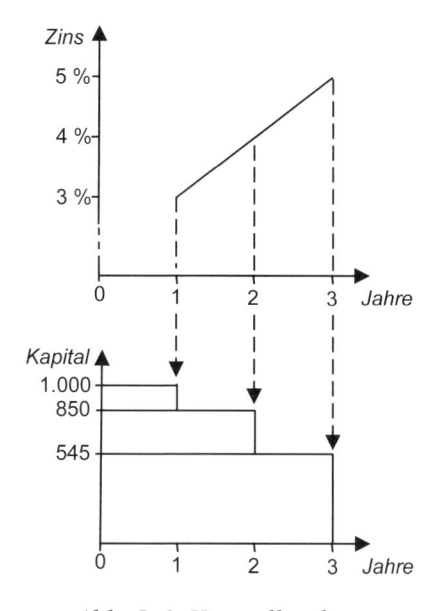

Abb. 5-6: Kapitalbindung

Es ist aber wesentlich einfacher, die Nettorendite direkt über den Kapitalwert zu berechnen. Der Kapitalwert wurde bereits ermittelt und beträgt 119 €. Bezieht man nun den Kapitalwert auf das in der Investition gebundene Kapital, erhält man die Nettoinvestitionsrendite, da bei der Ermittlung des Kapitalwertes durch die Berücksichtigung des Marktzinsgefüges die Finanzierungskosten durch die Abzinsung bereits erfasst sind.

Der Kapitalwert wird über 3 Jahre erwirtschaftet, aber für den Zeitpunkt t = 0 errechnet. Die Werte für das gebundene Kapital, wie sie in obiger Tabelle ermittelt wurden, stehen für die einzelnen Jahre der Laufzeit der Investition fest. Um jetzt den Kapitalwert und die Kapitalbindung vergleichbar zu machen, müssen die Werte der Kapitalbindung erst abgezinst werden, damit anschließend die gesamte Kapitalbindung über die 3-jährige Laufzeit addiert werden kann. Die Nettoinvestitionsrendite erhält dann man mit folgender Formel:

$$Nettoinvestitionsrendite = \frac{Kapitalwert}{\Sigma \; Barwerte \; des \; gebundenen \; Kapitals}$$

Die Barwerte des während der Laufzeit jeweils gebundenen Kapitals kann man mittels Abzinsung mit den Zerobond-Faktoren, wie in folgender Tabelle gezeigt, errechnen:

	Kapital-bindung	Zerobond-Faktor	Barwert
Jahr 1	1.000	0,9709	971
Jahr 2	850	0,9241	785
Jahr 3	545	0,8621	470

Setzt man die Werte in obige Formel ein, erhält man die Nettoinvestitionsrendite.

$$Nettoinvestitionsrendite = \frac{119}{971 + 785 + 470} = 5,3\%$$

Nachdem die Brutto- und die Nettoinvestitionsrenditen bekannt sind, kann der Finanzierungszinssatz problemlos errechnet werden:

$$\begin{aligned}
& Bruttoinvestitionsrendite && 10,0\% \\
- \; & \underline{Nettoinvestitionsrendite && 5,3\%} \\
= \; & Finanzierungszinssatz && 4,7\%
\end{aligned}$$

Der kapitalgewogene, durchschnittliche Kalkulationszinsfuß beträgt für unser Investitionsobjekt demnach 4,7 %. Folgende Tabelle zeigt die Brutto- und Nettoinvestitionsrendite und die gesamten Finanzierungskosten im Zusammenhang:

t	0	1	2	3
Investition	−1.000	250	390	600
Bruttoergebnis 10%		100	85	55
Nettoergebnis 5,3%		53	46	30
Zinskosten 4,7%		47	39	25
Tilgung		150	305	545
Finanzierungskosten		197	344	570

Betrachtet man die Finanzierungskosten näher und stellt die Zahlungsreihe der Finanzierung entsprechend der Zahlungsreihe der Investition dar, also mit einer Einzahlung für den Finanzierungsbetrag und Auszahlungen für die Finanzierungskosten in Form von Tilgungs- und Zinszahlung, kann man die Finanzierung für unser Investitionsobjekt in einzelnen Finanzierungstranchen darstellen. Folgende Tabelle zeigt eine kapitalstrukturkongruente Finanzierung, das heißt, die einzelnen Finanzierungstranchen sind entsprechend der für die Investition benötigten Kapitalbindung gewählt.

t	0	1	2	3
Tranche 1	543			−543
Zinszahlung 5%		−27	−27	−27
Tranche 2	305		−305	
Zinszahlung 4%		−12	−12	
Tranche 3	152	−152		
Zinszahlung 3%		−6		
Finanzierung	1.000	−197	−344	−570

Die Vorgehensweise zur Aufstellung der einzelnen Finanzierungstranchen entspricht der retrograden Abzinsung. Hier werden aber einzelne Kredite so gewählt, dass die Summe der 3 Kredite genau der Anschaffungsauszahlung entspricht, da ja nur diese finanziert werden muss.

2.3 Inkongruente Finanzierung

Bei Betrachtung der Finanzierung könnte man folgende Überlegung anstellen. Die Finanzierung entsprechend der Kapitalbindung ist nicht optimal, da der Zins für eine 3-jährige Finanzierungstranche 5% beträgt und für eine 1-jährige nur 3%.

Würde man nun die Investition immer nur mit 1-jährigen Finanzierungstranchen beziehungsweise Krediten finanzieren, würde man Finanzierungskosten sparen und einen zusätzlichen Kapitalwert erwirtschaften. Folgende Tabelle zeigt eine Finanzierung mit nur 1-jährigen Verträgen:

t	0	1	2	3
Gebundenes Kapital	1.000	850	545	0
Zinszahlung 3%		−30	−26	−16
Tilgung	1.000	−150	−305	−545
Finanzierung	1.000	−180	−331	−561

Vergleicht man nun die kapitalstrukturkongruente Finanzierung und die inkongruente Finanzierung, so stellt man fest, dass durch die 1-jährigen Kreditverträge ein Finanzierungsvorteil entsteht. Durch die inkongruente Finanzierung läßt sich ein zusätzlicher Kapitalwert von 37 € erwirtschaften, der durch die Abzinsung der Finanzierungsvorteile der einzelnen Jahre mit dem Kalkulationszinsfuß von 3% ermittelt werden kann.

t	0	1	2	3
Kapitalstrukturkongruent	1.000	−197	−344	−570
Kapitalstrukturinkongruent	1.000	−180	−331	−561
Finanzierungserfolg		17	13	9

Die scheinbar bessere inkongruente Finanzierung bewirkt einen Finanzierungserfolg, der zunächst nichts mit der Investition zu tun hat. Die Nettoinvestitionsrendite und die Finanzierungskosten bleiben davon unberührt, da für die Investitionsentscheidung die kapitalstrukturkongruente Finanzierung ausschlaggebend ist. Die Bruttoinvestitionsrendite bleibt ebenfalls unberührt, da hierfür die Finanzierungskosten keine Rolle spielen.

Man muss aber bedenken, dass man sich den Finanzierungsvorteil mit einem Risiko beziehungsweise mit einer kleinen Unsicherheit erkauft. Bei der kapitalstrukturkongruenten Finanzierung steht die Finanzierung des Investitionsobjektes für die gesamte Laufzeit, da die Verträge entsprechend der Kapitalbindung gestaltet wurden. Bei der inkongruenten Finanzierung wird immer nur ein Kredit für das Folgejahr aufgenommen, der Kredit am Jahresende zurückbezahlt und ein neuer Kredit aufgenommen. Der Investor muss am Ende eines jeden Jahres über einen neuen Kredit verhandeln und trägt dabei das Risiko, dass sich das Marktzinsgefüge und somit die Bedingungen für den Kredit während der Laufzeit der Investition ändern können.

2.4 Periodisierung des Kapitalwertes

In Abschnitt II haben wir die Annuitätenmethode zur Periodisierung des Kapitalwertes kennen gelernt. Die Anwendung der Annuitätenmethode setzt aber einen Kalkulationszinssatz voraus, den wir hier im Falle eines Marktzinsgefüges nicht haben. Die Periodisierung des Kapitalwertes auf die Laufzeit der Investition muss also anders erfolgen.

Grundsätzlich gibt es folgende Möglichkeiten der Periodisierung:

- kapitalbindungsproportional,
- zeitproportional und
- rückflussproportional.

Die einzelnen Möglichkeiten werden in den folgenden Absätzen näher erläutert und auch die Unterschiede dargestellt. Das Problem der Periodisierung hat auch in der Praxis eine große Bedeutung, da die Periodisierungsart die Grundlage für die Gewinnausschüttung sein kann.

Kapitalbindungsproportionale Periodisierung

Bei der kapitalbindungsproportionalen Periodisierung wird der Kapitalwert der Investition entsprechend der Kapitalbindung während der Laufzeit auf geteilt. Das heißt für unser Zahlenbeispiel, dass im ersten Jahr, in dem das gebundene Kapital am höchsten ist, auch der größte Teil des Kapitalwertes ausgeschüttet wird, im zweiten Jahr etwas weniger usw., wie folgende Tabelle zeigt:

t	0	1	2	3
Gebundenes Kapital	1.000	850	545	0
Periodisierung		53	46	30

Die Periodisierung des Kapitalwertes entspricht der anfallenden Nettoinvestitionsrendite, wie sie bereits in Punkt 2.2 ermittelt wurde. Zur Kontrolle kann der Kapitalwert der Zahlungsreihe durch Abzinsung der einzelnen Nettoergebnisse mit den Zerobond-Faktoren errechnet werden:

$$Kapitalwert = 53 \cdot 0{,}9709 + 46 \cdot 0{,}9241 + 30 \cdot 0{,}8621$$
$$= 119$$

Durch die Kontrollrechnung stellt man fest, dass tatsächlich der ursprüngliche Kapitalwert von 119 € auf die 3-jährige Laufzeit der Investition verteilt worden ist.

Diese Möglichkeit der Periodisierung ist aus Sicht des Investors gut nachvollziehbar. Der Investor erhält dann die größte Gewinnausschüttung, wenn die Kapitalbindung am höchsten ist. Mit abnehmender Kapitalbindung nimmt auch die Gewinnausschüttung ab, aber der Investor hat wiederum mehr Möglichkeiten, das freiwerdende Kapital anderweitig zu investieren oder auch wieder neues Kapital für andere Investitionsobjekte aufzunehmen und damit wieder Gewinn zu erzielen.

Zeitproportionale Periodisierung

Diese Möglichkeit entspricht der Annuitätenmethode aus Abschnitt II, da auch hier der Kapitalwert zu gleichen Teilen auf die Laufzeit des Investitionsobjektes aufgeteilt wird. Die Ermittlung der Annuität kann aber nicht über den Annuitätenfaktor erfolgen, da wir keinen Kalkulationszinssatz haben. Die Annuität wird wie folgt berechnet:

$$Annuität = \frac{Kapitalwert}{\Sigma\ Zerobond\text{-}Faktoren}$$

$$= \frac{119}{0,9709 + 0,9241 + 0,8621}$$

$$= 43$$

t	0	1	2	3
Periodisierung		43	43	43

Zur Kontrolle wieder die Berechnung des Kapitalwertes dieser Zahlenreihe:

$$Kapitalwert = 43 \cdot 0,9709 + 43 \cdot 0,9241 + 43 \cdot 0,8621$$

$$= 119$$

Die gleichmäßige Ausschüttung des Gewinns über die Laufzeit der Investition kann durchaus sinnvoll sein, da dadurch für den Investor eine gleichmäßige Planung seiner Einkünfte möglich ist.

Rückflussproportionale Periodisierung

Bei dieser Möglichkeit wird der Kapitalwert entsprechend der Rückflüsse des Investitionsobjektes aufgeteilt. Hierzu müssen die Rückflüsse mittels der Zerobond-Faktoren abgezinst und mit dem Kapitalwert in Relation gesetzt werden, damit ein Erfolgsquotient ermittelt werden kann. Anschließend werden die Erfolgsbeiträge durch die Multiplikation des Erfolgsquotienten mit den einzelnen Rückflüssen errechnet.

	Rückflüsse	Zerobond-Faktoren	Barwerte	Erfolgsbeiträge
Jahr 1	250	0,9709	243	29
Jahr 2	290	0,9241	268	34
Jahr 3	600	0,8621	517	69
Summe			1.028	

$$Erfolgsquotient = \frac{Kapitalwert}{\Sigma\ Barwerte\ der\ Rückflüsse}$$

$$= \frac{119}{1.028} = 11,6\%$$

t	0	1	2	3
Investition	−1.000	250	390	600
Periodisierung		29	34	69

Zur Kontrolle wieder die Berechnung des Kapitalwertes der Zahlenreihe:

$$Kapitalwert = 29 \cdot 0,9709 + 34 \cdot 0,9241 + 69 \cdot 0,8621$$
$$= 119$$

Diese Möglichkeit der Periodisierung ist aus kaufmännischer Sicht unter Beachtung der Grundsätze ordnungsmäßiger Buchführung gut nachvollziehbar, da hier die höchste Ausschüttung in dem Jahr erfolgt, in dem der höchste Rückfluss erzielt wird. Es werden folglich keine noch nicht realisierten Gewinne ausgeschüttet. Im Gegensatz dazu wird bei der kapitalbindungsproportionalen Periodisierung im ersten Jahr der höchste Gewinn ausgeschüttet, obwohl der Rückfluss in diesem Jahr am kleinsten ist. Somit werden noch nicht realisierte Gewinne ausgeschüttet und das Prinzip der kaufmännischen Vorsicht verletzt.

Das Marktzinsmodell verdeutlicht einige Themen und Probleme der dynamischen Investitionsrechnung. Die Ermittlung des Kapitalwertes ist auch hier die Basis für die Investitionsentscheidung. Zusätzlich werden noch Brutto- und Nettoinvestitionsrenditen ermittelt, um mehr Einblick in die Wirtschaftlichkeit der Investition zu bekommen. Die Möglichkeit, einen zusätzlichen Erfolg durch die optimale Wahl der Finanzierungsmöglichkeit zu erzielen, zeigt, dass das Investitionsobjekt einerseits isoliert von der Finanzierung bewertet werden muss, die Finanzierung aber doch eng mit der Investition verknüpft ist. Letztlich werden noch die Möglichkeiten der Periodisierung des Kapitalwertes und die damit verbundene Ausschüttung des Gewinns diskutiert. Das Marktzinsmodell kommt einer realen Entscheidungssituation somit sehr nahe.

Im nächsten Kapitel werden die Gewinnsteuern in die Methoden der Investitionsrechnung mit einbezogen.

3 Berücksichtigung von Gewinnsteuern

Bislang wurde bei der Investitionsentscheidung das Thema „Steuern" nicht berücksichtigt. Problemlos können Kostensteuern bei der Investitionsdatenbeschaffung erfasst werden. Kostensteuern sind feste Steuerzahlungen, die durch den Betrieb eines Investitionsobjektes anfallen. Hierzu zählt beispielsweise die Kraftfahrzeugsteuer, die bei Betrieb eines Fahrzeuges zu entrichten ist. Diese festen Steuerbeträge lassen sich als fixe Betriebsausgaben genau bestimmen und einplanen.

Problematisch sind aber die Gewinnsteuern, da diese nicht im Voraus bestimmt und fix sind, sondern je nach Gewinnsituation in unterschiedlicher Höhe anfallen. Gewinnsteuern können aber die Vorteilhaftigkeit einzelner Investitionsobjekte oder die Rangfolge bei Investitionsprogrammentscheidungen beeinflussen und auch die wirtschaftliche Nutzungsdauer oder den optimalen Ersatzzeitpunkt verändern. Deshalb sollten in diesen Fällen die Gewinnsteuern bei der Wirtschaftlichkeitsrechnung berücksichtigt werden. Gewinnsteuern sind:

- Körperschaftssteuer,
- Gewerbeertragssteuer sowie
- Einkommenssteuer.

Die Berücksichtigung der Gewinnsteuer kann bei der Investitionsrechnung durch

- Anpassung der Zahlungsreihe,
- Anpassung des Kalkulationszinsfußes und
- kombinierte Anpassung von Zahlungsreihe und Kalkulationszinsfuß

erfolgen. In den folgenden Kapiteln werden die einzelnen Möglichkeiten vorgestellt.

3.1 Basismodell

Im Basismodell wird der Kalkulationszinsfuß nicht angepasst, sondern die Zahlungsreihe korrigiert. Die Korrektur soll die zu leistende Steuerlast berücksichtigen, indem die einzelnen Rückflüsse um die jeweilige Steuerlast gekürzt werden. Hierzu muss zunächst der Gewinn ermittelt werden, der dem Steuersatz unterliegt. Geht man davon aus, dass die einzelnen Rückflüsse R_t bekannt sind, müssen für die einzelnen Perioden die Abschreibungen A_t ermittelt werden. Den Gewinn erhält man mit folgender Formel:

$$Gewinn = (R_t - A_t)$$

Multipliziert man den Gewinn mit dem Steuersatz s, erhält man die Steuerlast, die in den einzelnen Perioden gezahlt werden muss:

$$Steuerlast = (R_t - A_t)s$$

Für eine Investitionszahlungsreihe ergibt sich folgender Rückfluss unter Berücksichtigung der Gewinnsteuer

$$R_t^s = R_t - (R_t - A_t)s$$

Mit diesen korrigierten Rückflüssen R_t^s kann nun die Wirtschaftlichkeitsrechnung durchgeführt werden. Nimmt man das Zahlenbeispiel aus Abschnitt III und unterstellt einen Steuersatz von 50% auf den Gewinn, so ändert sich die Wirtschaftlichkeitsrechnung wie folgt:

t	0	1	2	3
Investition	−1.000	600	500	400
Abschreibung		333	333	334
Steuerlast		134	84	33
korrigierte Rückflüsse		467	417	367
Kapitalwert (i_s = 8%)	80			

Die Steuerlast ist von den ursprünglichen Rückflüssen abzuziehen und der Kapitalwert ist mit den korrigierten Rückflüssen zu berechnen. Durch die Berücksichtigung einer Gewinnsteuer von 50% sinkt der Kapitalwert von ursprünglich 302 € auf 80 €.

Im Basismodell werden aber die steuerlichen Effekte der Gewinnsteuern nicht vollständig erfasst, da bei einer Fremdfinanzierung die Zinskosten, die, im Rahmen der aktuellen steuergesetzlichen Rechtsprechung, bis zu einer Zinsschranke gewinnsteuerlich abzugsfähig sind, nicht berücksichtigt werden und andererseits bei einer Eigenfinanzierung die Zinserträge aus alternativen Finanzanlagen steuerfrei vereinnahmt werden können. Das Zinsmodell berücksichtigt die Zinsen explizit und stellt damit eine Erweiterung des Basismodells dar.

3.2 Zinsmodell

Das Basismodell lässt den Kalkulationszinsfuß ebenfalls unberührt und korrigiert nur die Zahlungsreihe. Bei der Berechnung des Gewinns werden zusätzlich die

Zinsen Z_t für die Fremdfinanzierung abgezogen beziehungsweise die Zinserträge alternativer Kapitalanlagen zugerechnet, so dass Zinszahlungen steuermindernd wirken und Zinseinnahmen besteuert werden. Die Formel für die korrigierten Rückflüsse lautet demnach:

$$R_t^s = R_t - (R_t - A_t \pm Z_t)s$$

Hierbei ist die Zinsschranke Z_S zu beachten, es gilt:

$$Z_t \leq Z_S$$

Die Berücksichtigung der Zinsen führt zu dem Effekt, dass der Kapitalwert von fremdfinanzierten Investitionsobjekten stets höher ist als von eigenfinanzierten und somit stark von der jeweiligen Finanzierung abhängt.

In Fortsetzung unseres obigen Zahlenbeispiels muss entsprechend der jährlichen Abschreibungen die Kapitalbindung der einzelnen Jahre ermittelt werden, die die Basis für die Berechnung der Zinsen bildet. An dieser Stelle muss eine Fallunterscheidung erfolgen und entsprechend der Finanzierungsform weitergerechnet werden. Je nach Finanzierungsform

- Eigenfinanzierung oder
- Fremdfinanzierung

müssen entweder 8% Zinskosten für das gebundene Kapital oder 8% Zinserträge für das freiwerdende Kapital berücksichtigt werden.

Eigenfinanzierung

Wird das Investitionsobjekt mit Eigenkapital finanziert, fallen keine Zinskosten an. Stattdessen müssen ab dem zweiten Jahr Zinserträge für das freiwerdende Eigenkapital, das in alternativen Kapitalanlagen zum Kalkulationszinssatz angelegt wird, versteuert werden. Die Korrektur des Rückflusses im dritten Jahr lautet dann:

$$R_3^s = 400 - (400 - 334 + 53)0{,}5$$

t	0	1	2	3
Freiwerdendes Kapital	0	333	666	1.000
Investition	−1.000	600	500	400
Abschreibung		333	333	334
Zinserträge 8%			27	53
Steuerlast		134	97	60
Korrigierte Rückflüsse		467	403	340
Kapitalwert (i_s = 8%)	48			

Fremdfinanzierung

Im Fall der Fremdfinanzierung müssen entsprechend der Kapitalbindung die Zinskosten in die Berechnung der Steuerlast einbezogen werden. Der Kapitalwert steigt auf 151 €. Die Berechnung des Rückflusses für das dritte Jahr lautet:

$$R_3^s = 400 - (400 - 334 - 27) \cdot 0{,}5$$

t	0	1	2	3
Gebundenes Kapital	1.000	667	334	0
Investition	−1.000	600	500	400
Abschreibung		333	333	334
Zinskosten 8%		80	53	27
Steuerlast		94	57	20
Korrigierte Rückflüsse		507	443	380
Kapitalwert (i_s = 8%)	151			

Die Steuerlast ist im Vergleich zu Eigenfinanzierung durch die Berücksichtigung der Zinskosten anstelle der Zinserträge deutlich niedriger. Somit ist der Kapitalwert wesentlich besser.

3.3 Standardmodell

Beim Standardmodell werden nicht nur die Rückflüsse, sondern auch der Kalkulationszinsfuß korrigiert. Die Korrektur der Rückflüsse ist analog zum Basismodell:

$$R_t^s = R_t - (R_t - A_t) \cdot s$$

Der Kalkulationszinsfuß wird um den Steuersatz s korrigiert, wobei hierbei unterstellt wird, dass der Kalkulationszinsfuß von einer alternativen Kapitalanlage abgeleitet wird und somit die Verzinsung der günstigsten Alternative darstellt. Die Korrekturformel für den Kalkulationszinsfuß unter Berücksichtigung der Gewinnsteuern i_s lautet:

$$i_s = i \cdot (1 - s)$$

Nimmt man einen Steuersatz von 50% und eine Verzinsung der günstigsten Alternative von 10% an, so ergibt sich ein Kalkulationszinsfuß unter Berücksichtigung der Gewinnsteuer von:

$$i_s = 0{,}1 \cdot (1 - 0{,}5) = 5\%$$

Das bedeutet, die Erträge der alternativen Kapitalanlage müssen mit 50% versteuert werden und die Verzinsung der Alternative beträgt dann nicht 10%, sondern lediglich 5%. Durch die Korrektur des Kalkulationszinsfußes erhält man im Falle der Eigenfinanzierung eine Gleichbehandlung von Investitionsobjekt und der günstigsten Alternative, da das betrachtete Investitionsobjekt durch die Korrektur der Rückflüsse um die Steuerlast benachteiligt wird und die günstigste Alternative unter Berücksichtigung der Steuerlast nicht 10%, sondern nur 7% erwirtschaftet. Würde man nun bei der Wirtschaftlichkeitsrechnung des betrachteten Investitionsobjektes mit einem Kalkulationszinsfuß von 10% rechnen, ist der Kapitalwert durch die Steuerlast bereits schlechter gestellt, und die Abzinsung mit dem überhöhten Kalkulationszinsfuß verschlechtert den Kapitalwert nochmals. Wenn folglich Gewinnsteuern berücksichtigt werden sollen, dann müssen sie bei beiden Objekten, dem zu beurteilenden Investitionsobjekt und der günstigsten Alternative, in Betracht gezogen werden.

Für unser Zahlenbeispiel bedeutet das, dass wir bei einem Steuersatz von 50% nicht mit einem Kalkulationszinsfuß von 8%, sondern lediglich mit 4% rechnen.

$$i_s = 0{,}8 \cdot (1 - 0{,}5) = 4\%$$

Dadurch ergibt sich ein Kapitalwert von 160 €.

t	0	1	2	3
Investition	−1.000	600	500	400
Abschreibung		333	333	334
Steuerlast		134	84	33
korrigierte Rückflüsse		467	417	367
Kapitalwert (i_s = 4%)	160			

3.4 Nettomethode

Die Nettomethode ist eine Erweiterung des Standardmodells. Die Korrektur der Rückflüsse erfolgt wie beim Zinsmodell mit:

$$R_t^s = R_t - (R_t - A_t \pm Z_t) \cdot s$$

Hierbei ist wie beim Zinsmodell die Zinsschranke Z_S zu beachten, es gilt:

$$Z_t \leq Z_S$$

Und der Kalkulationszinsfuß wird wie beim Standardmodell korrigiert:

$$i_s = i \cdot (1 - s)$$

Die Nettomethode erfasst somit Zinskosten für Fremdkapital sowie Zinserträge für Eigenkapital. Deshalb muss wie beim Zinsmodell eine Fallunterscheidung nach Eigen- und Fremdfinanzierung gemacht werden.

Eigenfinanzierung

Im Fall der Eigenfinanzierung muss das freiwerdende Kapital alternativ angelegt und zum Kalkulationszinsfuß verzinst werden. Diese Zinserträge werden dann wieder in die Berechnung der Steuerlast einbezogen. Für unser Zahlenbeispiel ergibt sich dann folgende Berechnung:

t	0	1	2	3
Freiwerdendes Kapital	0	333	666	1.000
Investition	−1.000	600	500	400
Abschreibung		333	333	334
Zinsenerträge 4%			13	27
Steuerlast		134	90	46
korrigierte Rückflüsse		467	410	354
Kapitalwert ($i_s = 4\%$)	142			

Fremdfinanzierung

Im Falle der Fremdfinanzierung ergibt sich für unser Zahlenbeispiel unter Berücksichtigung der Zinskosten für das gebundene Kapital folgender Kapitalwert:

t	0	1	2	3
Gebundenes Kapital	1.000	667	334	0
Investition	−1.000	600	500	400
Abschreibung		333	333	334
Zinsen 4%		40	27	13
Steuerlast		114	70	26
korrigierte Rückflüsse		487	430	374
Kapitalwert ($i_s = 4\%$)	197			

3.5 Bruttomethode

Die Bruttomethode ist im Gegensatz zur Nettomethode ein sehr grobes Verfahren und wird heute in der Regel abgelehnt, da die Gewinnsteuern nur pauschal über eine Anpassung des Kalkulationszinsfußes einbezogen werden. Die Korrektur des Kalkulationszinsfußes lautet:

$$i_s = \frac{i}{1-s}$$

Im Falle eines unkorrigierten Kalkulationszinssatzes von 10% und einem Steuersatz von 50% würde sich folgender korrigierter Kalkulationszinssatz ergeben:

$$i_s = \frac{10\%}{1-0,5} = 20\%$$

Durch den nach oben korrigierten Kalkulationszinsfuß werden die Rückflüsse der Investition stärker abgezinst und der Kapitalwert kleiner. Für unser Zahlenbeispiel müssten wir anstelle des Kalkulationszinssatzes von 8% mit 16% und den ursprünglichen Rückflüssen rechnen. Der Kapitalwert wäre dann 145 €.

t	0	1	2	3
Investition	−1.000	600	500	400
Kapitalwert (i_s = 16%)	145			

Folgende Tabelle zeigt die Kapitalwerte der einzelnen Methoden noch einmal im Überblick:

	Kapitalwert
ohne Steuern	302
Basismodell	80
Zinsmodell bei Eigenfinanzierung	48
Zinsmodell bei Fremdfinanzierung	151
Standardmodell	160
Nettomethode bei Eigenfinanzierung	142
Nettomethode bei Fremdfinanzierung	197
Bruttomethode	145

Deutlich zu sehen ist, dass je nach Methode beziehungsweise auch nach Finanzierungsform die Kapitalwerte stark differieren. Ein Kritikpunkt für das Zinsmodell und die Nettomethode ist die Gleichsetzung von Soll- und Habenzins.

4 Problem des Risikos und der Unsicherheit

Bislang galt die Prämisse der vollkommenen Voraussicht, das heißt, die Planwerte werden so eintreten, wie sie bestimmt wurden, und der Investor kann seine Entscheidung unter Sicherheit treffen. In der Realität lassen sich aber die Inputgrößen für die Wirtschaftlichkeitsrechnung eines Investitionsobjektes nicht immer mit Sicherheit vorhersagen. Für manche Inputgrößen gibt es nur eine Bandbreite von möglichen Werten und keinen exakten Wert.

Wählt man nun für die Wirtschaftlichkeitsrechnung einen Wert aus dieser Bandbreite, geht man das Risiko einer Fehlentscheidung ein und trägt somit ein Investitionsrisiko, das umso bedeutender ist, je langfristiger die Investition geplant war und je höher die Kosten für die Korrektur der Investitionsentscheidung sind.

Ziel der Wirtschaftlichkeitsrechnung unter Unsicherheit muss nun sein, die Spielräume beziehungsweise Bandbreiten der Unsicherheit zu analysieren und eindeutige Entscheidungsregeln vorzuschlagen.

4.1 Traditionelle Ansätze

Bei den traditionellen Ansätzen wird das Problem der Unsicherheit durch eine einfache und pragmatische Vorgehensweise ohne mathematisch-statistische Analysen erfasst. Die beiden Möglichkeiten

- Korrekturverfahren und
- Sensitivitätsanalyse

sind für eine grobe Erfassung der Unsicherheit bedingt geeignet.

4.1.1 Korrekturverfahren

Beim Korrekturverfahren werden durch einfache Zu- beziehungsweise Abschläge die Inputgrößen eines Investitionsobjektes korrigiert, indem

- Rückflüsse,
- Kalkulationszinsfuß und
- Nutzungsdauer

entsprechend dem Risiko angepasst werden.

Häufig angewendet werden hierbei Korrekturen der Rückflüsse durch Anpassung der Verkaufsstückzahlen oder der erzielbaren Verkaufspreise nach „unten" auf ein als sicher betrachtetes Niveau oder durch eine leichte Überbewertung von Kostenpositionen, damit man „auf der sicheren Seite" ist. Diese Korrekturen werden in der Regel aber nur in eine Richtung, nämlich kapitalwertverschlechternd, durchgeführt, und die Wirtschaftlichkeit eines Investitionsobjektes verschlechtert sich dabei.

Diese einseitigen Korrekturen führen zu einer einseitigen Bewertung der Risiken eines Investitionsobjektes ohne gleichzeitige Bewertung der Chancen, die unter Umständen auch vorhanden sind. Weiterhin ist zu berücksichtigen, dass häufig bei der Abgabe von Planzahlen für Entscheidungen seitens der Planer in den Fachabteilungen schon eine gewisse Sicherheit einkalkuliert wurde und dass ein zusätzlicher Abschlag der Planwerte bei der Investitionsrechnung das zu bewertende Investitionsobjekt doppelt belasten würde.

Ebenso nachteilig ist die Staffelung des Kalkulationszinsfußes nach dem Grad der Unsicherheit. Folgende Tabelle gibt ein Beispiel für mögliche Zuschläge auf den Kalkulationszinsfuß bei zwei Einflussparametern:

Markt	Produkt	Zuschlag
bestehender Markt	bestehendes Produkt	kein Zuschlag
neuer Markt	bestehendes Produkt	5% Zuschlag
bestehender Markt	neues Produkt	10% Zuschlag
neuer Markt	neues Produkt	15% Zuschlag

Die dritte Möglichkeit einer Korrektur, die Begrenzung der Nutzungsdauer, ist sinnvoll, wenn die zukünftige Entwicklung nur für einen sehr begrenzten Zeitraum zu planen ist und größere Veränderungen in naher Zukunft zu erwarten sind. Diese Situation ist hauptsächlich für sogenannte Hightech-Branchen zutreffend, die in kurzen Zeitabständen, meist in ein- oder zweijährigem Rhythmus, neue Technologien oder Produkte hervorbringen und somit eine schnelle Veralterung von Investitionsobjekten bewirken.

Um die Auswirkung der drei Korrekturmöglichkeiten zu verdeutlichen ein kleines Zahlenbeispiel. Die Investition hat eine Nutzungsdauer von fünf Jahren, einen Kalkulationszinsfuß von 10% und folgende Zahlungsreihe:

t	0	1	2	3	4	5
Investition	−1.000	400	400	400	400	400
Kapitalwert (i=10%)	517					

Korrigiert man nun die Rückflüsse um jeweils 20% nach unten, verschlechtert sich der Kapitalwert von 517 € auf 213 €.

t	0	1	2	3	4	5
Investition	−1.000	320	320	320	320	320
Kapitalwert (i=10%)	213					

Durch einen 20%igen Risikozuschlag auf den Kalkulationszinsfuß ergibt sich folgendes Ergebnis:

t	0	1	2	3	4	5
Investition	−1.000	400	400	400	400	400
Kapitalwert (i=12%)	442					

Die Verkürzung der Nutzungsdauer wirkt sich wie folgt aus:

t	0	1	2	3	4
Investition	−1.000	400	400	400	400
Kapitalwert (i=10%)	269				

Das Zahlenbeispiel zeigt deutlich, dass sich die Kürzung der Rückflüsse am stärksten auf den Kapitalwert auswirkt. Eine pauschale Korrektur sollte nur in begründeten Einzelfällen angewendet werden und die Problematik der zweifachen Korrektur durch die Fachabteilung und durch die Investitionsrechnung muss auf jeden Fall vermieden werden.

Grundsätzlich sind aber diese einseitigen Korrekturen zur Berücksichtigung des Risikos ohne das Einbeziehen von Chancen sehr kritisch zu sehen und nicht unbedingt empfehlenswert. In der Praxis werden sie häufig angewendet, da sie einfach zu handhaben sind und ein sogenannter „vorsichtiger Planungsansatz" von Entscheidungsträgern eher akzeptiert wird als eine „riskante Planung". Leider können dadurch Investitionsobjekte mit zukünftigen Chancen sehr leicht „tot gerechnet" werden, da sie aufgrund der scheinbar schlechten Wirtschaftlichkeit nicht realisiert werden.

4.1.2 Sensitivitätsanalyse

Die Sensitivitätsanalyse versucht die Inputgrößen eines Investitionsobjektes zu ermitteln, die den Kapitalwert und damit die Wirtschaftlichkeit wesentlich beeinflussen und die deshalb besonders sorgfältig prognostiziert werden müssen. Interessant sind hierbei auch kritische Werte dieser Inputgrößen, bei deren Über- oder Unterschreiten der Kapitalwert positiv beziehungsweise negativ wird.

Für unser obiges Zahlenbeispiel sind für die Rückflüsse, den Kalkulationszinsfuß und die Nutzungsdauer folgende kritische Werte interessant:

	Grenzwert	Normalwert
Rückfluss	264	400
Kalkulationszinsfuß	28,6%	10%
Nutzungsdauer	2,5 Jahre	5 Jahre

Die Tabelle zeigt jeweils den kritischen Grenzwert eines Inputfaktors, ab dem der Kapitalwert der Investition positiv wird, wenn die anderen beiden Faktoren im Normalbereich liegen. Das heißt der Kapitalwert wird bei einem Kalkulationszinsfuß von 10% und einer Nutzungsdauer von 5 Jahren positiv, wenn die konstanten Rückflüsse mindestens 264 € pro Jahr betragen. Das Gleiche gilt für den Kalkulationszinsfuß und die Nutzungsdauer.

Die Ermittlung besonders kritischer Inputfaktoren und deren Grenzwerte ist gegenüber der einseitigen Korrektur der Investitionsdaten eine Weiterentwicklung, bezieht aber das Risiko noch nicht explizit in die Entscheidungsfindung mit ein. Eine deutliche Verbesserung der Entscheidungsfindung erreicht man mit den entscheidungstheoretischen Ansätzen.

4.1.3 Risikoanalyse

Eine Weiterentwicklung der Sensitivitätsanalyse stellt die Risikoanalyse dar. Im Gegensatz zur Sensitivitätsanalyse werden nicht die kritischen Werte der Inputfaktoren ermittelt, sondern von den unsicheren Inputwerten mögliche Outputwerte abgeleitet und als Wahrscheinlichkeitsverteilung dargestellt. In der Praxis haben sich hierzu Simulationsverfahren, die über PC-Programme abgewickelt werden, durchgesetzt.

Die Simulationsverfahren laufen in sechs Schritten ab:

1. Auswahl der unsicheren Inputwerte
   Hierzu zählen meist Kosten- oder Erlösgrößen, die sich im Laufe der Investitionsphase verändern, wie beispielsweise geplante Absatzmengen oder -preise sowie Kosten für Material oder Personal.

2. Bestimmung der Wahrscheinlichkeitsverteilung
   Für die ausgewählten Inputgrößen werden die möglichen Ausprägungen festgelegt und mit den zu erwartenden Eintrittswahrscheinlichkeiten gewichtet.

3. Generieren der Eingabedaten
   Mit Hilfe der Monte-Carlo-Simulation werden dann die verschiedenen Einga-

bedaten generiert, indem die möglichen Kombinationen der einzelnen sicheren und unsicheren Inputgrößen mit ihren verschiedenen Ausprägungen als Ausgangssituation festgelegt und mittels Zufallszahlen die Wahrscheinlichkeitsverteilungen erzeugt werden.

4. Berechnung der Outputgröße
Nun werden die Outputgrößen, wie beispielsweise der Kapitalwert, für die verschiedenen in Schritt 3 generierten Ausgangssituationen berechnet.

5. Wiederholung der Schritte 3 und 4
Als Ergebnis erhält man eine Häufigkeitsverteilung für die Outputgröße.

6. Ermittlung der relativen Häufigkeit
Die relative Häufigkeit entspricht dann näherungsweise der Wahrscheinlichkeitsverteilung der Outputgröße.

Die Risikoanalyse setzt sich aufgrund der positiven Erfahrungen in der Praxis vor allem für Großprojekte immer mehr durch.

4.2 Entscheidungstheoretische Ansätze

Bei den entscheidungstheoretischen Ansätzen versucht man, das Risiko beziehungsweise die Unsicherheit bei der Entscheidungsfindung explizit zu berücksichtigen. Voraussetzung hierfür ist die Kenntnis über die eintretenden Umweltzustände und deren Eintrittswahrscheinlichkeiten. Diese Annahme ist aber nicht unproblematisch, da sie voraussetzt, dass der Investor die Entwicklung der Umwelt, die das Investitionsobjekt beeinflussen kann, genau kennt, verschiedene Entwicklungsmöglichkeiten genau verifizieren kann und die statistische Wahrscheinlichkeit, mit der die eine oder andere Umweltentwicklung eintreten wird, abschätzen kann.

Diese Annahme setzt voraus, dass bei der Investitionsdatenbeschaffung umfangreich recherchiert wird, welche Inputgrößen sich verändern können und wie sich die Veränderung auf den Kapitalwert auswirkt. Die Ergebnisse werden dann in einer Matrix dargestellt. Hierzu ein kleines Beispiel. Ein Investor hat zwei Investitionsobjekte, Objekt I und II, zur Auswahl, die je nach eintretendem Umweltzustand unterschiedliche Kapitalwerte erwirtschaften.

Bei den möglichen Umweltzuständen entspricht Zustand 1 einer ungünstigen Entwicklung, der Zustand 2 einer mittleren und der Zustand 3 einer günstigen Entwicklung. Für alle drei möglichen Entwicklungen müssen nun Zahlungsreihen für die beiden Investitionsobjekte gebildet und die Kapitalwerte berechnet werden. Es ergibt sich pro Objekt und Zustand ein Kapitalwert. Stellt man nun die Ergebnisse der beiden Investitionsobjekte für die drei Zustände dar, erhält man folgende Matrix:

	Zustand 1	Zustand 2	Zustand 3
Objekt I	20	60	100
Objekt II	10	50	90

In unserem Zahlenbeispiel lässt sich das Entscheidungsproblem relativ leicht lösen, da die Ergebnismatrix zeigt, dass Objekt I immer Objekt II dominiert, das heißt, gleichgültig welcher Zustand eintritt, Objekt I erwirtschaftet immer einen höheren Kapitalwert als Objekt II. Der Investor würde sich folglich für Objekt I entscheiden.

Liegt aber keine vollständige Dominanz vor, wird die Entscheidung wesentlich schwieriger. Unser zweites Beispiel zeigt eine typische Entscheidungssituation. Wir haben wieder zwei Investitionsobjekte und drei mögliche Umweltzustände.

	Zustand 1	Zustand 2	Zustand 3
Objekt I	20	40	100
Objekt II	10	120	90

Wählt der Investor Objekt I, dann hat er den jeweils höheren Kapitalwert, wenn Zustand 1 oder 3 eintritt. Bei Zustand 2 wäre Objekt II besser. Für diese Entscheidungssituation gibt es einige Regeln, mit deren Hilfe sich das Entscheidungsproblem lösen lässt.

Minimax-Regel

Bei der Minimax-Regel wählt man die Alternative beziehungsweise das Investitionsobjekt, das den größten minimalen Kapitalwert erwirtschaftet. In unserem Beispiel wäre das Objekt I, da sich mit Objekt I im schlechtesten Fall ein Kapitalwert von 20 € erzielen lässt, mit Objekt II hingegen nur 10 €. Diese Regel werden Investoren mit geringer Risikobereitschaft und starkem Pessimismus bevorzugen, die ihre Entscheidung immer nach dem schlimmsten Fall ausrichten.

Minimax-Risiko-Regel

Die Minimax-Risiko-Regel ist auch als Savage-Regel bekannt und wählt das Investitionsobjekt aus, bei dem die maximale Enttäuschung, nicht die beste Alternative gewählt zu haben, am geringsten ist. In unserem Beispiel ist die Enttäuschung bei der Wahl von Objekt I im Zustand 1 und 3 nicht vorhanden, da Objekt I hier besser ist als Objekt II. Im Zustand 2 beträgt die Enttäuschung beziehungsweise der entgangene Kapitalwert 80 €. Die maximal auftretende Enttäuschung für Objekt I beläuft sich somit über alle Zustände auf 80 €. Wählt man Objekt II hat man bei Zustand 1 einen Nachteil von 10 €, im Zustand 2 keinen Nachteil und im Zustand 3 wiederum einen Nachteil von 10 €. Die maximal auftretende Enttäuschung für Objekt II beträgt 10 € und ist somit wesentlich geringer als bei Objekt I.

Der Investor würde sich folglich für Objekt II entscheiden. Die Savage-Regel ist zwar nicht ganz so pessimistisch wie die Minimax-Regel, ist aber auch durch einen vorsichtigen Pessimismus bestimmt.

Für die Anwendung der beiden Regeln sind die Eintrittswahrscheinlichkeiten der möglichen Zustände nicht von Bedeutung, folglich kann man die Regeln sogar anwenden, wenn die Eintrittswahrscheinlichkeiten unbekannt sind. Die Eintrittswahrscheinlichkeit ist die Wahrscheinlichkeit, mit der einer der möglichen Zustände eintreten wird. Die Summe der Wahrscheinlichkeiten muss immer 1 ergeben, da ein Zustand mit Sicherheit eintreten wird.

In unserem Zahlenbeispiel liegen folgende Eintrittswahrscheinlichkeiten vor:

	Zustand 1	Zustand 2	Zustand 3
Wahrscheinlichkeit	0,2	0,5	0,3

Die Bedingung

$$\sum_{i=1}^{n} w_i = 1$$

mit

w_i = Eintrittswahrscheinlichkeit des Zustandes i

i = Laufindex der möglichen Zustände

n = Anzahl der möglichen Zustände

ist in unserem Beispiel erfüllt.

Kennt nun der Investor die Eintrittswahrscheinlichkeiten, können weitere Entscheidungsregeln angewendet werden.

Regel der höchsten Wahrscheinlichkeit

Bei der Regel der höchsten Wahrscheinlichkeit wird das Investitionsobjekt ausgewählt, das den höchsten wahrscheinlichkeitsgewichteten Kapitalwert von allen vorhandenen wahrscheinlichkeitsgewichteten Kapitalwerten aufweist.

In unserem Beispiel werden die Kapitalwerte der beiden Investitionsobjekte, die sich für die einzelnen Zustände erzielen lassen, mit den Eintrittswahrscheinlichkeiten der Zustände multipliziert und man erhält die wahrscheinlichkeitsgewichteten Kapitalwerte:

	Zustand 1	Zustand 2	Zustand 3
	$w_1 = 0{,}2$	$w_2 = 0{,}5$	$w_3 = 0{,}3$
originäre Kapitalwerte			
Objekt I	20	40	100
Objekt II	10	120	90
wahrscheinlichkeitsgewichtete Kapitalwerte			
Objekt I	4	20	30
Objekt II	2	60	27

Der höchste zu erzielende wahrscheinlichkeitsgewichtete Kapitalwert ist 60 € bei Wahl des Objektes II und Eintritt des Zustandes 2. Der Investor würde folglich Objekt II auswählen.

Diese Entscheidungsregel ist risikofreudig und beruht auf einem starken Optimismus, da die negativen Ereignisse nicht betrachtet werden. Sie stellt somit das optimistische Gegenstück zu den vorangegangenen pessimistischen Regeln dar.

Die nächste Entscheidungsregel, die Regel des maximalen Erwartungswertes, findet nicht nur in betriebswirtschaftlichen Modellen breite Anwendung, sondern wird auch in der Praxis häufig verwendet. Anwendungsfälle sind nicht nur in der Investitionsrechnung zu finden, sondern auch bei Qualitätskontrollen von industrieller Massenfertigung oder bei Versicherungsgeschäften. Aufgrund der hohen Bedeutung der Entscheidungsregeln wird sie im folgenden Gliederungspunkt ausführlich dargestellt.

4.2.1 Erwartungswertprinzip

Die Regel des maximalen Erwartungswertes oder das Erwartungswertprinzip ist eine Erweiterung der oben beschriebenen Regel der höchsten Wahrscheinlichkeit, da nicht ein einzelner wahrscheinlichkeitsgewichteter Kapitalwert zur Entscheidung herangezogen wird, sondern das gesamte Spektrum der pro Investitionsobjekt eintretenden Kapitalwerte. Hierzu werden die einzelnen wahrscheinlichkeitsgewichteten Kapitalwerte pro Investitionsobjekt aufaddiert. Die Ergebnissumme ist der Erwartungswert des Investitionsobjektes.

Die Formel für die Berechnung des Erwartungswertes *EW* lautet:

$$EW = \sum_{i=1}^{n} w_i \cdot KW_i$$

Für unser Zahlenbeispiel ergeben sich folgende Erwartungswerte:

$$EW_I = 0{,}2 \cdot 20 + 0{,}5 \cdot 40 + 0{,}3 \cdot 100 = 54$$
$$EW_{II} = 0{,}2 \cdot 10 + 0{,}5 \cdot 120 + 0{,}3 \cdot 90 = 89$$

Der Investor würde sich für Investitionsobjekt II entscheiden, da er damit den höheren Erwartungswert erzielen kann.

Das Erwartungswertprinzip ist relativ neutral, da das gesamte Spektrum der möglichen Kapitalwerte betrachtet wird, und nicht der schlimmste oder beste Fall.

Leider führt das Erwartungswertprinzip nicht immer zu einer eindeutigen Lösung, wie folgendes Beispiel zeigt. Ein Investor hat zwei Investitionsobjekte zur Auswahl und es können zwei Zustände mit jeweils gleicher Wahrscheinlichkeit eintreten. Die möglichen Kapitalwerte sind:

	Zustand 1	Zustand 2
	$w_1 = 0{,}5$	$w_2 = 0{,}5$
Objekt I	100	100
Objekt II	–300	500

Als Erwartungswerte für die beiden Investitionsobjekte ergeben sich

$$EW_I = 0{,}5 \cdot 100 + 0{,}5 \cdot 100 = 100$$
$$EW_{II} = 0{,}5 \cdot -300 + 0{,}5 \cdot 250 = 100$$

Nach dem Erwartungswertprinzip werden beide Investitionsobjekte gleich bewertet. Der vorsichtige beziehungsweise risikoscheue Investor würde aber Objekt I bevorzugen, da er in jedem Fall einen Kapitalwert von 100 € erzielen kann. Bei Objekt II hätte er das Risiko, im Zustand 1 300 € zu verlieren. Der risikofreudige beziehungsweise optimistische Investor würde Objekt II wählen, da er die Chance sieht, im Zustand 2 500 € zu erwirtschaften anstelle der sicheren 100 € von Objekt I.

Die Tatsache, dass risikoscheue und risikofreudige Investoren unterschiedliche Entscheidungen treffen, ist an sich kein Problem, da die individuelle Risikopräferenz immer zu einer Revision der durch ein Modell vorgeschlagenen Entscheidung führen kann. Problematisch ist allerdings, dass das Erwartungswertprinzip keinen eindeutigen Entscheidungsvorschlag liefern kann, da nach den Entscheidungsregeln, wie oben dargestellt, die Investitionsobjekte völlig indifferent sind, obwohl sie objektiv betrachtet doch unterschiedlich sind. Ein möglicher Lösungsansatz wird im folgenden Gliederungspunkt gezeigt.

Auch im nachfolgend dargestellten Fall führt das Erwartungswertprinzip nicht zu einer plausiblen Lösung. Im vorigen Jahrhundert wurde in Russland das sogenannte St. Petersburger Spiel häufig durchgeführt. Dabei wurde eine Münze geworfen. Zeigte die Münze „Kopf", war das Spiel beendet, zeigte sie „Zahl", bekam der

Spieler zwei Rubel und die Münze wurde erneut geworfen. Bei „Kopf" war das Spiel beendet, bei „Zahl" bekam der Spieler 4 Rubel und die Münze wurde erneut geworfen. Bei „Kopf" war das Spiel zu Ende, bei „Zahl" bekam der Spieler 8 Rubel und es erfolgte ein vierter Wurf und immer so weiter.

Würde man nach dem Erwartungswertprinzip den Erwartungswert berechnen, um somit den maximalen Einsatz des Spieles zu bestimmen, müsste man die Wahrscheinlichkeiten berechnen, bei denen das Spiel nach dem jeweiligen Wurf abgebrochen beziehungsweise weitergespielt wird. Die Wahrscheinlichkeit, dass beim ersten Wurf „Zahl" erscheint und der Spieler 2 Rubel erhält, beträgt 0,5 beziehungsweise 2^{-1}. Die Wahrscheinlichkeit, dass im zweiten Wurf wiederum „Zahl" erscheint und der Spieler 4 Rubel (2^2) erhält, ist 0,25 beziehungsweise 2^{-2}. Die Wahrscheinlichkeit, dass auch im dritten Wurf „Zahl" erscheint und der Spieler 8 Rubel (2^3) erhält, beträgt 0,125 beziehungsweise 2^{-3}. Der Kapitalwert steigt demnach quadratisch an, da der Gewinn bei jedem Wurf verdoppelt wird, die Wahrscheinlichkeit, dass dieser Gewinn beziehungsweise Kapitalwert erzielt wird, nimmt aber quadratisch ab. Allgemein ergibt sich zur Berechnung des Erwartungswertes folgende Formel:

$$EW = 2^{-1} \cdot 2^1 + 2^{-2} \cdot 2^2 + 2^{-3} \cdot 2^3 + \ldots + 2^{-\infty} \cdot 2^{\infty}$$
$$= 1 + 1 + 1 + \ldots + 1$$
$$= \infty$$

Der Erwartungswert für den erzielbaren Gewinn ist nach obiger Formel unendlich groß. Demnach müsste jeder Spieler bereit sein, einen unendlich großen Einsatz für die Teilnahme zu bezahlen, da der mögliche Gewinn auch unendlich groß ist. In der Realität hat sich aber gezeigt, dass die meisten Spieler nur bis zu einem Einsatz von 20 Rubel bereit waren teilzunehmen. Das Beispiel ist als St. Petersburger Paradoxon häufig in der betriebswirtschaftlichen Literatur diskutiert worden.

4.2.2 Erwartungswert und Streuung

Das oben gezeigte Beispiel verdeutlichte bereits, dass die Erwartungswertregel nicht immer eine eindeutige Entscheidung vorschlägt. Es ist deshalb interessant, die Varianz beziehungsweise Streuung der Ergebnisse in die Entscheidung mit einzubeziehen.

Die Varianz σ^2 ist die mit der Eintrittswahrscheinlichkeit gewichtete quadratische Abweichung eines Ergebnisses x von dem Erwartungswert µ. Die Formel hierfür lautet:

$$\sigma^2 = \sum_{i=1}^{n} w_i (x_i - \mu)^2$$

Die Abweichung eines Ergebnisses vom Erwartungswert wird quadriert, damit sich in der Summenbildung nicht positive und negative Abweichungen gegenseitig kompensieren. Für unser obiges Zahlenbeispiel, bei dem die Erwartungswerte für

Objekt I 54 € und für Objekt II 89 € betragen, wäre die Varianz für die beiden Investitionsobjekte wie folgt:

	Zustand 1	Zustand 2	Zustand 3
	$w_1 = 0{,}2$	$w_2 = 0{,}5$	$w_3 = 0{,}3$
Objekt I	20	40	100
Objekt II	10	120	90

$$\sigma_I^2 = 0{,}2(20-54)^2 + 0{,}5(40-54)^2 + 0{,}3(100-54)^2 = 964$$

$$\sigma_{II}^2 = 0{,}2(10-89)^2 + 0{,}5(120-89)^2 + 0{,}3(90-89)^2 = 1.729$$

Die Streuung oder auch Standardabweichung σ ist nun die Wurzel aus der Varianz:

$$\sigma = \sqrt{\sum_{i=1}^{n} w_i (x_i - \mu)^2}$$

Die Streuung der beiden Investitionsobjekte ist demnach:

$$\sigma_I = \sqrt{964} = 31$$

$$\sigma_{II} = \sqrt{1.729} = 42$$

Gemäß der Entscheidungsregel nach dem μ-σ-Prinzip ist ein Investitionsobjekt vorteilhaft, wenn

- bei gleichem Erwartungswert die Standardabweichung niedriger ist,
- bei gleicher Standardabweichung der Erwartungswert höher ist.

Betrachtet man nun die Erwartungswerte und die Standardabweichungen unseres Zahlenbeispiels, gibt es ein Problem, da der Erwartungswert von Objekt I kleiner ist als von Objekt II und die Standardabweichung von Objekt II größer ist als von Objekt I. Somit ist keine eindeutige Entscheidung möglich.

Für unser zweites Beispiel, das nach dem Erwartungswertprinzip indifferent war, ist das μ-σ-Prinzip aber geeignet.

	Zustand 1	Zustand 2
	$w_1 = 0{,}5$	$w_2 = 0{,}5$
Objekt I	100	100
Objekt II	−300	500

$$\sigma_I = \sqrt{0,5(100-100)^2 + 0,5(100-100)^2} = 0$$

$$\sigma_{II} = \sqrt{0,5(-300-100)^2 + 0,5(500-100)^2} = 400$$

Nach dem μ-σ-Prinzip ist Objekt I vorteilhaft, da bei gleichem Erwartungswert von 100 € die Streuung von 0 € deutlich besser ist als die Streuung von 400 € bei Objekt II.

Begriffe zum Nachlesen		
Optimales Programm	Marktzinsmodell	Zerobond-Faktoren
Steuern	Standardmodell	Zinsmodell
Basismodell	Erwartungswert	Standardabweichung
Risiko und Unsicherheit		

Wiederholungsfragen

1. Erläutern Sie die Grundidee des Marktzinsmodells.
2. Wie können Ertragssteuern bei einer Investitionsbeurteilung berücksichtigt werden?
3. Wie berücksichtigt das Korrekturverfahren eventuelle Unsicherheiten bei der Investitionsbeurteilung?
4. Beschreiben Sie kurz die Vorgehensweise bei der Risikoanalyse.

Literaturhinweise

Kruschwitz, L.: Investitionsrechnung, 6. Aufl., Berlin, New York 1995.

Schneider, D.: Investition, Finanzierung und Besteuerung, 7. Aufl., Wiesbaden 1992.

VI. Unternehmensbewertung

In diesem Kapitel lernen Sie

- Ertragswertverfahren,
- Substanzwertverfahren,
- Mittelwertmethode,
- Methoden der Übergewinnabgeltung und
- neuere Verfahren der Unternehmensbewertung

kennen.

1 Grundlagen der Unternehmensbewertung

Die Unternehmensbewertung ist eine besondere Kategorie der Investitionsrechnungsverfahren und beschäftigt sich – im Gegensatz zu den Methoden zur Ermittlung der Wirtschaftlichkeit eines Investitionsobjektes – mit der Fragestellung des Wertes eines Unternehmens.

In der Vergangenheit wurde diese Problematik in der betriebswirtschaftlichen Literatur heftig diskutiert, und es gab im Zeitablauf unterschiedliche und teilweise gegensätzliche Ansätze in der Bewertungslehre. In Deutschland sind in der Entwicklung der Theorie der Unternehmensbewertung 3 Phasen erkennbar, nämlich

- objektive Unternehmensbewertung,
- subjektive Unternehmensbewertung sowie
- funktionale Unternehmensbewertung,

die im Folgenden kurz erläutert werden.

Objektive Unternehmensbewertung

Bis etwa 1960 war die vorherrschende Lehrmeinung, dass ein objektiver Wert für ein Unternehmen besteht, der für jeden Interessenten gleich ist und der auch zu einem bestimmten Zeitpunkt genau bestimmt werden kann.

Dieser Ansatz erinnert an die Prämissen der statischen Investitionsrechnungsmodelle, bei denen eine Wirtschaftlichkeitsbetrachtung zeitpunktbezogen durchgeführt wird, ohne die zeitliche Entwicklung zu berücksichtigen. Die objektive Unternehmensbewertung geht weiterhin davon aus, dass zu einem bestimmten Zeitpunkt die Erfolgsmöglichkeit eines Unternehmens in Form der vorliegenden Unternehmenssubstanz allgemeingültig ermittelt werden kann, ohne die zukünftigen Absichten, Fähigkeiten oder Beziehungen eines potentiellen Käufers zu berücksichtigen. Der Wertansatz der objektiven Unternehmensbewertung ist der

Substanzwert, der später noch eingehend erläutert wird.

Bereits in den 1950er Jahren kam Kritik an der objektiven Unternehmensbewertung auf. Es wurde bezweifelt, dass ein objektiver allgemeingültiger Wert existiert, da jede Bewertung von subjektiven Erwartungen und Risikoeinschätzungen geprägt ist.

Subjektive Unternehmensbewertung

Bei der subjektiven Unternehmensbewertung geht man davon aus, dass der Wert des Unternehmens, das Bewertungs*objekt*, vom konkreten Käufer oder Verkäufer, also vom Bewertungs*subjekt*, abhängt. Bei der subjektiven Unternehmensbewertung werden die subjektiven Ziele, Möglichkeiten und Erwartungen des konkreten Bewertungssubjektes explizit erfasst, und der Unternehmenswert ist die Grenze der Konzessionsbereitschaft für die entsprechende Verhandlungspartei.

Diese Grenze der Konzessionsbereitschaft, der sogenannte Grenzpreis, ist der Wert, bei dem eine Entscheidung hinsichtlich Kauf oder Verkauf eines Unternehmens gerade noch wirtschaftlich sinnvoll ist. Er stellt den maximal möglichen Preis für den Käufer beziehungsweise den Minimalpreis für den Verkäufer dar.

Mit der subjektiven Unternehmensbewertung wird die zeitpunktbezogene Betrachtung des Unternehmens, die nur die vergangene Entwicklung berücksichtigt, in der die Substanz erwirtschaftet wurde, aufgegeben und eine zukunftsorientierte Betrachtung eingeführt. Bei der Bewertung werden nur zukünftige Erfolge des Unternehmens berücksichtigt, und der Wertansatz ist der Ertragswert, der ebenfalls später noch weiter erläutert wird.

Die Kritik an der subjektiven Unternehmensbewertung bezieht sich auf den Wertansatz selbst, der sehr stark vom Bewertungssubjekt und vom Fall des Unternehmenskaufs geprägt ist, wie der Terminus „Grenzpreis" andeutet. Es gibt aber noch eine Reihe von anderen Ursachen für eine Unternehmensbewertung, bei denen der subjektive Grenzpreis, insbesondere bei konfligierenden Interessensgruppen, nicht immer geeignet ist. In diesen Fällen müsste ein Bewertungskompromiss gefunden werden, der einen fairen Interessensausgleich darstellt.

Funktionale Unternehmensbewertung

Die funktionale Unternehmensbewertung wurde in den 1970er Jahren von der „Kölner Schule" entwickelt und geht ebenso wie die subjektive Unternehmensbewertung davon aus, dass es keinen objektiven Unternehmenswert gibt, der allgemeingültigen Charakter hat. Die funktionale Unternehmensbewertung geht davon aus, dass jede Bewertung einen Zweck erfüllt. Somit ist erst der Zweck der Bewertung zu bestimmen und dann das Bewertungsverfahren, das dann wiederum das Bewertungsergebnis entscheidend bestimmt. Die Zweckabhängigkeit des Unternehmenswertes ist durchaus sinnvoll, da die Ermittlung der Bemessungsgrundlage für die Erbschaftssteuer beispielsweise völlig andere Ziele verfolgt als die Ermittlung eines Grenzpreises für einen potentiellen Käufer. In beiden Fällen ist das Bewertungssubjekt aber identisch.

Da bereits bei den Theorien der Unternehmensbewertung auf den Zweck beziehungsweise die Ursache oder den Anlass der Bewertung eingegangen wurde, werden im Folgenden mögliche Ursachen näher erläutert. Es gibt vielfältige Anlässe für die Bewertung von Unternehmen. Grundsätzlich lassen sich Bewertungsanlässe in transaktionsbezogene und nicht transaktionsbezogene Anlässe unterscheiden.

Transaktionsbezogene Anlässe

Bei transaktionsbezogenen Anlässen ist eine mögliche Änderung der Eigentumsverhältnisse die Ursache für die Unternehmensbewertung. Hierzu zählen:

- Kauf oder Verkauf von Unternehmen und Unternehmensbeteiligungen,
- Entflechtung beziehungsweise Realteilung von Unternehmen,
- Fusion von Unternehmen,
- Unternehmensenteignung,
- Guthabenermittlung bei Eintritt und Austritt von Gesellschaftern sowie die
- Festsetzung des Emissionskurses bei „going public".

Nicht transaktionsbezogene Anlässe

Bei nicht transaktionsbezogenen Anlässen wird keine Veränderung der Eigentumsverhältnisse angestrebt. Mögliche Ursachen für eine Unternehmensbewertung sind in diesem Fall:

- Sanierung, Liquidation, Vergleich und Konkurs,
- Kreditwürdigkeitsprüfung,
- steuerliche Vorschriften (Substanzbesteuerung) und
- Wertsteigerungsanalysen.

Die Unternehmensbewertung dient in diesem Zusammenhang nicht nur der reinen Ermittlung eines Wertes, sondern hat auch weitere Aufgaben. Hierzu zählen die Hauptfunktionen wie

- Beratungsfunktion und
- Vermittlungsfunktion,

die bei der Entscheidungsfindung oder der Verhandlung bei Kauf oder Verkauf eines Unternehmens sehr hilfreich sein können.

Aber auch die Nebenfunktionen wie

- Argumentationsfunktion und
- Steuerbemessungsfunktion

sind nicht vernachlässigbare Aspekte der Unternehmensbewertung.

Grundsätzlich kann man drei verschiedene Ansätze der Unternehmensbewertung unterscheiden:

- den ertragswertorientierten Ansatz der Gesamtbewertungsverfahren,
- den substanzwertorientierter Ansatz der Einzelbewertungsverfahren sowie
- den Ansatz des Mischverfahren wie
    - das Mittelwertverfahren oder
    - die Methoden der Übergewinnkapitalisierung.

Abbildung 6-1 zeigt die einzelnen Verfahren, die in diesem Kapitel vorgestellt werden, im Überblick.

```
                    Bewertungsverfahren
          ┌─────────────────┼─────────────────┐
    Gesamtbewertungs-  Einzelbewertungs-   Mischverfahren
       verfahren          verfahren
```

- Ertragswertverfahren
- DCF-Verfahren
- Vergleichsverfahren

- Substanzwert mit Reproduktionswert
- Substanzwert mit Liquidationswert

- Mittelwertverfahren
- Übergewinnkapitalisierung

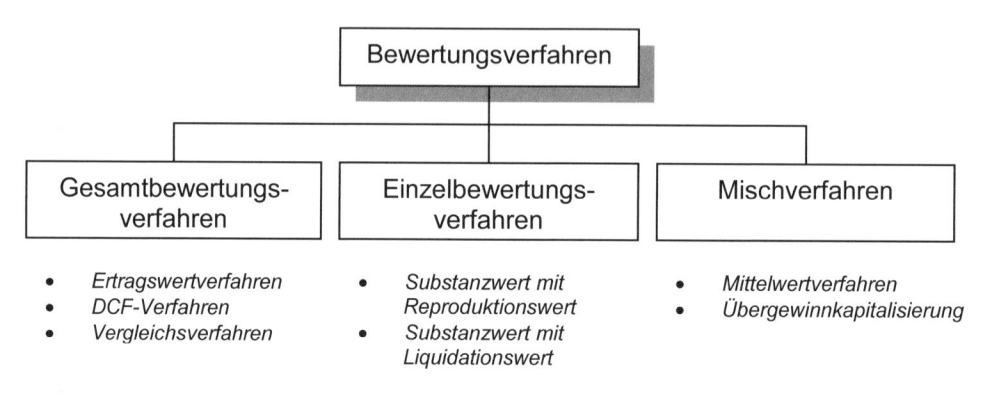

Abb. 6-1: Verfahren der Unternehmensbewertung

Weiterhin gibt es noch verschiedene Ansätze der strategischen Unternehmensbewertung, die zur wertorientierten Unternehmenssteuerung verwendet und am Ende dieses Abschnittes kurz vorgestellt werden.

2 Gesamtbewertungsverfahren

Ertragswertverfahren sind zukunftsorientiert und basieren auf der klassischen Kapitalwertmethode. Die Aufgabenstellung liegt in der Ermittlung der zukünftigen Überschüsse eines Unternehmens und der Berechnung des Kapitalwertes durch deren Abzinsung auf den gegenwärtigen Zeitpunkt.

In den folgenden Abschnitten werden drei Varianten vorgestellt:

- die Ertragswertmethode,
- die Discounted Cash Flow Methode und
- das Vergleichsverfahren.

2.1 Ertragswertmethode

Bei der Bestimmung des Unternehmenswertes wird im Folgenden davon ausgegangen, dass ein Unternehmen über eine zeitlich unbegrenzte Lebensdauer verfügt. Für die Erzielung künftiger Überschüsse ist nur das betriebsnotwendige Vermögen erforderlich, das nicht betriebnotwendige Vermögen wird daher gesondert bewertet und zum Barwert der künftigen Einzahlungsüberschüsse addiert:

Ertragswert (Barwert der künftigen Einzahlungsüberschüsse)
+ Liquidationswert des nicht betriebsnotwendigen Vermögens
= Unternehmenswert

Zunächst stellt sich die Frage, wie Einzahlungsüberschüsse ermittelt werden sollen. Die Ertragswertmethode geht von der Prämisse der Vollausschüttung aus, das heißt, es wird unterstellt, dass künftige Gewinne in vollem Umfang an den Investor ausgezahlt werden. Somit werden also in der Zahlungsreihe die in der Zukunft erzielbaren Gewinne angesetzt, die sich zwar aus der Differenz von Erträgen und Aufwendungen des Unternehmens ergeben, aber unter der Prämisse der Vollausschüttung aus der Sicht des Investors einen Zufluss liquider Mittel darstellen.

Die Planung und die Prognose zukünftiger Gewinne sind das eigentliche Problem des Ertragswertverfahrens. Je weiter die Planungsperiode in der Zukunft liegt, umso schwieriger wird es sein, die Gewinne zu prognostizieren. Da die Genauigkeit der Prognose mit zunehmender Entfernung von der Gegenwart abnehmen wird, schlägt das Institut der Wirtschaftsprüfer (IDW) vor, die Prognose in 3 Phasen aufzuteilen, wobei die Detailgenauigkeit der Planung in den 3 Phasen abnimmt. Dies ist auch unter dem Gesichtspunkt der Kapitalisierung sinnvoll, denn durch die Abzinsung nimmt auch die wertmäßige Bedeutung für den Unternehmenswert umso mehr ab, je weiter die Gewinne in der Zukunft liegen. Das vom IDW entwickelte 3-Phasen-Mmodell zur Prognose künftiger Gewinne wird nun für ein Unternehmen, das zum Zeitpunkt $t = 0$ bewertet werden soll, kurz in seinen wesentlichen Punkten dargestellt:

	1. Phase				2. Phase			3. Phase		
t	1	2	...	m	m + 1	...	n	n + 1	...	∞

1. Phase: $t = 1, ..., m$

In der ersten Phase ist eine detaillierte Planung der einzelnen Jahreserfolge vorgesehen. Der Zeitraum ist abhängig von der Struktur, der Branche und den Produkten des zu bewertenden Unternehmens. Er wird in der Regel 3 bis 5 Jahre betragen.

Ausgangspunkt dafür ist die Analyse der Gewinn- und Verlustrechnungen der letzten 3 bis 5 Jahre. Da die Vergangenheitswerte auf der Basis der handelsrechtlichen Vorschriften ermittelt wurden, ist es zunächst erforderlich, diese für die Zwecke der Unternehmensbewertung aufzubereiten. Das IDW nennt daher z. B. folgende Modifizierungen zur Bereinigung der Vergangenheitswerte:

- Eliminierung von Aufwendungen und Erträgen des nicht betriebsnotwendigen Vermögens,
- Eliminierung von Ergebniseinflüssen des Imparitätsprinzips (Pflicht zur Verlustantizipation),
- Abschreibung auf der Basis von Wiederbeschaffungskosten,
- Ausschaltung von Bilanzierungs- und Bewertungswahlrechten,
- Bereinigung um außerordentliche, einmalige Einflüsse sowie die
- Berücksichtigung von Folgeänderungen, insbesondere beim Zins- und Steueraufwand.

Nach dem Realisationsprinzip dürfen nur realisierte Gewinne und Verluste in der Bilanz sowie in der Gewinn- und Verlustrechnung ausgewiesen werden. Nach dem in Deutschland durch die Gesetzgebung vorgeschriebenen Imparitätsprinzips müssen nicht realisierte, aber erkennbare Verluste ausgewiesen werden, nicht realisierte Gewinne dürfen aber nicht ausgewiesen werden. Dies führt zu einem Prinzip der ungleichen Behandlung, dem Imparitätsprinzip.

Die daraus entstehenden bereinigten Ergebnisrechnungen bilden die Grundlage für die Planung des Mengengerüsts der künftigen Erfolge. Die Bewertung orientiert sich an der Kostenrechnung, wobei als Preisbasis der Bewertungsstichtag gewählt wird. Kosten und Erlösänderungen durch Inflationierung des Geldwertes werden nicht berücksichtigt.

Bei der Ergebnisprognose geht man dann im Einzelnen folgendermaßen vor:

- Planung der Umsatzerlöse,
- Planung der künftigen Ergebnisse vor Zinsen, Steuern und Abschreibungen,
- Planung der Investitionen und der Abschreibungen,
- Planung des Finanzbedarfs und der Zinsen sowie
- Planung von Steuerzahlungen.

2. Phase: $t = m + 1, \ldots, n$

Die Grobplanung der ausschüttungsfähigen Überschüsse in der zweiten Phase, die ebenfalls einen Zeitraum von 3 bis 5 Jahren umfasst, erfolgt auf der Basis von Trenderwartungen. Dabei wird die Entwicklung der Einzelergebnisse aus der ersten Phase zugrunde gelegt.

3. Phase: t = n + 1, ..., ∞

In der dritten Phase wird ein konstanter Betrag als ewige Rente angesetzt, der dem durchschnittlich zu erwartenden Jahreserfolg entspricht.

Die Berechnung des Ertragswertes erfolgt nun folgendermaßen:

	1. Phase				2. Phase			3. Phase		
t	1	2	...	m	m + 1	...	n	n + 1	...	∞
z_t	z_1	z_2	...	z_m	z_{m+1}	...	z_n	r	...	r

1. Die Einzelergebnisse aus den Phasen 1 und 2 werden auf den Stichtag der Unternehmensbewertung (t = 0) abgezinst und addiert:

$$\sum_{t=1}^{n} z_t \cdot (1+i)^{-t}$$

2. Die Renten aus der Phase 3 werden zunächst mit Hilfe des Rentenbarwertfaktors auf den Beginn der dritten Phase (dies entspricht dem Ende der zweiten Phase, also dem Zeitpunkt n) abgezinst und addiert. Dazu wird der Rentenbarwertfaktor für den Zins i benötigt, bei dem die Laufzeit n unendlich ist. Dieser Rentenbarwertfaktor kann folgendermaßen berechnet werden:

$$\lim_{n \to \infty} RBF(i,n) = \lim_{n \to \infty} \frac{(1+i)^n - 1}{i \cdot (1+i)^n} = \lim_{n \to \infty} \frac{(1+i)^n}{i \cdot (1+i)^n} - \frac{1}{i \cdot (1+i)^n}$$

$$\lim_{n \to \infty} RBF(i,n) = \lim_{n \to \infty} \frac{1}{i} - \frac{1}{i \cdot (1+i)^n} = \lim_{n \to \infty} \frac{1}{i} - 0$$

$$\lim_{n \to \infty} RBF(i,n) = \frac{1}{i}$$

Der Rentenbarwertfaktor für eine unendliche Rente bei einem Zins von 10% würde demnach betragen:

$$RBF(10\%, \infty) = \frac{1}{0,1} = 10$$

Dass der Grenzwert des Rentenbarwertfaktors bei einem Zins von 10% den Wert 10 erreicht, erkennt man auch, wenn man den Rentenbarwertfaktor berechnet und die Laufzeit dabei stetig erhöht:

$$RBF\,(10\%,10) = 6{,}14$$
$$RBF\,(10\%,20) = 8{,}51$$
$$RBF\,(10\%,30) = 9{,}42$$
$$RBF\,(10\%,50) = 9{,}91$$
$$RBF\,(10\%,100) = 9{,}999$$

Dies bedeutet, dass eine ewige Rente in Höhe von 1 € bei einem Zins von 10% einen Barwert von 10 € hat. Das Ergebnis verwundert nicht, denn würde man 10 € unendlich lange zu 10% anlegen, würde man jährlich 1 € Zinsen dafür bekommen.

Die Berechnung des Barwertes der ewigen Rente aus der Phase 3 ist somit unproblematisch. Der Gesamtwert der Rente beträgt demnach zum Zeitpunkt n:

$$r \cdot \frac{1}{i}$$

Dieser Barwert muss nun noch auf den Zeitpunkt der Unternehmensbewertung (t = 0) abgezinst werden:

$$r \cdot \frac{1}{i} \cdot (1+i)^{-n}$$

3. Der gesamte Barwert der Überschüsse aus den 3 Phasen ergibt dann den Ertragswert des Unternehmens:

$$Ertragswert = \sum_{t=1}^{n} z_t \cdot (1+i)^{-t} + r \cdot \frac{1}{i} \cdot (1+i)^{-n}$$

Schließlich bleibt noch die Frage zu klären, wie der Kapitalisierungszinsfuß i ermittelt werden soll. Grundsätzlich besteht folgender Zusammenhang:

Je höher der Kapitalisierungszinssatz i, umso geringer ist der Ertragswert.

Der Zinssatz, mit dem die künftigen Erfolge eines Unternehmens abgezinst werden müssen, entspricht theoretisch dem internen Zinsfuß (Rentabilität) einer risikoäquivalenten Alternativinvestition.

Die Ermittlung kann beispielsweise nach folgendem Schema erfolgen:

Basiszinssatz
+ *Risikozuschlag*
+ *Fungibilitätszuschlag*
− *Geldentwertungsabschlag*
= *Kapitalisierungszinsfuß*

Zunächst wird ein Basiszinssatz festgelegt, dessen Aufgabe darin besteht, die Rendite einer risikolosen Geldanlage anzugeben. Herangezogen wird hierfür der landesübliche Zins für langfristige öffentliche Anleihen (z. B. Bundesanleihen). Die aktuellen Umlaufrenditen der deutschen öffentlichen Anleihen können der Kapitalmarktstatistik der Deutschen Bundesbank entnommen werden.

Der zweite Schritt besteht darin, einen Risikozuschlag zu addieren, der berücksichtigen soll, dass die angesetzten finanziellen Überschüsse nicht mit Sicherheit erzielt, sondern durch eine Vielzahl von Risikofaktoren beeinflusst werden, die z. B. von der Branche, der Rechtsform und der Größe des Unternehmens abhängen. Unter Risiko versteht man also bei der Unternehmensbewertung das Ausmaß der Streuung der geplanten Unternehmensergebnisse. Der Risikozuschlag hängt somit in besonderem Maße vom einzelnen Bewertungsobjekt und dessen Umwelt ab, so dass eine allgemeine Angabe nicht möglich ist. Bei einem Softwareunternehmen mit unsicherem Auftragsbestand wäre demnach ein höherer Risikozuschlag anzusetzen als bei einem Unternehmen des Lebensmittelgroßhandels. Im Schrifttum finden sich Angaben für den Risikozuschlag in einer Größenordnung zwischen 2% und 6%.

Weiterhin ist zu berücksichtigen, dass der Verkauf von Unternehmensanteilen schwieriger sein kann als die Veräußerung von festverzinslichen Wertpapieren. Insbesondere für nicht marktgängige Anteile ist daher ein Fungibilitätszuschlag anzusetzen, denn einerseits verursacht die Suche nach einem Käufer zusätzliche Kosten und zum anderen entstehen durch die Verzögerung der Transaktion Opportunitätskosten in Form von Zinskosten. Der Fungibilitätszuschlag kann erhebliche Ausmaße annehmen, so bewegen sich in den USA Abschläge für nicht marktgängige Anteile auf den Unternehmenswert häufig in einer Größenordnung von 35%. Dies entspricht einem Zuschlag von über 50% auf den Kapitalisierungszinsfuß, wenn man vereinfachend konstante Überschüsse unterstellt.

$$(1 - 0{,}35) = \frac{1}{1 + 0{,}54}$$

Grundsätzlich kann zwischen zwei Vorgehensweisen gewählt werden, um Inflationseinflüsse bei der Unternehmensbewertung zu berücksichtigen: Entweder sind nominale Prognosedaten und ein nominaler Zinssatz zu verwenden oder reale Prognosedaten und ein realer Zinssatz. Da die zu kapitalisierenden Unternehmensgewinne auf der einheitlichen Preisbasis des Bewertungsstichtags ermittelt wurden und somit reale Werte darstellen, muss nach dem Äquivalenzprinzip der nominale Basiszinssatz um einen Geldentwertungsabschlag korrigiert werden, um zu einem realen Zins zu gelangen. Der Abschlag ist nach der zukünftig zu erwartenden durchschnittlichen Inflationsrate zu bemessen.

Wie groß der Einfluss des Kapitalisierungszinsfußes auf den Ertragswert ist, zeigt die folgende Tabelle. Geht man z. B. vereinfachend von der Annahme aus, ein Unternehmen würde einen konstanten jährlichen Überschuss von 5 erzielen, dann kann der Ertragswert wie folgt berechnet werden:

$$Ertragswert = 5 \cdot \frac{1}{i}$$

i	Ertragswert
5,0%	100,0
7,5%	66,7
10,0%	50,0
12,5%	40,0
15,0%	33,3

Das Beispiel macht deutlich, dass sich der Ertragswert halbiert, wenn man den Kalkulationszinsfuß von 5% auf 10% erhöht. Bereits eine Erhöhung des Kalkulationszinsfußes von 5% auf 6% vermindert den Ertragswert von 100,0 auf 83,3.

2.2 Discounted Cash Flow-Methode

Die Discounted Cash Flow-Methode, auch als DCF-Methode bekannt, ist ein Verfahren zur Unternehmensbewertung, welches aus der angloamerikanischen Bewertungspraxis hervorgeht und sich in zunehmendem Maße auch in Deutschland etabliert. Die DCF-Methode beruht ebenfalls auf dem Grundgedanken, künftige Überschüsse des zu bewertenden Unternehmens auf den Bewertungszeitpunkt abzuzinsen. Im Gegensatz zum Ertragswertverfahren werden aber nicht künftige Gewinne kapitalisiert, sondern die dem Unternehmen entziehbaren jährlichen Einzahlungsüberschüsse (Free Cash Flows). Außerdem wird der Kapitalisierungszinsfuß anders ermittelt als beim Ertragswertverfahren.

Es existiert eine Vielzahl von Ansätzen und Varianten, auf die hier nicht im Einzelnen eingegangen werden kann. Die nachfolgenden Ausführungen verdeutlichen die grundsätzliche Vorgehensweise des 2-Phasen-Modells in der Form der Bruttokapitalisierung. Zunächst wird der Marktwert des Gesamtkapitals des zu bewertenden Unternehmens bestimmt und anschließend der Unternehmenswert als Marktwert des Eigenkapitals ermittelt, indem vom Marktwert des Gesamtkapitals der Marktwert des Fremdkapitals abgezogen wird. Weiterhin wird zur Kapitalisierung das Konzept der gewogenen durchschnittlichen Kapitalkosten (WACC-Ansatz) angewendet.

1. Ermittlung des Free Cash Flows

Das Ziel besteht darin, den Überschuss einer Periode zu ermitteln, der an die Eigen- und Fremdkapitalgeber verteilt werden kann. Deshalb wird der Zinsaufwand, der bei der Gewinnermittlung abgezogen wurde, wieder hinzugerechnet. Bei der Konzeption des Free Cash Flows wird von der Prämisse ausgegangen, dass vollständige Eigenfinanzierung vorliegt. Die aus einer anteiligen Fremdfinanzierung resultierende Steuerersparnis, die auch als Tax Shield bezeichnet wird, wird somit nicht bei der Cash Flow Ermittlung abgezogen, sondern anschließend bei der Berechnung des Kapitalisierungszinssatzes berücksichtigt.

Gewinn vor Steuern
− *Unternehmenssteuern*
= *Jahresergebnis*
+ *Zinsaufwand*
+/− *Abschreibungen/Zuschreibungen*
+/− *Erhöhung/Verminderung der Rückstellungen*
= *Brutto Cash Flow*
−/+ *Erhöhung/Verminderung des Working Capital*
−/+ *Investitionen/Desinvestitionen*
= *Free Cash Flow*

Der Gewinn, definiert als Differenz zwischen Erträgen und Aufwendungen, muss nun in den Brutto-Cash Flow überführt werden, also der Differenz zwischen Einzahlungen und Auszahlungen. Dazu ist es erforderlich, Aufwendungen, die keine Auszahlungen darstellen (wie z. B. Abschreibungen und Aufwand für die Bildung von Rückstellungen), wieder hinzuzurechnen und Erträge, die keine Einzahlungen darstellen (wie z. B. Zuschreibungen und Erträge aus der Auflösung von Rückstellungen), wieder abzuziehen, um diese Beträge aus der Rechnung zu eliminieren.

Nun kann der Brutto-Cash Flow nicht in vollem Umfang den Kapitalgebern zur Verfügung gestellt werden, es ist vielmehr zu berücksichtigen, dass Investitionen im Bereich des Anlagevermögens getätigt werden müssen und dass eine Zunahme des Working Capital (Umlaufvermögen − kurzfristige Verbindlichkeiten) ebenfalls zu einem Abfluss von liquiden Mittel führt.

2. Ermittlung des Kapitalisierungszinssatzes

Der Zinssatz i, mit dem die Free Cash Flows auf den Zeitpunkt der Unternehmensbewertung abgezinst werden, ergibt sich aus den gewogenen durchschnittlichen

Kosten für das Eigen- und Fremdkapital (Weighted Average Cost of Capital):

$$i = i_{EK} \cdot \frac{EK}{GK} + i_{FK} \cdot (1-s) \cdot \frac{FK}{GK}$$

Die von den Eigentümern erwartete Verzinsung des Eigenkapitals i_{EK} wird gewichtet mit der Eigenkapitalquote, die Verzinsung des Fremdkapitals i_{FK} wird gewichtet mit der Fremdkapitalquote. Der Steuervorteil aus der Abzugsfähigkeit der Fremdkapitalzinsen wird dadurch berücksichtigt, dass die Verzinsung des Fremdkapitals mit dem Faktor (1 – s) multipliziert wird, wobei s den Gewinnsteuersatz des Unternehmens wiedergibt.

Die Ermittlung der erwarteten Eigenkapitalverzinsung ist problematisch und kann mit Hilfe des Capital Asset Pricing Modells (CAPM) durchgeführt werden. Nach dem CAPM hängt die Rendite eines Wertpapiers von dessen Risiko ab. Je höher das Anlagerisiko für den Investor, umso höher wird die geforderte Rendite sein, die sich sowohl aus den Kursveränderungen als auch aus den Dividendenzahlungen und Erlösen aus dem Verkauf von Bezugsrechten zusammensetzt.

Bei der Berechnung der erwarteten Eigenkapitalverzinsung geht man zunächst von der Verzinsung eines risikofreien Wertpapiers (landesüblicher Zinssatz von langfristigen, festverzinslichen Wertpapieren, wie z. B. öffentlichen Anleihen) aus und addiert einen Zuschlag, der das zusätzliche Risiko für das zu bewertende Unternehmen wiedergeben soll, hinzu:

Verzinsung für ein risikofreies Wertpapier

+ Risikoprämie des Marktes · Betafaktor

= erwartete Verzinsung des Eigenkapitals

Die Risikoprämie des Marktes ist die Differenz zwischen der durchschnittlichen Rendite auf dem Kapitalmarkt und der Verzinsung eines risikolosen Wertpapiers. Ist nun das Risiko des zu bewertenden Unternehmens höher als das durchschnittliche Risiko am Kapitalmarkt, so wird die Risikoprämie dadurch erhöht, dass sie mit einem Faktor multipliziert wird, der größer als 1 ist. Diesen Faktor bezeichnet man als Betafaktor. Er drückt die Fluktuation des Risikos des zu bewertenden Unternehmens im Verhältnis zum Gesamtmarkt (Börse) aus:

ß-Faktor = 1,0 $\Rightarrow$ *Risiko des Unternehmens entspricht dem Gesamtmarkt*

ß-Faktor < 1,0 $\Rightarrow$ *Risiko des Unternehmens ist geringer als auf dem Gesamtmarkt*

ß-Faktor > 1,0 $\Rightarrow$ *Risiko des Unternehmens ist höher als auf dem Gesamtmarkt*

Schwankt also der Kurs der Aktie des zu bewertenden Unternehmens stärker als der Gesamtmarkt (z. B. gemessen am DAX), wird aufgrund des höheren Risikos mit Hilfe des Betafaktors auch ein höherer Risikozuschlag zur Verzinsung des risikofreien Wertpapiers addiert.

Problematisch ist jedoch, dass bei der Verwendung des CAPM zur Bestimmung der Risikozuschläge das zu bewertende Unternehmen börsennotiert sein muss. Die Schätzung von Betafaktoren bei nicht börsennotierten Unternehmen kann aber beispielsweise mit Hilfe von börsennotierten Vergleichsunternehmen vorgenommen werden, die aufgrund von Branchenzugehörigkeit und anderen Merkmalen ein vergleichbares Risiko aufweisen.

Die Berechnung der Verzinsung des Fremdkapitals ist hingegen relativ unproblematisch. Sie kann aus den Buchwerten des Unternehmens abgeleitet werden, indem der gewogene Durchschnittswert für die Verzinsung des langfristigen Fremdkapitals gebildet wird.

Das nachfolgende Beispiel soll die Berechnung des Kapitalisierungszinssatzes noch einmal verdeutlichen:

Verzinsung risikofreies Wertpapier	4,0%
durchschnittliche Rendite am Kapitalmarkt	8,5%
Betafaktor	1,2
durchschnittlicher Zinssatz für das aufgenommene Fremdkapital	6,5%
Gewinnsteuersatz	40%
Eigenkapitalquote	35%
Fremdkapitalquote	65%

Die zunächst berechnete Risikoprämie des Marktes von 4,5% erhöht sich aufgrund des Betafaktors von 1,2 auf 5,4%, so dass die erwartete Verzinsung des Eigenkapitals 9,4% beträgt.

durchschnittliche Rendite am Kapitalmarkt	8,5%
− Verzinsung risikofreies Wertpapier	− 4,0%
= Risikoprämie des Marktes	= 4,5%

Verzinsung risikofreies Wertpapier	4,0%
+ Risikoprämie des Marktes · Betafaktor	5,4%
= erwartete Verzinsung des EK	9,4%

Nach dem WACC-Ansatz nun wird die Verzinsung des Eigenkapitals von 9,4% mit der Eigenkapitalquote von 35% gewichtet und der Fremdkapitalzinssatz nach Steuern $(1 - 0,4) \cdot 6,5\%$ mit der Fremdkapitalquote von 65%:

$$i = 9{,}4\% \cdot 0{,}35 + (1 - 0{,}4) \cdot 6{,}5\% \cdot 0{,}65$$
$$= 3{,}29\% + 0{,}6 \cdot 6{,}5\% \cdot 0{,}65$$
$$= 3{,}29\% + 2{,}535\%$$
$$= 5{,}825\%$$

Da sich die Kapitalstruktur im Laufe der Zeit verändert, ändert sich aufgrund der unterschiedlichen Gewichtung auch der Kapitalisierungszinssatz. Weiterhin ist zu berücksichtigen, dass eine Erhöhung des Verschuldungsgrades (Verhältnis von Fremdkapital zu Eigenkapital) das Kapitalstrukturrisiko für die Eigenkapitalgeber ansteigen lässt, mit der Folge, dass sich deren Renditeforderungen erhöhen.

3. Gesamtwert des Unternehmens ermitteln

Bei der Unternehmensbewertung nach der DCF-Methode wird der Bewertungszeitraum in der Regel in 2 Phasen aufgeteilt. In der ersten Phase, dem Detailplanungszeitraum, werden die Free Cash Flows und die Kapitalisierungszinssätze für jedes Jahr einzeln geplant. Diese Free Cash Flows werden dann mit den Kapitalisierungszinssätzen auf den Bewertungsstichtag abgezinst. Die zweite Phase wird als Fortführungszeitraum bezeichnet. Für diesen Zeitraum werden jährlich konstante Free Cash Flows und ein konstanter Kapitalisierungszinssatz unterstellt. In der zweiten Phase wird also – wie beim Ertragswertverfahren – eine unendliche Rente abgezinst. Die Barwerte der Free Cash Flows zum Bewertungszeitpunkt werden dann addiert und ergeben den Gesamtwert des Unternehmens.

Die Berechnung des Gesamtwertes des Unternehmens nach der DCF-Methode könnte beispielsweise folgendermaßen aussehen:

Periode t	1	2	3	4	5	6 bis ∞
Free Cash Flow in Tausend €	2.500	2.650	2.750	2.850	2.950	3.000
Kapitalisierungszinssatz in %	5,825	5,926	6,024	6,138	6,284	6,300
Abzinsungsfaktor für das Vorjahr	0,94496	0,94406	0,94318	0,94217	0,94088	
Abzinsungsfaktor für t = 0	0,94496	0,89209	0,84140	0,79275	0,74588	
RBF für die ewige Rente						15,87302
Barwert ewige Rente t = 5						47.619,05
Barwert t = 0	2.362,39	2.364,04	2.313,86	2.259,33	2.200,33	35.517,87
Gesamtunternehmenswert	47.017,82					

Die erste Phase umfasst in diesem Fall 5 Jahre. Die geplanten Free Cash Flows werden auf den Zeitpunkt der Unternehmensbewertung t = 0 abgezinst, wobei sich der Abzinsungsfaktor aus der Multiplikation der jährlichen Abzinsungsfaktoren ergibt. Der Abzinsungsfaktor für die Periode t = 4 beträgt beispielsweise:

$$0{,}94496 \cdot 0{,}94406 \cdot 0{,}94318 \cdot 0{,}94217 = 0{,}79275$$

Die ewige Rente der zweiten Phase wird zunächst auf den Beginn der zweiten Phase abgezinst, indem sie mit dem Rentenbarwertfaktor für einen unendlichen Zeitraum (1/i) multipliziert wird. Die Abzinsung mit dem Abzinsungsfaktor für t = 5 (Beginn von t = 6 entspricht dem Ende von t = 5) führt dann zum Barwert der ewigen Rente zum Zeitpunkt t = 0.

Der Gesamtwert des Unternehmens ergibt sich dann aus der Addition der Barwerte.

4. Aufteilung in Marktwert des Eigenkapitals und Marktwert des Fremdkapitals

Der Marktwert des Gesamtkapitals wird schließlich mit der Eigenkapital- und der Fremdkapitalquote in den Marktwert des Eigenkapitals (geschätzter Kaufpreis zum Bewertungszeitpunkt) und den Marktwert des Fremdkapitals aufgeteilt:

Marktwert des Gesamtkapitals = 47.018	
Eigenkapitalquote = 35%	Fremdkapitalquote = 65%
Marktwert des Eigenkapitals = 16.456	Marktwert des Fremdkapitals = 30.562

2.3 Vergleichsverfahren

Mit den Vergleichswertverfahren wird versucht, den Gesamtwert eines Unternehmens aus realisierten Marktpreisen – wie beispielsweise Börsenkurswerten – von anderen, vergleichbaren Unternehmen abzuleiten. Aus diesem Grunde werden Vergleichsverfahren auch als marktorientierte Bewertungsverfahren bezeichnet.

Vergleichsverfahren werden häufig in den USA angewendet, da dort aufgrund einer Vielzahl von Unternehmenstransaktionen und der damit zusammenhängenden Fülle von Bewertungen umfangreiches Datenmaterial vorliegt, das für Unternehmensvergleiche herangezogen werden kann. Liegen vielfältige Informationen und branchenspezifische Erfahrungswerte aus vergangenen Transaktionen vor, kann das Zahlenmaterial umfassend ausgewertet und ein Wert für das zu bewertende Unternehmen abgeleitet werden.

Das Ergebnis der Bewertung nach dem Vergleichsverfahren ist ein potentieller Marktpreis, der für das betrachtete Unternehmen erzielt werden kann. Somit vertraut man bei Anwendung eines Vergleichsverfahrens auf gut funktionierende Marktmechanismen. Hinsichtlich der zu betrachtenden Mäkte muss aber erwähnt werden, dass es sich hierbei um Märkte handelt, in denen ganze Unternehmen ge- oder verkauft werden, und nicht um Kapitalmärkte, in den Unternemensanteile gehandelt werden. Das bedeutet, dass der Marktpreis der Vergleichsverfahren nicht gleichzusetzen ist mit dem Marktwert eines Unternehmens, dessen Anteile am Kapitalmarkt von diversifizierten Anlegern gehandelt werden.

In der Vergangenheit haben sich zwei Gruppen von Vergleichswertverfahren herausgebildet:

- der Comparative Company Approach und
- die Multiplikatormethode,

die nachfolgend näher erläutert werden.

2.3.1 Comparative Company Approach

Bewertet man nach dem Comparative Company Approach, so ist der Ausgangspunkt ein tatsächlich realisierter Marktpreis eines vergleichbaren Unternehmens, anhand dessen ein Marktpreis für das zu bewertende Unternehmen geschätzt wird. Das Problem liegt zum einen in der Auswahl des Vergleichsunternehmens und zum anderen in der Kenntnis des realisierten Marktpreises.

Bei der Auswahl des Vergleichsunternehmens stellt sich die Frage, ob neben der gleichen Branchenzugehörigkeit beziehungsweise der gleichartigen Geschäftstätigkeit hinsichtlich Leistungsspektrum, Fertigungstiefe und ähnlicher Aspekte auch Performancegrößen wie beispielsweise

- Gewinn in den einzelnen Perioden,
- Dividendenzahlungen und
- Cash Flow

berücksichtigt werden müssen. Weiterhin ist zu beachten, dass die realisierten Marktpreise in Deutschland nicht öffentlich verfügbar sind. Lediglich beim Verkauf von börsennotierten Unternehmen sind derartige Marktpreise ableitbar. Anders als in den USA, wo öffentlich zugängige Datenbanken als Informationsquellen dienen, haben in Deutschland allenfalls Investmentbanken ähnliche Daten vorliegen.

Der Comparative Company Approach kann mit Hilfe dreier unterschiedlicher methodischer Ansätze durchgeführt werden. Diese Methoden sind:

- die Similar Public Company Method,
- die Recent Acquisitions Method sowie
- die Initial Public Offering Method,

die kurz erläutert werden.

Similar Public Company Method (SCPM)

Der Marktpreis des zu bewertenden, nicht an der Börse gehandelten Unternehmens wird aufgrund der Marktkapitalisierung von vergleichbaren, an der Börse notierten Unternehmen ermittelt. Hierzu wird das Unternehmen mittels quantitativer und qualitativer Kennzahlen eingeordnet. Die Kennzahlen und die Einordnung richten sich nach der finanziellen Situation, dem rechtlichen Umfeld und den Marktgegebenheiten des Unternehmens. Anschließend wird nach ähnlichen börsennotierten

Unternehmen gesucht, wobei die Problematik in der Vergleichbarkeit der Unternehmen liegt. Es müssen deshalb eine Vielzahl von Vergleichsparametern herangezogen werden. Als letztes wird der Marktpreis des zu bewertenden Unternehmens mittels der Gewinn- oder Cash Flow-Relation von der Marktkapitalisierung des Vergleichsunternehmens abgeleitet.

Recent Acquisitions Method (RAM)

Bei dieser Methode wird der Marktpreis des zu bewertenden Unternehmens von einem tatsächlich realisierten Verkauf eines vergleichbaren Unternehmens abgeleitet. Der Verkauf muss zeitnah (recently) durchgeführt worden sein, damit man davon ausgehen kann, dass sich der Marktpreis nicht wesentlich verändert hat. Idealerweise werden Unternehmenstransaktionen herangezogen, bei denen Unternehmen als Ganze gehandelt worden sind. Voraussetzung ist aber, dass ausreichend viele Unternehmensakquisitionen stattgefunden haben, damit man überhaupt von einem Markt und somit von einem Marktpreis sprechen kann. Eine Einzelakquisition ist kein sicherer Vergleichsmaßstab.

Initial Public Offering Method (IPOM)

Hier wird der Marktpreis eines zu bewertenden Unternehmens aus den Emissionspreisen vergleichbarer Unternehmen, die an die Börse gegangen sind, ermittelt. Das Prozedere ist analog zur SPCM. Das zu bewertende Unternehmen muss ebenfalls mittels Kennzahlen eingeordnet werden. Außerdem muss eine passende Peer Group börsennotierter Unternehmen gefunden werden.

Lässt man die Problematik der unterschiedlichen Performance-Daten und der Kenntnis des realisieren Marktpreises außer Acht, kann der Marktpreis für das zu bewertende Unternehmen bei allen oben vorgestellten Vergleichsverfahren wie folgt bestimmt werden.

$$MP_B = \frac{V_B}{V_V} \cdot MP_V$$

mit: MP_B = Potentieller Marktpreis des zu bewertenden Unternehmens
V_B = Vergleichsgröße des zu bewertenden Unternehmens
MP_V = Realisierter Marktpreis des Vergleichsunternehmens
V_V = Vergleichsgröße des Vergleichsunternehmens

Der Quotient aus V_B und V_V stellt den Multiplikator für den Größenunterschied der beiden Unternehmen dar.

2.3.2 Multiplikatormethode

Fehlen für die Bewertung eines Unternehmens die Daten über ein Vergleichsunternehmen oder kann kein geeignetes Vergleichsunternehmen gefunden werden, kann die Vergleichsmethode nach dem Comperative Company Approach nicht durchgeführt werden. In diesem Fall muss der potentielle Marktpreis des zu bewertenden

Unternehmens über sogenannte Multiplikatoren ermittelt beziehungsweise geschätzt werden. Hierzu werden bestimmte branchenspezifische Kenngrößen des zu bewertenden Unternehmens als Basis verwendet und mit einem Multiplikator hochgerechnet. Als Ergebnis erhält man dann den geschätzten Marktpreis. Somit ist man nicht auf einen vergleichbaren tatsächlich realisierten Marktpreis eines Vergleichsunternehmens angewiesen.

Als Kenngrößen für die Multiplikatormethode können

- Umsatzzahlen,
- Cash Flow-Größen oder
- Gewinn- oder Ertragswerte

herangezogen werden. Die Multiplikatoren selbst sind Erfahrungssätze – auch „Daumenwerte" genannt – und basieren auf Unternehmenstransaktionen der Vergangenheit. Wird der Marktpreis über einen Gewinnmultiplikator geschätzt, gilt folgende Formel:

$$MP_B = G_B \cdot m_G$$

mit: MP_B = Potentieller Marktpreis des zu bewertenden Unternehmens
G_B = ⌀ Gewinn des zu bewertenden Unternehmens
m_G = branchenspezifischer Gewinnmultiplikator

Die Multiplikatormethode wird häufig zur Bewertung kleinerer Unternehmen herangezogen.

3 Substanzwertorientierte Verfahren

Die Substanzwertmethode hatte in der ersten Hälfte des zwanzigsten Jahrhunderts eine erhebliche Bedeutung und wird deshalb auch als traditionelles oder klassisches Verfahren der Unternehmensbewertung bezeichnet. Die Favorisierung der Substanzwertmethode ist in der konsequenten Einzelbewertung begründet, von der man annahm, dass sie eine objektive Bewertung sicherstellt.

Die Idee dieser Bewertungsmethode ist die Annahme, dass der Gesamtwert eines Unternehmens der Summe der Werte der einzelnen Bestandteile, die nötig sind, um das Unternehmen substanziell neu aufzubauen beziehungsweise zu reproduzieren, entspricht. Deshalb spricht man in diesem Falle vom Substanzwert beziehungsweise Reproduktionswert als Wert eines Unternehmens.

Bei der Ermittlung des Substanzwertes beziehungsweise Reproduktionswertes stellt sich die Frage nach

- der Art und dem Umfang der benötigten Vermögensgegenstände und
- dem Wertansatz der benötigten Vermögensgegenstände.

Grundsätzlich werden nur betriebsnotwendige Vermögensgegenstände aufgenommen, wobei bestimmte Reserven an Produktionsfaktoren berücksichtigt werden. Bei den Vermögensgegenständen geht man davon aus, dass sie einzeln veräußert werden können. Diese Prämisse setzt voraus, dass sie „selbständig verkehrsfähig" sind. Etwaige Synergieeffekte, die durch die Kombination mehrerer Vermögensgegenstände zu einer gesamten Produktionseinheit entstehen könnten, werden komplett vernachlässigt.

Bei der Anwendung der Substanzwertmethode muss man zwei Begriffe unterscheiden,

- den Teilreproduktionswert und
- den Vollreproduktionswert,

da sie für den Umfang und die Inhalte der in die Bewertung aufgenommen Vermögensgegenstände und das Bewertungsverfahren von entscheidender Bedeutung sind.

3.1 Teilreproduktionswert

Der Teilreproduktionswert ist der ältere Wertansatz der Substanzwertmethode und wird häufig auch als Substanzwert bezeichnet. Er entspricht der Summe aller substanziellen – und somit auch materiellen – Vermögensgegenstände, die zur Reproduktion des zu bewertenden Unternehmens nötig sind. Bei der Ermittlung des Teilreproduktionswertes geht man üblicherweise wie folgt vor:

1. Bewertung aller Vermögensgegenstände

Alle Vermögensgegenstände werden zum Stichtag aufgelistet und mit Anschaffungs- beziehungsweise Wiederbeschaffungskosten bewertet. Die Bewertung erfolgt nach dem:

| Grundsatz der Einzelbewertung bilanzierungsfähiger Wirtschaftsgüter! |

Zu den bilanzierungsfähigen Wirtschaftsgütern zählen die Positionen des Anlagevermögens, wie

- Grundstücke,
- Gebäude,
- technische Anlagen und Maschinen,
- sonstiges Sachanlagevermögen (Betriebs- und Geschäftsausstattung, Fuhrpark, EDV-Anlagen),

sowie die Positionen des Umlaufvermögens, wie

- Vorräte und
- Forderungen,

Bei der Bewertung zu Anschaffungskosten werden die Vermögensgegenstände zu vergangenheitsbezogenen oder auch originären Anschaffungs- oder Herstellungskosten angesetzt, die nichts über den Wert aussagen, der heute aufgewendet werden müsste, um das Unternehmen im gegenwärtig Zustand aufzubauen.

Die Bewertung zu Wiederbeschaffungskosten zieht die Kosten zur Bewertung heran, die am Bewertungsstichtag als Tageswerte anzusetzen sind. Durch diese Bewertung erhält man den Reproduktionsneuwert. *Eugen Schmalenbach* ist der Meinung, dass grundsätzlich der Reproduktionsneuwert angesetzt werden muss, da ein potentieller Konkurrent diesen Wert aufbringen müsste.

2. Absetzung der Wertminderung

Durch die Absetzung der eingetretenen Wertminderung erhält man den Reproduktionsaltwert oder den tatsächlichen Wert der Vermögensgegenstände am Stichtag der Bewertung. *Heribert Hax* befürwortet im Gegensatz zu *Eugen Schmalenbach* den Reproduktionsaltwert mit folgender Begründung:

Die Summe der Neuwerte war zu keinem Zeitpunkt im Unternehmen investiert und folglich vom Käufer nicht zu ersetzen, da Unternehmen im Lauf der Zeit aufgebaut werden und Erweiterungs- und Ersatzinvestitionen nach und nach getätigt wurden. Ein Unternehmen besteht immer aus einer Mischung von neuen und alten beziehungsweise schon im Gebrauch befindlichen Anlagen.

Außerdem ist die Konkurrenzgefahr nicht durch den Neuwert der bestehenden Anlage, sondern durch den Neuwert einer leistungsgleichen – also einer vergleichbaren – Anlage bestimmt. Die vergleichbare Anlage kann nun eine ältere, gebrauchte Anlage sein. Dann ist der Anschaffungswert nicht der originäre Neuwert der Anlage, sondern der aktuelle Zeitwert. Eine vergleichbare, neue Anlage wird aber aufgrund des technischen Fortschrittes sicherlich kostengünstiger sein als die alte Anlage.

Im Gegensatz zum Bilanz- oder Buchwert sind im Reproduktionsaltwert keine stillen Rücklagen enthalten. Das heißt, die Bewertung der bilanzfähigen Wirtschaftsgüter kann nicht zu den buchhalterischen Ansätzen erfolgen, da diese in der Regel Überabschreibungen enthalten. Die Bewertung erfolgt zum:

> **Grundsatz des zeitpunktbezogenen Zeitwertes der Wirtschaftsgüter!**

3. Trennung in betriebsnotwendiges und nicht betriebsnotwendiges Vermögen

Zum betriebsnotwendigen Vermögen (Kapital) zählen das Anlagevermögen, die Vorräte, die Forderungen und die Verbindlichkeiten aus Lieferungen und Leistungen. Die Bewertung betriebsnotwendigen Vermögens erfolgt zum oben beschriebenen Reproduktionsaltwert.

Das nicht betriebsnotwendige Vermögen (Kapital) umfasst die Finanzforderungen, die Finanzanlagen und gegebenenfalls nicht betriebsnotwendiges Anlagevermögen, wie beispielsweise Grundstücke, die dem Unternehmen gehören und bilanziert sind, aber für den Weiterbetrieb des Unternehmens nicht benötigt werden. Wenn diese Wirtschaftsgüter mit dem Unternehmen mitverkauft werden sollen, erfolgt die Bewertung nicht zum Reproduktionsaltwert, sondern zum Liquidationswert. Der Liquidationswert gibt den Erlös an, der bei der Veräußerung des betrachteten Vermögensgegenstandes zum Stichtag der Bewertung erzielt werden kann.

Bei der Trennung in betriebsnotwendiges und nicht betriebsnotwendiges Vermögen geht man davon aus, dass der neue Eigentümer des Unternehmens in erster Linie an der Fortführung des Betriebes interessiert ist und alle Vermögensgegenstände, die nicht der Fortführung dienen beziehungsweise nicht notwendig sind, veräußern wird. Die Trennung entspricht dem

> **Grundsatz der für die Fortführung des Betriebes benötigten Vermögensgegenstände!**

Nun hat man den Wert aller materiellen Vermögensgegenstände, die für die Fortführung des Betriebes notwendig sind. Je nachdem, ob das Fremdkapital in die Bewertung eingezogen werden soll oder nicht, erhält man den

- Bruttosubstanzwert (Bruttoteilreproduktionswert) oder den
- Nettosubstanzwert (Nettoteilreproduktionswert).

Der Bruttosubstanzwert entspricht dem Wert aller in den drei oben beschriebenen Schritten ermittelten Vermögensgegenstände, die mit Eigen- und Fremdkapital finanziert werden müssen.

Zum Nettosubstanzwert gelangt man, indem man vom Bruttosubstanzwert den Wert des Fremdkapitals abzieht. Die Bewertung des Fremdkapitals erfolgt zum Stichtag der Bewertung, hier spielen die Probleme der unterschiedlichen Wertansätze und der Wertminderung, wie sie beim Anlage- und Umlaufvermögen aufgetreten sind, keine Rolle. Der Wert des Fremdkapitals lässt sich im Allgemeinen durch die Bestimmungen im Darlehensvertrag oder sonstiger Finanzierungsverträge eindeutig bestimmen.

Der Nettosubstanzwert entspricht dem Wert des Eigenkapitals, das der neue Unternehmer dem Altunternehmer ablösen muss.

Der Substanzwert oder Teilreproduktionswert ist aber häufig nicht der richtige Wertansatz für die Bewertung eines Unternehmens. Es fehlt nämlich die entscheidende Position des immateriellen Vermögens, das in der Regel nicht bilanzierungsfähig und auch nicht leicht zu bewerten ist.

3.2 Vollreproduktionswert

Zu Beginn der Industrialisierung bis hin zur ersten Hälfte des zwanzigsten Jahrhunderts war der Substanzwert sicherlich ein akzeptabler Wertansatz, da Unternehmen im Wesentlichen aus Anlagevermögen bestanden. Man denke nur an die großen Maschinenfabriken oder die metallverarbeitenden Betriebe. Die Gebäude und Fabrikhallen sowie die technischen Anlagen machten den Hauptanteil am Unternehmenswert aus. Das technische Know-how des Unternehmers beziehungsweise Eigentümers war nicht unbedingt von entscheidender Bedeutung.

Denkt man aber heute in unserer Informations- und Wissensgesellschaft an IT-Dienstleister oder Softwarefirmen, wird leicht verständlich, dass das technische Know-how des Unternehmers und der Firmenmitarbeiter von entscheidender Bedeutung sind. Die Substanz des Unternehmens, das anstelle von Fabrikgebäuden oft in gemieteten Räumen sitzt und häufig mit Betriebs- und Geschäftsausstattung auf Leasing-Basis arbeitet, ist im Verhältnis zum Know-how eher zu vernachlässigen.

Für viele Unternehmen der heutigen Zeit würde eine Bewertung zum Substanzwert keinen Sinn ergeben. Selbst bei Produktionsfirmen ist das technische Know-how inzwischen zu einem wichtigen Gut geworden, das bei der Bewertung des Unternehmens nicht mehr vernachlässigt werden kann.

Zum immateriellen Vermögen zählen aber nicht nur das technische Know-how in Form von Produktionsgeheimnissen oder die Beherrschung spezieller Produktionsprozesse und die Kernkompetenz des Unternehmens, sondern auch Faktoren wie

- Organisation,
- Kundenstamm,
- Marktstellung auf dem Absatzmarkt,
- guter Name und Ruf des Unternehmens,
- Betriebsklima und Mitarbeiterstamm,
- Stellung am Beschaffungsmarkt und
- Beziehungen zu Lieferanten.

Die vollständige Erfassung aller immateriellen Werte ist nicht möglich, da man nicht genau bestimmen kann, welche Faktoren für den Erfolg des Unternehmens verantwortlich sind. Meist ist es die Kombination mehrerer Faktoren, die sich durch Erfahrung und persönlichen Einsatz des Unternehmers und der Mitarbeiter im Laufe der Zeit entwickelt hat. Neben der Bestimmung und Erfassung des immateriellen Vermögens ist die Bestimmung des Wertes ein noch größeres Problem, da immaterielle Vermögenswerte nicht „selbständig verkehrsfähig" sind und somit häufig gar nicht veräußert oder gekauft werden können. Immaterielle Werte sind immer eng mit dem betroffenen Unternehmen verbunden und somit unselbständig. Eine Ausnahme bilden hierbei Patente und Lizenzen, die durchaus einzeln veräußert werden können.

Es gibt folglich auch keinen Marktpreis oder Zeitwert für diese Werte, wie beispielsweise für gebrauchte Kraftfahrzeuge. Man kann auch nicht immer feststellen, welche Aufwendungen und Kosten für die Entstehung der immateriellen Vermögenswerte notwendig waren. Folglich ist der Ansatz zu originären Anschaffungs- oder Herstellungskosten, wie bei Gegenständen des Anlagevermögens, nicht möglich.

Aufgrund der beschriebenen Problematik der immateriellen Vermögensgegenstände kann deshalb höchstens ein Teil davon erfasst werden, und der Wertansatz für dieses immaterielle Vermögen kann nur geschätzt werden. Gleichwohl muss für die Bestimmung des Gesamtwertes eines Unternehmens – dem Reproduktionsvollwert – der Wert des immateriellen Vermögens zum Reproduktionsteilwert hinzu gerechnet werden.

Der Reproduktionsvollwert ist der theoretisch richtige Wertansatz für ein Unternehmen und kann somit mit dem Ertragswert verglichen werden. Der Reproduktionsteilwert oder Substanzwert ist ein zu niedriger Ansatz und kann nicht als Gesamtwert eines Unternehmens herangezogen werden.

Die Differenz zwischen dem Substanzwert und dem Ertragswert ist der Firmenwert, der in zwei unterschiedliche Aspekte differenziert werden kann, in den

- originären Firmenwert und den
- derivativen Firmenwert

Der originäre Firmenwert ergibt sich im Laufe des Bestehens oder der Entwicklung eines Unternehmens durch die Leistung des Unternehmers und der Mitarbeiter. Durch die unternehmerische Leistung wird mithilfe der materiellen Vermögensgegenstände originär ein Wert generiert. Dieser originäre Firmenwert darf nicht in die Vermögenspositionen der Bilanz aufgenommen werden, ist also nicht bilanzierungsfähig.

Der derivative Firmenwert leitet sich aus dem Wert eines Unternehmens ab, der im Falle eines Verkaufes von Verkäufer und Käufer festgelegt beziehungsweise ausgehandelt wurde, dem Kaufpreis, und dem Substanzwert des Unternehmens. Die Formel für den derivativen Firmenwert lautet:

$$derivativer\ Firmenwert = Kaufpreis - Substanzwert$$

Der derivative Firmenwert kann nach § 255 HGB aktiviert werden und muss dann jährlich mit mindestens 25% abgeschrieben werden. Nach § 2 EStG muss der derivative Firmenwert aktiviert und über 15 Jahre linear abgeschrieben werden.

Der derivative Firmenwert wird manchmal auch als Geschäftswert oder Goodwill bezeichnet.

Sowohl der originäre als auch der derivate Firmenwert setzen sich aus folgenden Komponenten zusammen:

- Wert der im Substanzwert nicht erfassten immateriellen Wirtschaftsgüter, die nur in Verbindung mit dem Unternehmen existieren;
- Mehrwert der Wirtschaftsgüter durch ertragsabhängige Bewertung durch die Ertragswertmethode im Gegensatz zur preisabhängigen Bewertung durch die Substanzwertmethode. Durch die unterschiedliche Bewertung der betrachteten Wirtschaftsgüter entsteht ein Kapitalisierungsmehrwert, der im Einzelfall auch ein Kapitalisierungsminderwert sein kann.

Abbildung 6-2 stellt den Zusammenhang zwischen Ertrags- und Substanzwert grafisch dar.

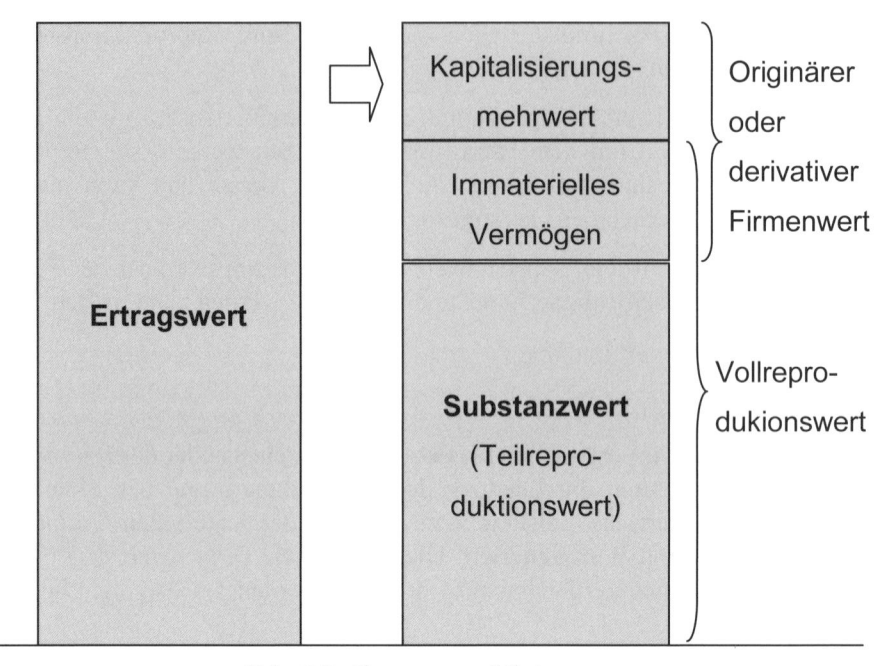

Abb. 6-2: Ertrags- und Substanzwert

Da sowohl der Ertragswert als auch der Substanzwert als Wertansatz umstritten sind, ist in der Praxis der Unternehmensbewertung das Mittelwertverfahren entstanden.

4 Mittelwertverfahren

Das Mittelwertverfahren ist eine kombinierte Methode zur Unternehmensbewertung. Es wird auch als Praktikerverfahren bezeichnet und geht auf *Eugen Schmalenbach* zurück. Der Mittelwert stellt das arithmetische Mittel zwischen Ertragswert und Substanzwert dar, wobei zwischen zwei Fällen unterschieden wird:

1. Der Ertragswert ist größer als der Substanzwert

Dies trifft für ertragsstarke und innovative Unternehmen mit einer guten Marktposition zu. Der Unternehmenswert für diese Unternehmen bestimmt sich nach dem Mittelwertverfahren nach der Formel:

$$Mittelwert = \frac{Ertragswert + Substanzwert}{2}$$

2. Der Ertragswert ist kleiner als der Substanzwert

Hiervon sind ertragsschwache Unternehmen mit schlechten Zukunftsperspektiven betroffen. Der Unternehmenswert errechnet sich hierbei nach der Formel:

$$Mittelwert = Ertragswert$$

Bei der Mittelwertmethode wird für die Bestimmung des Ertragswertes von folgenden Annahmen ausgegangen:

- unbegrenzte Lebensdauer des bewerteten Unternehmens,
- gleichbleibende jährliche Erträge und
- Erträge können aus der Vergangenheit abgeleitet werden (Ertragswert ohne Berücksichtigung der Konkurrenzgefahr).

Unter Annahme dieser Prämissen kann der Ertragswert mit Hilfe der kaufmännischen Kapitalisierungsformel ermittelt werden:

$$Ertragswert = \frac{Gewinn}{Kalkulationszinsfuß}$$

Die Anwendung der Mittelwertmethode basiert auf folgenden Überlegungen:

- Der Vollreproduktionswert ist der theoretisch richtige Wert, kann aber aufgrund der Problematik der immateriellen Vermögenswerte (Geschäftswert, Goodwill) nicht genau bestimmt werden.
- Der Teilreproduktionswert oder Substanzwert lässt sich durch die konsequente Einzelbewertung exakt bestimmen, ist aber aufgrund fehlender immaterieller Vermögenswerte zu niedrig.
- Der Ertragswert lässt sich unter obigen Annahmen einfach bestimmen, wird aber meist zu hoch eingeschätzt.

Die Befürworter der Mittelwertmethode argumentieren nun folgendermaßen. Der Vollreproduktionswert ist zwar der richtige Wert, lässt sich aber nicht bestimmen. Der Ertragswert und der Substanzwert lassen sich bestimmen, wobei der Ertragswert tendenziell zu hoch und der Substanzwert tendenziell zu niedrig ist, folglich behilft man sich zweckmäßigerweise mit dem arithmetischen Mittel aus beiden.

Das Argument, dass der Substanzwert zu gering ist, wurde bei der Substanzwertmethode bereits begründet. Die Begründung der Aussage, dass der Ertragswert zu hoch ist, kann nicht so leicht gegeben werden. Kritiker des Ertragswertes behaupten, dass die zukünftige Konkurrenzsituation bei der Bestimmung des zukünftigen Gewinns oft nicht ausreichend berücksichtigt wird, hauptsächlich dann, wenn die zukünftigen Gewinne aus der Vergangenheit abgeleitet werden.

Liegt nämlich der Ertragswert deutlich über dem Substanzwert, dann sind vermutlich Extragewinne eingerechnet worden, die eine Konkurrenzgefahr nach sich ziehen können, da diese Extragewinne auch für Mitbewerber interessant sind und in absehbarer Zukunft sicherlich Mitbewerber auf dem Markt auftauchen werden. Dieses führt zu einem Konkurrenzkampf, der wiederum zwangsläufig niedrigere Gewinne zur Folge haben wird.

Die Befürworter der Ertragswertmethode und Kritiker der Mittelwertmethode behaupten allerdings, dass sich potentielle Konkurrenten an der Gewinnsituation einer Branche orientieren und nicht an einzelnen Unternehmen, dass die Konkurrenzgefahr bereits in der Vergangenheit bestand und dass es keinen Grund gibt, dass sich diese Konkurrenzsituation in Zukunft verschärfen wird. Die Durchschnittsgewinne der Vergangenheit können daher durchaus für die Gewinnaussichten der Zukunft herangezogen werden.

Darüber hinaus ist das Mittelwertverfahren nicht konsequent. Liegt nämlich der Ertragswert unter dem Substanzwert, wird nicht der Mittelwert, sondern der Ertragswert als einziger Wert verwendet. Der Fall liegt immer dann vor, wenn Grundstücke, Gebäude und maschinelle Anlagen vorhanden sind, aber unter Umständen so veraltet sind, dass damit keine marktgerechte Leistung erstellt werden und somit kein Gewinn erwirtschaftet werden kann. In Zeiten mit starkem technischen Fortschritt ist dieser Fall nicht ungewöhnlich und tritt immer dann ein, wenn ein Unternehmen seine Kernkompetenz und sein Know-how sowie das dazugehörige Equipment nicht auf dem neuesten Stand hält. Dies bedeutet aber, dass die zukünftigen Erträge für den Wert des Unternehmens von entscheidender Bedeutung sind und die Substanz in diesem speziellen Fall nicht zum angemessenen Wert verkauft werden kann.

Wählt man aber bei ertragsschwachen Unternehmen den Ertragswert als Maßstab für den Unternehmenswert, dann ist die Verwendung des Mittelwertes anstelle des Ertragswertes bei ertragsstarken Unternehmen inkonsequent.

5 Übergewinnverfahren

Die Übergewinnverfahren sind ebenso wie das Mittelwertverfahren kombinierte Methoden, die auf dem Ertragswert und dem Substanzwert basieren. Es können zwei grundsätzliche Methoden unterschieden werden, die

- Übergewinnabgeltung und
- Übergewinnkapitalisierung.

Beide Verfahren gehen davon aus, dass sich der Gewinn eines Unternehmens aus zwei Bestandteilen, dem

- Normalgewinn und einem
- Übergewinn

zusammensetzt. Der Normalgewinn ist der Gewinn der unter Berücksichtigung der Konkurrenzsituation und unter der Voraussetzung einer normalen Unternehmertätigkeit dauerhaft erzielt werden kann. Der Übergewinn kann kurzfristig realisiert werden, ist aber nicht nachhaltig erzielbar.

Demzufolge setzt sich der Wert des Unternehmens – ebenso wie der Gewinn – aus zwei Bestandteilen, dem

- Substanzwert, oder auch Teilreproduktionswert, und dem
- Barwert für zukünftige Übergewinne

zusammen.

5.1 Methode der Übergewinnabgeltung

Die Methode der Übergewinnabgeltung wird vorwiegend in angelsächsischen Ländern angewendet. Der Verkäufer bekommt nicht nur den Substanzwert vergütet, sondern wird auch für die in den nächsten Jahren anfallenden Übergewinne entschädigt. Die Abgeltung der Übergewinne ist zeitlich begrenzt, da man davon ausgeht, dass der Übergewinn auf die besondere Unternehmerleistung des Verkäufers zurückzuführen ist. Der Verkäufer hat aufgrund seines unternehmerischen Geschicks eine Unternehmensperformance geschaffen, die einen gewissen Vorsprung vor der Konkurrenz darstellt. Diese besondere Performance kann der gute Name des Unternehmens oder ein spezielles Know-how sein und umfasst letztlich alle Aspekte, die bei der Betrachtung des immateriellen Firmenwertes bereits angesprochen wurden.

Dieser Vorsprung vor der Konkurrenz ist zeitlich begrenzt, da das Know-how veralten kann beziehungsweise diese Performance nach einiger Zeit ihren Wert verlieren wird. Sollte das Unternehmen aber auf lange Sicht Marktführer oder Innovationsführer bleiben, das heißt die gute Unternehmensperformance bleibt bestehen, dann ist dieses Phänomen nicht auf den alten Eigentümer, der den Grundstein dafür gelegt hat, sondern auf das unternehmerische Geschick des neuen Eigentümers zurückzuführen, der die Unternehmensperformance weiter ausgebaut hat.

Somit muss der Verkäufer nur für den zeitlich begrenzten Übergewinn vergütet werden, der aufgrund seiner unternehmerischen Leistung erzielt werden kann. Darüber hinaus gehende Übergewinne kann der neue Eigentümer behalten, da sie nicht auf den Voreigentümer zurückzuführen sind, sondern auf seiner eigenen Leistung basieren.

Der Unternehmenswert setzt sich nach folgender Formel zusammen:

$$Unternehmenswert = Substanzwert + Barwert\ des\ \ddot{U}bergewinns$$

Zunächst muss der Übergewinn ermittelt werden. Hierzu wird der Gesamtgewinn des zu bewertenden Unternehmens herangezogen und der Normalgewinn in Form der Verzinsung des Substanzwertes, oder genauer gesagt des Teilreproduktionswertes, abgezogen. Ist i der Kalkulationszinsfuss für die Verzinsung des Substanzwertes, ergibt sich für den Übergewinn folgende Formel:

$$\ddot{U}bergewinn = Gewinn - (i \cdot Substanzwert)$$

Nun muss noch festgelegt werden, für welche Zeitdauer t der Übergewinn für die

Bewertung des Unternehmens berücksichtigt werden soll, damit der Barwert des Übergewinns mit Hilfe des Rentenbarwertfaktors errechnet werden kann. Der Übergewinn wird ebenfalls mit dem Kalkulationszinsfuß i abdiskontiert.

$$Barwert\ des\ Übergewinns = [Gewinn - (i \cdot Substanzwert)] \cdot RBF_i^t$$

Setzt man nun die Formel für den Barwert des Übergewinns in die Gleichung für den Unternehmenswert ein, so erhält man folgende Formel:

$$Unternehmenswert = Substanzwert + [Gewinn - (i \cdot Substanzwert)] \cdot RBF_i^t$$

Bei der Berechnung des Unternehmenswertes nach der Übergewinnabgeltung wird unterstellt, dass der Übergewinn während der definierten Zeitdauer t konstant anfällt und dann am Ende abrupt abbricht. Grafisch lässt sich der angenommene Gewinnverlauf wie in Abbildung 6-3 darstellen:

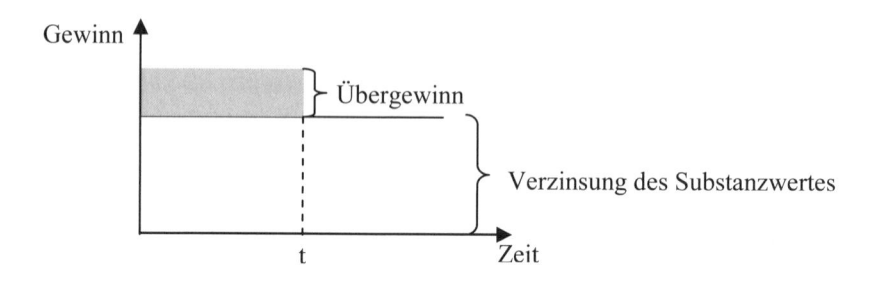

Abb. 6-3: Der konstante Übergewinn

Die Zeitdauer für den konstant anfallenden Übergewinn lässt sich im Einzelfall von konkreten Produktlebenszyklen, Nutzungsdauern von Betriebsmitteln oder Laufzeiten von Patenten und Lizenzen ableiten, die der Alteigentümer noch zu vertreten hat und die vom neuen Eigentümer weiter genutzt werden.

Häufig lässt sich aber die Zeitdauer nicht genau bestimmen, da die bestehende Unternehmensperformance sukzessive durch neues Know-how oder neue Investitionen substituiert oder weiterentwickelt wird. Es handelt sich folglich um einen Ablöseprozess, dessen Zeitdauer nicht exakt bestimmbar ist. In der Praxis kann daher die Annahme, dass der Übergewinn von Jahr zu Jahr kontinuierlich abnimmt und sich dem Normalgewinn angleicht, realistischer sein.

5.2 Methode der Übergewinnkapitalisierung

Bei der Übergewinnkapitalisierung geht man auch davon aus, dass der Gesamtgewinn des zu bewertenden Unternehmens sich aus dem Übergewinn und dem Normalgewinn zusammensetzt. Der Normalgewinn stellt ebenfalls die Verzinsung des Substanzwertes beziehungsweise des Teilreproduktionswertes dar und gilt als dauerhafter oder nachhaltiger Gewinn.

Der Übergewinn hingegen ist aufgrund der Konkurrenzsituation gefährdet und gilt als flüchtiger Gewinn. Die Zeitdauer t, für die der Übergewinn anfällt, lässt sich aber nicht genau bestimmen. Man nimmt an, dass der Übergewinn kontinuierlich abnimmt und sich somit der Gesamtgewinn allmählich dem Normalgewinn anpasst. Grafisch lässt sich der angenommene Gewinnverlauf wie in Abbildung 6-4 darstellen:

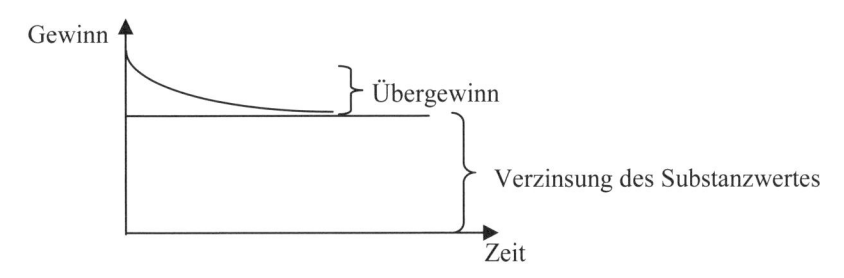

Abb. 6-4: Der flüchtige Übergewinn

Anstelle des für die Zeitdauer t konstant anfallenden Übergewinns wird nun eine Degression unterstellt, das heißt, der Übergewinn tendiert gegen Null. Die Degression wird mit einem höheren Zinssatz als dem Kalkulationszinsfuß erreicht und analog zur ewig steigenden Rente festgelegt.

Zur Verdeutlichung werden die Formeln für die Barwerte einer ewigen Rente, einer ewig wachsenden Rente und einer degressiven Rente gegenübergestellt:

$$Barwert_{konstant} = \frac{Gewinn}{i}$$

$$Barwert_{steigend} = \frac{Gewinn}{i - Wachstumsrate}$$

$$Barwert_{fallend} = \frac{Gewinn}{i + Degressionsrate}$$

Bei der konstanten ewigen Rente wird der Gewinn lediglich durch den Kalkulationszinsfuß i dividiert. Bei der ewig steigenden Rente wird vom Kalkulationszinsfuß die Wachstumsrate abgezogen, dadurch wird weniger stark abgezinst und der Barwert steigt gegenüber der konstanten ewigen Rente an. Bei der degressiven Rente wird der Kalkulationszinsfuß um die Degressionsrate erhöht und damit stärker abgezinst, was zu einer Verminderung des Barwertes führt.

Als Formel für den Unternehmenswert erhält man:

$$Unternehmenswert = Substanzwert + \frac{Gewinn - (i \cdot Substanzwert)}{i + Degressionsrate}$$

6 Neuere Verfahren der Unternehmensbewertung

Die Unternehmensbewertung dient heute häufig nicht nur der Bewertung für den Fall der Unternehmenstransaktion, also den Kauf oder Verkauf von Unternehmen beziehungsweise Unternehmensanteilen, sondern auch der Performance-Messung. Bei großen Kapitalgesellschaften, aber auch bei anderen Unternehmen mit einer Trennung von Eigentum und Unternehmensführung, ist es für die Kapitalgeber, beispielsweise für die Anteilseigner oder Aktionäre, wichtig, die Leistung des Managements zu beurteilen, da in der Regel das Management von den Kapitalgebern beauftragt ist, das Unternehmen zu führen und dabei die Interessen der Kapitalgeber zu vertreten.

Das Hauptinteresse der Kapitalgeber liegt in der nachhaltigen Steigerung oder zumindest Erhaltung ihres Kapitals. Man möchte folglich wissen, ob das Management den Wert des Unternehmens und damit das zur Verfügung gestellte Kapital gesteigert, erhalten oder gar vermindert hat. Hierzu benötigt man Verfahren, die einfach und schnell handhabbar sind und ohne großen Aufwand regelmäßig, beispielsweise immer am Ende eines Geschäftsjahres, den Wert des Unternehmens darstellen können.

6.1 Return on Investment

Die Boston Consulting Group entwickelte in den 1990er Jahren ein Unternehmensbewertungsmodell, bei dem der Cash Flow als Rückfluss mit dem investierten Kapital ins Verhältnis gesetzt wird. Das Modell wird als Cash Flow Return On Investment (CFROI) bezeichnet und leitet sich aus der Discounted Cash Flow Methode ab. Der CFROI ist somit nichts anderes als der interne Zinsfuß auf Unternehmensebene, da nicht eine einzelne Investition, sondern ein gesamtes Unternehmen betrachtet werden muss. Somit muss man vier Größen bestimmen:

- die inflationierte Bruttoinvestitionsbasis, die das eingesetzte oder investierte Kapital darstellt,
- den zukünftigen Brutto Cash Flow (BCF) aus vergangenen und geplanten Investitionen, der den Liquiditätszufluss vor der Investitionstätigkeit darstellt,
- die nicht abschreibbaren Aktiva und
- die Nutzungsdauer n,

damit der CFROI nach folgender Formel berechnet werden kann.

$$Bruttoinvestitionsbasis_0 = \sum_{t=1}^{n} \frac{BCF_t}{(1+CFROI)^t} + \frac{nicht\ abschreibbare\ Aktiva_n}{(1+CFROI)^n}$$

Der CFROI stellt den internen Zinssatz dar, bei dem die Bruttoinvestitionsbasis dem Kapitalwert der Investition entspricht. Der Kapitalwert errechnet sich aus den abgezinsten zukünftigen Brutto Cash Flows und den abgezinsten nicht abschreibbaren Aktiva am Ende der Nutzungsdauer.

Bruttoinvestitionsbasis

In der Investitionsrechnung ist die Anschaffungsauszahlung einer Investition immer relativ leicht bestimmbar gewesen. Auf aggregierter Unternehmensebene muss eine fiktive Anschaffungsauszahlung bestimmt werden, die dem eingesetzten und zu verzinsenden Kapital der Investoren entspricht. Diese Bruttoinvestitionsbasis setzt sich aus planmäßig abschreibbaren und nicht planmäßig abschreibbaren Aktiva zusammen.

Die nichtplanmäßig abschreibbaren Aktiva sind zum einen Bestandteil der fiktiven Anschaffungsauszahlung und zum anderen der letzte Rückfluss am Ende der Nutzungsdauer. Zu den nicht planmäßig abschreibbaren Aktiva gehören

- Nettoumlaufvermögen,
- Finanzanlagevermögen,
- sonstige Vermögensgegenstände und
- Grund und Boden.

Unverzinsliche Verbindlichkeiten und Rückstellungen werden dem Umlaufvermögen gegengerechnet (siehe auch die nachfolgenden Ausführungen zum Economic Value Added – EVA).

Zu den planmäßig abschreibbaren Aktiva zählen

- immaterielles Vermögen,
- Sachanlagen,
- Gegenwartswert der Leasingraten und
- aktivierungsfähige Ausgaben mit Investitionscharakter (wie etwa Forschungs- und Entwicklungsaufwendungen oder Werbemaßnahmen, siehe auch EVA).

Die abschreibbaren Aktiva werden mit ihren kumulierten Abschreibungen angesetzt, so dass man originäre Anschaffungs- und Herstellungskosten erhält.

Nun werden noch die Sachanlagen und der Grund und Boden entsprechend der Inflation seit dem Anschaffungszeitpunkt angepasst. Alle übrigen Aktiva werden zu ihrem jeweiligen Buchwert angesetzt. Als Ergebnis erhält man die inflationierte Bruttoinvestitionsbasis.

Brutto Cash Flow

Ausgangspunkt ist der betriebliche Erfolg des Unternehmens nach Steuern. Als erstes wird der Jahreserfolg um ungewöhnliche Erfolgsbeiträge bereinigt. Anschließend werden Zinsaufwendungen und Abschreibungen addiert. Ebenso werden Leasingaufwendungen einschließlich ihrer Zinsanteile hinzugerechnet. Als letztes werden Inflationsgewinne oder -verluste eingerechnet.

Ein Inflationsverlust entsteht für das Unternehmen im Laufe der Zeit, wenn der Saldo aus Umlaufvermögen ohne Vorräte und Finanzanlagen abzüglich der nicht verzinslichen Verbindlichkeiten positiv ist. Dieser Saldo stellt die netto-monetären Aktiva da. Ist der Saldo negativ, entsteht ein Inflationsgewinn.

Nach den Anpassungen erhält man als Ergebnis den Brutto Cash Flow.

Nicht abschreibbare Aktiva

Nicht abschreibbare beziehungsweise nicht abnutzbare Aktiva sind die bereits oben genannten Vermögensbestandteile:

- Nettoumlaufvermögen,
- Finanzanlagevermögen,
- sonstige Vermögensgegenstände und
- Grund und Boden,

deren Bestand am Ende der letzten Nutzungsperiode erfasst werden muss und als letzte Einzahlung über n Perioden abgezinst werden muss.

Nutzungsdauer

Zur Bestimmung der Nutzungsdauer wird das abschreibbare Sachanlagevermögen ohne nicht abschreibbares Anlagevermögen, wie Grund und Boden, und ohne im Bau befindliche Anlagen als Basis ermittelt sowie die jährlichen Abschreibungen bestimmt. Die Nutzungsdauer ergibt sich dann wie folgt:

$$Nutzungsdauer = \frac{abschreibbares\ Sachanlagevermögen}{jährliche\ Abschreibung}$$

Bei dieser Formel wird unterstellt, dass alle abschreibbaren Sachanlagen linear abgeschrieben werden. Da in der Realität aber auch degressiv oder auch nach Leistung abgeschrieben wird, kann es hier zu Verzerrungen kommen. Auch wird nicht das tatsächliche Alter der Anlagen berücksichtigt, sondern unterstellt, dass während dieser errechneten Nutzungsdauer bei einzelnen Investitionsobjekten Ersatzinvestitionen durchgeführt werden.

6.2 Economic Value Added

Beim Modell des Economic Value Added wird untersucht, ob über einen Übergewinn der Wert des Unternehmens gesteigert wird. Ein Übergewinn – ein sogenannter Residualgewinn – liegt vor, wenn der Gewinn des Unternehmens größer ist als die Kosten, die für die Finanzierung des Eigen- und Fremdkapitals notwendig sind. Das sogenannte EVA-Modell wurde von der Unternehmensberatung Stern Stewart & Co. entwickelt und leitet den Unternehmenswert beziehungsweise die Wertsteigerung aus den Daten des Jahresabschlusses ab. Der Economic Value Added (EVA) wird häufig nach der Entity-Methode ermittelt, bei der das Geschäftsergebnis vor Fremdkapitalzinsen und nach Steuern bestimmt wird. Allerdings kann analog zur DCF-Methode der EVA auch nach der Equity-Methode ermittelt werden, bei der die Fremdkapitalzinsen vom Geschäftsergebnis abgezogen werden und sich die Kapitalkosten nur auf das Eigenkapital beziehen. Beide Methoden lassen sich wie folgt darstellen:

$$EVA_{Entity-Methode} = Geschäftsgewinn_{vor\ Fremdkapitalzinsen} - Gesamtkapitalkosten$$

$$EVA_{Equity-Methode} = Geschäftsgewinn_{nach\ Fremdkapitalzinsen} - Eigenkapitalkosten$$

Die beiden Bestandteile der EVA-Formel,

- der Geschäftsgewinn und
- die Kapitalkosten,

werden aus dem Jahresabschluss, dem „accounting model", abgeleitet und müssen inhaltlich zu einem „economic model" transformiert werden. Die wesentlichen Anpassungen werden kurz dargestellt.

Geschäftsgewinn

Der Ausgangspunkt für den Geschäftsgewinn ist der betriebliche Erfolg eines Unternehmens nach Steuern, der auch als net operating profit after tax (NOPAT) bezeichnet wird, und vor Fremdkapitalzinsen (Entity-Methode) beziehungsweise nach Fremdkapitalzinsen (Equity-Methode). Das heißt anfallende Ertragssteuern sind bereits vom Ergebnis abgezogen und eventuell bei der Ergebnisermittlung berücksichtigte kalkulatorische Zinsen für das genutzte Eigenkapital müssen wieder hinzu addiert werden.

Anschließend werden Kosten mit Investitionscharakter periodisiert, das heißt die in der abgelaufenen Periode angefallen Kosten werden aktiviert, da sie erst in späteren Perioden zu einem Ergebnis führen werden. Das bedeutet diese Kosten werden dem Geschäftsergebnis hinzu addiert. Typischerweise sind dies

- Kosten für Forschung und Entwicklung,
- Anlauf- oder Vorlaufkosten für neue Produkte,
- Markterschließungskosten,
- Marketingaufwendungen,
- Ausbildungskosten und
- Kosten für Restrukturierungsmaßnahmen.

Die Aktivierung dieser Kosten bewirkt, dass das Ergebnis der abgelaufenen Periode nicht mit Kosten, die für die Zukunft des Unternehmens notwendig sind, belastet wird, sondern dass diese Kosten zeitlich den zukünftigen Erlösen daraus gegenüber gestellt werden. Sonst könnte es sein, dass das Management aus Gründen einer kurzfristigen Optimierung der Unternehmensperformance diese Kosten nicht tätigt und somit die Zukunft des Unternehmens gefährdet.

Andererseits werden aber buchhalterische Periodisierungen, die nicht zu späteren Rückflüssen führen, im „economic model" wieder zurückgerechnet. In der Regel sind dies durch Überabschreibung entstandene stille Reserven, die zum täglichen Geschäft des Unternehmens gehören und mit der Entwicklung des Unternehmens wachsen.

Durch die Anpassungen des Geschäftsergebnisses wird deutlich, dass sich das Konzept des EVA stark an zukünftigen Erlösen ausrichtet, wobei aber die Ausgangssituation die Gewinn- und Verlustrechnung ist und nicht eine Cash Flow Rechnung, wie beispielsweise bei der DCF-Methode.

Kapitalkosten

Basis der Kapitalkosten ist das Geschäftsvermögen, auch investiertes Kapital genannt, das aus der Bilanz abgeleitet werden kann, aber ebenfalls angepasst werden muss. Die wesentlichen Anpassungen werden kurz erläutert:

- Nicht zinstragende kurzfristige Verbindlichkeiten,
  beispielsweise Verbindlichkeiten aus Lieferungen und Leistungen oder passive Rechnungsabgrenzungsposten, werden mit dem Umlaufvermögen verrechnet.

- Berücksichtigung des immateriellen Geschäfts- oder Firmenwertes (Goodwill), entweder durch Saldierung mit dem Eigenkapital, wenn dadurch das Eigenkapital nicht negativ wird, oder durch Aktivierung, da der Goodwill einer Investition gleichzusetzen ist.

- Aktivierung und Abschreibung der Kosten mit Investitionscharakter.

- Berücksichtigung ungewöhnlicher Erfolgskomponenten,
  indem dem Eigenkapital die kumulierten ungewöhnlichen Verluste (Gewinne) wieder hinzugerechnet (abgezogen) werden. Ungewöhnliche Erfolgskomponenten sind beispielsweise Gewinne oder Verluste aus dem Verkauf von Anlagen oder Geschäftsbereichen.

- Rückstellungen für latente Steuern
  werden dem Eigenkapital zugeordnet, da sie eher stille Reserven sind und keine Verpflichtung darstellen.

- Stille Reserven,
  die mit der Geschäftstätigkeit des Unternehmens wachsen, werden dem Eigenkapital zugeordnet.

- Wertpapiere und Finanzanlagen,
  die aus nicht operativen Tätigkeiten des Unternehmens resultieren, werden vom investierten Kapital abgezogen. Die damit verbundenen Erträge und Aufwendungen müssen auch aus der betrieblichen Erfolgsrechnung herausgerechnet werden.

- Anlagen im Bau
  werden vom investierten Kapital abgezogen, da sie noch nicht für die operative Geschäftstätigkeit zur Verfügung stehen.

- Leasinggegenstände
  werden grundsätzlich aktiviert, wenn der Leasingnehmer auch alle Chancen und Risiken für das Objekt trägt, ansonsten erfolgt keine Aktivierung. Bei Aktivierung wird der Barwert der Leasingraten sowohl dem Anlagevermögen als auch dem Fremdkapital zugerechnet.

Als Ergebnis der Anpassungen erhält man dann das Geschäftsvermögen oder investierte Kapital nach der Entity-Methode. Als nächster Schritt muss der Kapitalkostensatz ermittelt werden.

Bei Anwendung der Entity-Methode umfasst der Kapitalkostensatz die Kosten für Fremdkapital und Eigenkapital entsprechend ihrer Anteile am Gesamtkapital. Man erhält den gewichtet durchschnittlichen Kapitalkostensatz, den weighted average cost of capital (WACC), mit folgender Formel:

$$WACC = k_{FK} \cdot \frac{FK}{GK} + k_{EK} \cdot \frac{EK}{GK}$$

mit: k_{EK} = Kosten des Eigenkapitals
k_{FK} = Kosten des Fremdkapitals

Die Kosten für das Fremdkapital lassen sich relativ leicht aus den bestehenden Kreditverbindlichkeiten beziehungsweise Finanzierungsdarlehen zu einem durchschnittlichen Zinssatz für Fremdkapital berechnen. Bei drei Fremdkrediten kann der Fremdkapitalkostensatz beispielsweise wie folgt bestimmt werden:

Kredit$_A$	500.000 €	Zinskosten für Kredit$_A$	25.000 €
Kredit$_B$	250.000 €	Zinskosten für Kredit$_B$	20.000 €
Kredit$_C$	100.000 €	Zinskosten für Kredit$_B$	10.000 €
Σ Kredite	850.000 €	Σ Zinskosten	55.000 €

$$k_{FK} = \frac{55.000}{850.000} = 6,5\%$$

Die Ermittlung der Eigenkapitalkosten erfolgt nach dem Capital Asset Pricing Model, bei dem sich die Verzinsung des Eigenkapitals aus zwei Komponenten zusammensetzt, der Verzinsung einer risikolosen Kapitalanlage und dem Aufschlag für das individuelle Risiko des betrachteten Unternehmens:

$$k_{EK} = r_f + \beta \cdot p$$

mit: r_f = Zinssatz einer risikolosen Kapitalanlage
β = Betafaktor des Unternehmens
p = erwartete Risikoprämie

Die erwartete Risikoprämie ist der Risikozuschlag, den ein potentieller Investor erwartet, wenn er anstelle einer risikolosen Kapitalanlage ein Unternehmen finanziert und damit ein gewisses Insolvenzrisiko in Kauf nimmt. Die erwartete Risikoprämie lässt sich beispielsweise von der durchschnittlichen Verzinsung des DAX oder von branchenspezifischen Zinsausschüttungen ableiten.

Der Betafaktor gibt dann noch einen speziellen Risikofaktor für das betrachtete Unternehmen an, weil beispielsweise das Unternehmen kleiner ist als die DAX-Unternehmen, die Anteile nicht so fungibel sind oder ähnliche individuelle Faktoren die Kapitalanlage für den Investor interessanter oder riskanter erscheinen lassen als eine durchschnittliche Anlage am Kapitalmarkt.

Nun kann man die Kapitalkosten des Unternehmens durch Multiplikation des investierten Kapitals mit dem WACC errechnen und feststellen, ob ökonomisch gesehen der Wert des Unternehmens erhöht worden ist oder nicht.

6.3 Price Earnings Ratio

Die Price Earnings Ratio, auch Kurs-Gewinn-Verhältnis genannt, ist zusammen mit der Earnings per Share, dem Gewinn je Aktie, ein sehr weit verbreitetes Bewertungsmodell, das in fast jeder Börsenzeitung zu finden ist. Mithilfe dieser einfachen Kennzahl soll der Investor einen möglichst schnellen Überblick über die Performance verschiedener börsennotierter Unternehmen erhalten und eine Entscheidungshilfe für Kapitalinvestitionen finden.

Anders als bei den vorangegangenen Modellen wird beim P/E-Ratio-Modell nicht der Barwert eines Unternehmens ermittelt, sondern der Unternehmenswert durch die Hochrechnung des nachhaltig erzielbaren oder dauerhaften Gewinns des Unternehmens mit einem angemessenen Kurs-Gewinn-Verhältnis bestimmt.

Der Unternehmenswert berechnet sich mit folgender Formel:

$$Unternehmenswert = Gewinn_0 \cdot \frac{Kurs_a}{Gewinn_a}$$

Als angemessenes Kurs-Gewinn-Verhältnis wird meistens auf Marktdaten von vergleichbaren Unternehmen zurückgegriffen. Folglich müssen keine individuellen Schlüsselgrößen, wie Prognosedaten über zukünftige Cash Flows und den Kapitalisierungszins, für das zu bewertende Unternehmen ermittelt werden, und das Verfahren stellt somit eine wesentliche Vereinfachung im Gegensatz zu den vorangegangenen Modellen dar. Das Kurs-Gewinn-Verhältnis ist also ein Multiplikator, mit dem der Gewinn an der Börse bewertet wird.

Obwohl das Verfahren bestechend einfach ist, müssen implizit einige Aspekte mit in die Bewertung einfließen, damit die Aussage über den Unternehmenswert auch realistisch ist. Das angemessene Kurs-Gewinn-Verhältnis muss

- eine Prognosefunktion erfüllen,
  die Risikoaspekte sowie Wachstumschancen mit einschließt, und

- auf den gleichen Opportunitätskosten,
  wie beispielsweise Eigenkapitalkosten, basieren.

Somit wird deutlich, dass individuelle Gewinnverläufe oder Finanzierungskonstellationen nicht berücksichtigt werden können.

Häufig werden nicht die absoluten Werte der Vergleichsunternehmen herangezogen, sondern der Gewinn pro Aktie, der als Kennzahl standardmäßig in Börsenzeitungen veröffentlicht wird. Anschließend wird dann der Unternehmenswert über die Anzahl der ausgegebenen Aktien hochgerechnet:

$$Unternehmenswert = Gewinn\ pro\ Aktie \cdot Anzahl\ der\ Aktien$$

Der Vorteil dieser Vorgehensweise ist die Tatsache, dass der Gewinn pro Aktie die weltweit meistveröffentlichte Unternehmenskennzahl ist und in der Regel sowohl im Jahresabschluss eines Unternehmens als auch in der Finanzpresse publiziert wird.

Problematisch ist allerdings, dass bei der Berechnung des Gewinns pro Aktie länderspezifische Regelungen unterschiedlich sein können und daher die Vergleichbarkeit nicht immer gewährleistet ist.

Begriffe zum Nachlesen

Ertragswert	Substanzwert	Mittelwert
Discounted Cash Flow	Reproduktionswert	Übergewinn
Immaterieller Firmenwert		

Wiederholungsfragen

1. Erläutern Sie die wesentlichen Unterschiede der Einzel- und Gesamtbewertungsverfahren.

2. Die Muster AG erwirtschaftet zur Zeit einen Gewinn von 1.000.000 € pro Jahr. Die Anteilseigner der Muster GmbH wollen das Unternehmen als ganzes verkaufen und gehen davon aus, dass der neue Eigentümer das Ergebnis auch weiterhin erzielen wird. Wie hoch setzen die Anteilseigner den Ertragswert an, wenn der Kalkulationszinsfuß 8% sein soll?

3. Nach Schätzung des Kaufinteressenten A wird die Muster AG noch 5 Jahre lang einen Übergewinn von 300.000 € pro Jahr erwirtschaften. Wie hoch ist der Unternehmenswert bei einem Kalkulationszinsfuss von 8%?

4. Ein weiterer Interessent für die Muster AG, Kaufinteressent B, rechnet mit einem Übergewinn von 250.000 €, der aber von Jahr zu Jahr um 5% abnehmen wird. Der Kalkulationszinsfuss beträgt ebenfalls 8%; wie hoch ist der Unternehmenswert für B?

Literaturhinweise

Born, K.: Unternehmensanalyse und Unternehmensbewertung, Stuttgart 1995.

Eidel, U.: Moderne Verfahren der Unternehmensbewertung und Performance-Messung: kombinierte Analysemethoden auf Basis von US-GAAP-, IAS- und HGB-Abschlüssen, in: Küting, K.; Weber, C.-P. (Hrsg.): Rechnungs- und Prüfungswesen, Herne, Berlin 1999.

Mandl, G.; Rabel, K.: Unternehmensbewertung: eine praxisorientierte Einführung, Wien 1997.

Peemöller, V. H. (Hrsg.): Praxishandbuch der Unternehmensbewertung, Herne, Berlin 2001.

Raab, H..: Shareholder Value und Verfahren der Unternehmensbewertung – Leitmaxime für das Management? Herne, Berlin 2001.

Schneider, D.: Investition, Finanzierung und Besteuerung, 7. Aufl., Wiesbaden 1992.

VII Anhang

1 Zinsfaktorentabellen

Abzinsungsfaktoren $\quad AB = (1+i)^{-t}$

Zinssatz

Jahre	1%	2%	3%	4%	5%	6%	8%	10%	12%
1	0,990	0,980	0,971	0,962	0,952	0,943	0,926	0,909	0,893
2	0,980	0,961	0,943	0,925	0,907	0,890	0,857	0,826	0,797
3	0,971	0,942	0,915	0,889	0,864	0,840	0,794	0,751	0,712
4	0,961	0,924	0,888	0,855	0,823	0,792	0,735	0,683	0,636
5	0,951	0,906	0,863	0,822	0,784	0,747	0,681	0,621	0,567
6	0,942	0,888	0,837	0,790	0,746	0,705	0,630	0,564	0,507
7	0,933	0,871	0,813	0,760	0,711	0,665	0,583	0,513	0,452
8	0,923	0,853	0,789	0,731	0,677	0,627	0,540	0,467	0,404
9	0,914	0,837	0,766	0,703	0,645	0,592	0,500	0,424	0,361
10	0,905	0,820	0,744	0,676	0,614	0,558	0,463	0,386	0,322
11	0,896	0,804	0,722	0,650	0,585	0,527	0,429	0,350	0,287
12	0,887	0,788	0,701	0,625	0,557	0,497	0,397	0,319	0,257
13	0,879	0,773	0,681	0,601	0,530	0,469	0,368	0,290	0,229
14	0,870	0,758	0,661	0,577	0,505	0,442	0,340	0,263	0,205
15	0,861	0,743	0,642	0,555	0,481	0,417	0,315	0,239	0,183
16	0,853	0,728	0,623	0,534	0,458	0,394	0,292	0,218	0,163
17	0,844	0,714	0,605	0,513	0,436	0,371	0,270	0,198	0,146
18	0,836	0,700	0,587	0,494	0,416	0,350	0,250	0,180	0,130
19	0,828	0,686	0,570	0,475	0,396	0,331	0,232	0,164	0,116
20	0,820	0,673	0,554	0,456	0,377	0,312	0,215	0,149	0,104

Aufzinsungsfaktoren $AUF = (1+i)^t$

Zinssatz

Jahre	1%	2%	3%	4%	5%	6%	8%	10%	12%
1	1,010	1,020	1,030	1,040	1,050	1,060	1,080	1,100	1,120
2	1,020	1,040	1,061	1,082	1,103	1,124	1,166	1,210	1,254
3	1,030	1,061	1,093	1,125	1,158	1,191	1,260	1,331	1,405
4	1,041	1,082	1,126	1,170	1,216	1,262	1,360	1,464	1,574
5	1,051	1,104	1,159	1,217	1,276	1,338	1,469	1,611	1,762
6	1,062	1,126	1,194	1,265	1,340	1,419	1,587	1,772	1,974
7	1,072	1,149	1,230	1,316	1,407	1,504	1,714	1,949	2,211
8	1,083	1,172	1,267	1,369	1,477	1,594	1,851	2,144	2,476
9	1,094	1,195	1,305	1,423	1,551	1,689	1,999	2,358	2,773
10	1,105	1,219	1,344	1,480	1,629	1,791	2,159	2,594	3,106
11	1,116	1,243	1,384	1,539	1,710	1,898	2,332	2,853	3,479
12	1,127	1,268	1,426	1,601	1,796	2,012	2,518	3,138	3,896
13	1,138	1,294	1,469	1,665	1,886	2,133	2,720	3,452	4,363
14	1,149	1,319	1,513	1,732	1,980	2,261	2,937	3,797	4,887
15	1,161	1,346	1,558	1,801	2,079	2,397	3,172	4,177	5,474
16	1,173	1,373	1,605	1,873	2,183	2,540	3,426	4,595	6,130
17	1,184	1,400	1,653	1,948	2,292	2,693	3,700	5,054	6,866
18	1,196	1,428	1,702	2,026	2,407	2,854	3,996	5,560	7,690
19	1,208	1,457	1,754	2,107	2,527	3,026	4,316	6,116	8,613
20	1,220	1,486	1,806	2,191	2,653	3,207	4,661	6,727	9,646

Endwertfaktoren　　　　$EWF(i,n) = \dfrac{(1+i)^n - 1}{i}$

Zinssatz

Jahre	1%	2%	3%	4%	5%	6%	8%	10%	12%
1	1,000	1,000	1,000	1,000	1,000	1,000	1,000	1,000	1,000
2	2,010	2,020	2,030	2,040	2,050	2,060	2,080	2,100	2,120
3	3,030	3,060	3,091	3,122	3,153	3,184	3,246	3,310	3,374
4	4,060	4,122	4,184	4,246	4,310	4,375	4,506	4,641	4,779
5	5,101	5,204	5,309	5,416	5,526	5,637	5,867	6,105	6,353
6	6,152	6,308	6,468	6,633	6,802	6,975	7,336	7,716	8,115
7	7,214	7,434	7,662	7,898	8,142	8,394	8,923	9,487	10,089
8	8,286	8,583	8,892	9,214	9,549	9,897	10,637	11,436	12,300
9	9,369	9,755	10,159	10,583	11,027	11,491	12,488	13,579	14,776
10	10,462	10,950	11,464	12,006	12,578	13,181	14,487	15,937	17,549
11	11,567	12,169	12,808	13,486	14,207	14,972	16,645	18,531	20,655
12	12,683	13,412	14,192	15,026	15,917	16,870	18,977	21,384	24,133
13	13,809	14,680	15,618	16,627	17,713	18,882	21,495	24,523	28,029
14	14,947	15,974	17,086	18,292	19,599	21,015	24,215	27,975	32,393
15	16,097	17,293	18,599	20,024	21,579	23,276	27,152	31,772	37,280
16	17,258	18,639	20,157	21,825	23,657	25,673	30,324	35,950	42,753
17	18,430	20,012	21,762	23,698	25,840	28,213	33,750	40,545	48,884
18	19,615	21,412	23,414	25,645	28,132	30,906	37,450	45,599	55,750
19	20,811	22,841	25,117	27,671	30,539	33,760	41,446	51,159	63,440
20	22,019	24,297	26,870	29,778	33,066	36,786	45,762	57,275	72,052

Rentenbarwertfaktoren $\quad RBF(i,n) = \dfrac{(1+i)^n - 1}{i \cdot (1+i)^n}$

Zinssatz

Jahre	1%	2%	3%	4%	5%	6%	8%	10%	12%
1	0,990	0,980	0,971	0,962	0,952	0,943	0,926	0,909	0,893
2	1,970	1,942	1,913	1,886	1,859	1,833	1,783	1,736	1,690
3	2,941	2,884	2,829	2,775	2,723	2,673	2,577	2,487	2,402
4	3,902	3,808	3,717	3,630	3,546	3,465	3,312	3,170	3,037
5	4,853	4,713	4,580	4,452	4,329	4,212	3,993	3,791	3,605
6	5,795	5,601	5,417	5,242	5,076	4,917	4,623	4,355	4,111
7	6,728	6,472	6,230	6,002	5,786	5,582	5,206	4,868	4,564
8	7,652	7,325	7,020	6,733	6,463	6,210	5,747	5,335	4,968
9	8,566	8,162	7,786	7,435	7,108	6,802	6,247	5,759	5,328
10	9,471	8,983	8,530	8,111	7,722	7,360	6,710	6,145	5,650
11	10,368	9,787	9,253	8,760	8,306	7,887	7,139	6,495	5,938
12	11,255	10,575	9,954	9,385	8,863	8,384	7,536	6,814	6,194
13	12,134	11,348	10,635	9,986	9,394	8,853	7,904	7,103	6,424
14	13,004	12,106	11,296	10,563	9,899	9,295	8,244	7,367	6,628
15	13,865	12,849	11,938	11,118	10,380	9,712	8,559	7,606	6,811
16	14,718	13,578	12,561	11,652	10,838	10,106	8,851	7,824	6,974
17	15,562	14,292	13,166	12,166	11,274	10,477	9,122	8,022	7,120
18	16,398	14,992	13,754	12,659	11,690	10,828	9,372	8,201	7,250
19	17,226	15,678	14,324	13,134	12,085	11,158	9,604	8,365	7,366
20	18,046	16,351	14,877	13,590	12,462	11,470	9,818	8,514	7,469

Rückverteilungsfaktoren $\quad RVF(i,n) = \dfrac{i}{(1+i)^n - 1}$

Zinssatz

Jahre	1%	2%	3%	4%	5%	6%	8%	10%	12%
1	1,000	1,000	1,000	1,000	1,000	1,000	1,000	1,000	1,000
2	0,498	0,495	0,493	0,490	0,488	0,485	0,481	0,476	0,472
3	0,330	0,327	0,324	0,320	0,317	0,314	0,308	0,302	0,296
4	0,246	0,243	0,239	0,235	0,232	0,229	0,222	0,215	0,209
5	0,196	0,192	0,188	0,185	0,181	0,177	0,170	0,164	0,157
6	0,163	0,159	0,155	0,151	0,147	0,143	0,136	0,130	0,123
7	0,139	0,135	0,131	0,127	0,123	0,119	0,112	0,105	0,099
8	0,121	0,117	0,112	0,109	0,105	0,101	0,094	0,087	0,081
9	0,107	0,103	0,098	0,094	0,091	0,087	0,080	0,074	0,068
10	0,096	0,091	0,087	0,083	0,080	0,076	0,069	0,063	0,057
11	0,086	0,082	0,078	0,074	0,070	0,067	0,060	0,054	0,048
12	0,079	0,075	0,070	0,067	0,063	0,059	0,053	0,047	0,041
13	0,072	0,068	0,064	0,060	0,056	0,053	0,047	0,041	0,036
14	0,067	0,063	0,059	0,055	0,051	0,048	0,041	0,036	0,031
15	0,062	0,058	0,054	0,050	0,046	0,043	0,037	0,031	0,027
16	0,058	0,054	0,050	0,046	0,042	0,039	0,033	0,028	0,023
17	0,054	0,050	0,046	0,042	0,039	0,035	0,030	0,025	0,020
18	0,051	0,047	0,043	0,039	0,036	0,032	0,027	0,022	0,018
19	0,048	0,044	0,040	0,036	0,033	0,030	0,024	0,020	0,016
20	0,045	0,041	0,037	0,034	0,030	0,027	0,022	0,017	0,014

Kapitalwiedergewinnungsfaktoren $\quad KWF(i,n) = \dfrac{i \cdot (1+i)^n}{(1+i)^n - 1}$

Zinssatz

Jahre	1%	2%	3%	4%	5%	6%	8%	10%	12%
1	1,010	1,020	1,030	1,040	1,050	1,060	1,080	1,100	1,120
2	0,508	0,515	0,523	0,530	0,538	0,545	0,561	0,576	0,592
3	0,340	0,347	0,354	0,360	0,367	0,374	0,388	0,402	0,416
4	0,256	0,263	0,269	0,275	0,282	0,289	0,302	0,315	0,329
5	0,206	0,212	0,218	0,225	0,231	0,237	0,250	0,264	0,277
6	0,173	0,179	0,185	0,191	0,197	0,203	0,216	0,230	0,243
7	0,149	0,155	0,161	0,167	0,173	0,179	0,192	0,205	0,219
8	0,131	0,137	0,142	0,149	0,155	0,161	0,174	0,187	0,201
9	0,117	0,123	0,128	0,134	0,141	0,147	0,160	0,174	0,188
10	0,106	0,111	0,117	0,123	0,130	0,136	0,149	0,163	0,177
11	0,096	0,102	0,108	0,114	0,120	0,127	0,140	0,154	0,168
12	0,089	0,095	0,100	0,107	0,113	0,119	0,133	0,147	0,161
13	0,082	0,088	0,094	0,100	0,106	0,113	0,127	0,141	0,156
14	0,077	0,083	0,089	0,095	0,101	0,108	0,121	0,136	0,151
15	0,072	0,078	0,084	0,090	0,096	0,103	0,117	0,131	0,147
16	0,068	0,074	0,080	0,086	0,092	0,099	0,113	0,128	0,143
17	0,064	0,070	0,076	0,082	0,089	0,095	0,110	0,125	0,140
18	0,061	0,067	0,073	0,079	0,086	0,092	0,107	0,122	0,138
19	0,058	0,064	0,070	0,076	0,083	0,090	0,104	0,120	0,136
20	0,055	0,061	0,067	0,074	0,080	0,087	0,102	0,117	0,134

2 Lösungen der Wiederholungsfragen

Zu I: Grundlagen der Investitionstheorie

1. Definieren Sie den Begriff Investition.

   Eine Investition ist im weiteren Sinne die Umwandlung von Geldkapital in ein materielles oder immaterielles Vermögen. Im engeren betriebswirtschaftlichen Sinne ist die Investition eine Anschaffungsauszahlung für ein Investitionsobjekt, das für den betrieblichen Leistungserstellungsprozess eingesetzt wird. Investitionen sind demnach Ausgaben beziehungsweise Auszahlungen für die Anschaffung von Investitionsobjekten zur betrieblichen Nutzung.

2. Systematisieren Sie die Investitionsarten.

   Investitionen können wie folgt in Investitionsarten unterteilt werden:
   - Betrachtete Objekte
     - Sachinvestitionen
     - immaterielle Investitionen
     - Finanzinvestitionen

   - Wirkung
     - Bruttoinvestitionen
     - Reinvestitionen
     - Nettoinvestitionen

   - Investor
     - Investitionen von Unternehmen
     - Investitionen der öffentlichen Hand
     - Investitionen der privaten Haushalte

   - Umschlagsfaktor
     - schnell umschlagende Investitionen in Umlaufvermögen
     - mittelfristig umschlagende Investitionen in mobiles Anlagevermögen
     - langsam umschlagende Investitionen in immobiles Anlagevermögen

   - Umfang
     - Routineinvestition im kleineren Umfang
     - unternehmenspolitische Investition mit strategischer Bedeutung

   - Wiederholhäufigkeit
     - Einzelinvestition, die nicht wiederholt wird
     - Investitionsfolge, die immer wieder getätigt wird
     - Investitionskette, die in einer bestimmten Reihenfolge wiederholt wird

3. Beschreiben Sie die einzelnen Schritte der Investitionswirtschaft.

- Beschaffung der Investitionsdaten
  Es müssen ständig Anregungen und Ideen gesammelt und Daten aus den verschiedenen Funktionsbereichen des Unternehmens analysiert werden, um den sinnvollen Einsatz neuer Betriebsmittel, Werkzeuge, Verfahren oder sonstiger Arbeitsmittel beurteilen zu können.

- Investitionsplanung und Entscheidungsvorbereitung
  Die Investitionsdaten werden strukturiert und so aufbereitet, dass eine spätere Investitionsentscheidung möglich ist. In der Planungsphase werden die Zahlungsreihen aufgebaut oder die repräsentativen Durchschnittswerte gebildet.

- Investitionsentscheidung
  Hier wird die Wirtschaftlichkeitsbetrachtung der Investition durchgeführt.

- Investitionsdurchführung
  Die Investitionsobjekte werden bestellt, die Lieferung und Aufstellung überwacht und die Inbetriebnahme vorgenommen.

- Investitionskontrolle
  Es erfolgt die Nachrechnung der ursprünglichen Wirtschaftlichkeitsrechnung, die mit Plandaten durchgeführt wurde, mit den tatsächlich angefallenen Ist-Daten.

4. Was ist das Ziel der Investitionswirtschaft?

   Ziel ist es die optimale Investitionsmöglichkeit aus Sicht des Investors zu bestimmen. Hierzu werden nur monetäre Größen, wie beispielsweise der Gewinn oder die Kosten, bei der Investitionsrechnung berücksichtigt, da nicht-monetäre Ziele, wie beispielsweise der gute Ruf des Unternehmens oder das Prestige, nicht oder nur unvollständig bewertet werden können.

5. Nach welchen Kriterien werden Verfahren der Investitionsrechnung unterschieden?

   Die Verfahren werden nach den folgenden Kriterien unterteilt:

   - Sicherheit
     - statische Verfahren (Kosten- und Gewinnvergleich, Rentabilitäts- und statische Amortisationsrechnung)
     - dynamische Verfahren (Kapitalwert-, Annuitäten und Interne-Zinsfuß-Methode, dynamische Amortisationsrechnung)
   - Unsicherheit
     - traditionelle Verfahren (Korrekturverfahren, Sensitivitäts- und Risikoanalyse)
     - entscheidungstheoretische Ansätze (μ- und μ-σ-Prinzip)

Lösungen der Wiederholungsfragen   195

Zu II: Statische Verfahren der Investitionsrechnung

1. Warum werden die statischen Verfahren der Investitionsrechnung auch einperiodische Verfahren genannt?

   Statische Verfahren werden auch als einperiodische Verfahren bezeichnet, weil sie nicht den gesamten Planungs- oder Lebenszeitraum einer Investition berücksichtigen, sondern nur eine Periode daraus betrachten. Es wird aus dem Zeitraum, über den eine Investition läuft, eine durchschnittliche oder repräsentative Periode ausgewählt und betrachtet. Die Investitionsentscheidung basiert dann auf dieser einen ausgewählten Periode, die unter Umständen nicht real, sondern nur theoretisch, existiert.

2. Der Unternehmer Fuchs möchte Metalldosen produzieren. Zwei verschiedene Produktionsanlagen stehen hierfür zur Auswahl:

	Typ A	Typ B
Anschaffungskosten	70.000 €	90.000 €
Fixe Betriebskosten pro Jahr	23.000 €	32.500 €
Variable Betriebskosten pro Stück	0,70 €	0,50 €
Voraussichtliche Ausbringung pro Jahr	50.000 Stück	75.000 Stück
Geplante Nutzungsdauer (ND)	5 Jahre	6 Jahre
Restverkaufserlös am Ende der geplanten ND	5.000 €	6.000 €
Zinssatz	10 %	10 %

   Bei der Berechnung der Kapitalkosten geht Fuchs von einer buchhalterischen Abschreibung am jeweiligen Jahresende aus. Für welche Produktionsanlage wird er sich entscheiden?

	Typ A	Typ B
Kapitalkosten: Abschreibungen Kalkulatorische Zinsen	13.000 € 4.400 €	14.000 € 5.500 €
Betriebskosten: Fixe Betriebskosten Variable Betriebskosten	23.000 € 35.000 €	32.500 € 37.500 €
Gesamtkosten pro Jahr	75.400 €	89.500 €
Stückkosten	1,51 €	1,19 €

Da die Ausbringungsmengen pro Jahr unterschiedlich sind, können nicht die Gesamtkosten als Entscheidungsgröße genommen werden. Entscheidungsrelevant sind die Stückkosten, demnach ist Typ B vorzuziehen.

3. Der Unternehmer Fuchs ist sich über die mögliche Absatzmenge nicht sicher. Er überlegt, ob sich die Anlage Typ B mit den höheren Fixkosten, aber den geringeren Stückkosten tatsächlich für ihn lohnt. Ab welcher Produktionsmenge ist Typ B tatsächlich wirtschaftlich sinnvoll?

$$m_k = \frac{52.000 - 40.400}{0,70 - 0,50} = 58.000$$

Die kritische Ausbringungsmenge liegt bei 58.000 Stück pro Jahr.

4. Die Marktstudie, die Herr Fuchs in Auftrag gegeben hat, brachte folgende Ergebnisse:
Absatzmöglichkeit im Inland: maximal 55.000 Stück zu einem Preis von 1,80 €.
Zusätzliche Absatzmöglichkeit im Ausland: weitere 30.000 Stück zu einem Stückpreis von 1,20 €. Wird Herr Fuchs seine unter Punkt 2 getroffene Entscheidung nochmals überdenken?

	Typ A	Typ B
Umsatz pro Jahr: Inland Ausland	90.000 € 0 €	99.000 € 24.000 €
Gesamtkosten pro Jahr	75.400 €	89.500 €
Gewinn	14.600 €	33.500 €

Trotz des niedrigen Preises für die zusätzliche Menge ist die leistungsstärkere Anlage interessant.

5. Da Herr Fuchs sich nicht sicher ist, ob er im Auslandsmarkt erfolgreich sein wird und seine gesamte Produktionsmenge absetzen kann, möchte er für beide Produktionsanlagen die Break-Even-Menge ermitteln.

$$m_{TypA} = \frac{40.400}{1,80 - 0,70} = 36.727$$

$$m_{TypB} = \frac{52.000}{1,80 - 0,50} = 40.000$$

6. Der Unternehmensberater Pfiffig rät Herrn Fuchs, auf die Rentabilität des eingesetzten Kapitals zu achten und die Finanzierung zunächst außer Acht zu lassen. Welche Rentabilitätskennzahl muss Herr Fuchs berechnen?

Es ist die Bruttorentabilität zu berechnen.

	Typ A	Typ B
Gewinn	14.600 €	33.500 €
Kalkulatorische Zinsen	4.400 €	5.500 €
Bruttogewinn	19.000 €	39.000 €
Kapitaleinsatz	44.000 €	55.000 €
Bruttorentabilität	43%	71%

Typ B ist vorzuziehen.

7. Da die Zukunft des Marktes für Metalldosen schwer prognostizierbar ist, möchte Herr Fuchs gerne wissen, wann sich sein eingesetztes Kapital amortisiert hat. Wird er die unter Punkt 2 und 4 getroffene Investitionsentscheidung nochmals überdenken?

	Typ A	Typ B
Gewinn	14.600 €	33.500 €
Abschreibungen	13.000 €	14.000 €
Cash Flow	27.600 €	47.500 €
Anschaffungskosten	70.000 €	90.000 €
Amortisationsdauer	2,5 Jahre	1,9 Jahre

Nach wie vor ist der Typ B die interessantere Alternative.

Zu III: Dynamische Verfahren der Investitionsrechnung

1. Erläutern Sie die Gemeinsamkeiten der dynamischen Investitionsrechnungsverfahren.

   Dynamische Verfahren betrachten den gesamten Zeitraum der Investition und berücksichtigen zeitliche Unterschiede beim Anfall von Ein- und Auszahlungen. Der Zinseffekt wird somit explizit berücksichtigt. Beurteilungskriterium sind Zahlungen und nicht Kostengrößen. Die Entscheidung erfolgt mit finanzmathematischen Methoden. Voraussetzung dafür ist ein vollkommener Kapitalmarkt.

2. Die Spedition EUROTRANS möchte einen neuen Lastkraftwagen anschaffen. Folgende Investitionsdaten stehen für die Entscheidungsfindung zur Verfügung: Anschaffungskosten 220.000 €, Rückflüsse pro Periode 60.000 €, Nutzungsdauer 5 Jahre, Restverkaufserlös 10.000 €. Ein Kredit kostet zur Zeit effektiv 8% Zinsen pro Jahr. Wie hoch ist der Kapitalwert, der mit dem Lastkraftwagen erwirtschaftet werden kann?

$$K_0 = -220.000 + 60.000 \cdot RBF(8\%,5) + 10.000 \cdot (1+0,8)^{-5}$$
$$= -220.000 + 60.000 \cdot 3,993 + 10.000 \cdot 0,681$$
$$= 26.390$$

   Der Kapitalwert beträgt 26.390 €

3. Der Lastkraftwagen könnte auch mit Eigenkapital finanziert werden. Die 8% Zinskosten für die Kreditfinanzierung würden dann entfallen. Um die Entscheidung treffen zu können, möchte der Geschäftsführer der EUROTRANS die interne Verzinsung der Investition mit der Rechenmethode ermitteln.

Bei einem Zinssatz von 8% war der Kapitalwert positiv. Man wählt einen höheren Zinssatz, beispielsweise 14%, bei dem der Kapitalwert negativ wird und erhält somit zwei Wertepaare, aus denen der interne Zins bestimmt wird.

Wertepaar 1: $K_{01} = 26.390$; $i_1 = 8\%$

Wertepaar 2: $K_{02} = -8.827$; $i_2 = 14\%$

$$i = 8 - 26.390 \cdot \frac{14-8}{-8.827 - 26.390} = 12,5$$

Die interne Verzinsung beträgt 12,5%.

4. Der Finanzberater Witzig hat zwei Kapitalanlagemöglichkeiten mit folgenden Investitionszahlungsreihen:

t	0	1	2	3	4	5
z_t Investition I	−2.000	400	450	500	550	600
z_t Investition II	−2.000	900	800	600		

Herr Witzig kann entweder eine der beiden Alternativen realisieren oder sein Kapital als Festgeld bei seiner Hausbank zu 6% anlegen. Zur Entscheidungsfindung ermittelt er den Kapitalwert der beiden Investitionsalternativen. Können Sie ihm diese Vorgehensweise empfehlen? Welche Anlagestrategie würden Sie wählen?

$$K_{InvI} = -2.000 + \frac{400}{1,06^1} + \frac{450}{1,06^2} + \frac{500}{1,06^3} + \frac{550}{1,06^4} + \frac{600}{1,06^5} = 81$$

$$K_{InvII} = -2.000 + \frac{900}{1,06^1} + \frac{800}{1,06^2} + \frac{600}{1,06^3} = 65$$

Beide Investitionen erbringen einen positiven Kapitalwert und sind somit interessanter als eine Anlage zu 6% bei der Hausbank. Der Kapitalwert von Investitionsobjekt I ist mit 81 € höher als bei Investitionsobjekt II, das nur 65 € bringt. Aber die Laufzeit von Objekt II beträgt nur drei Jahre, wohingegen Objekt I über fünf Jahre läuft. Somit könnte bei Objekt II das freigewordene Kapital wieder für zwei Jahre eingesetzt werden.

Bei Laufzeitunterschieden müsste man als Entscheidungskriterium die Annuität heranziehen, da bei der Berechnung der Annuität die Laufzeit mitberücksichtigt wird.

$$Annuität_{InvI} = 81 \cdot KWF_{6\%}^5 = 81 \cdot 0,237 = 19$$

$$Annuität_{InvII} = 65 \cdot KWF_{6\%}^3 = 65 \cdot 0{,}374 = 24$$

Nimmt man die Annuität als Entscheidungsgrundlage, dann ist Investitionsobjekt II zu bevorzugen, da es eine höhere Annuität aufweist.

Zu IV: Wirtschaftliche Nutzungsdauer und optimaler Ersatzzeitpunkt

1. Was versteht man unter dem Begriff „wirtschaftliche Nutzungsdauer". Grenzen Sie diese zum Problem des optimalen Ersatzzeitpunktes ab.

Die wirtschaftliche Nutzungsdauer wird vor der Realisation der Investitionsentscheidung bestimmt und gibt die geplante Laufzeit eines Investitionsobjektes an.

Die Frage des optimalen Ersatzzeitpunktes tritt während der Laufzeit eines Investitionsobjektes auf, also nach der Realisierung der Investitionsentscheidung. Es gilt zu entscheiden, ob das Investitionsobjekt noch 1 Jahr länger genutzt werden oder durch ein Nachfolgeobjekt abgelöst werden soll.

2. Folgendes Investitionsobjekt hat eine technische Lebensdauer von 5 Jahren und einen ständig sinkenden Restwert. Berechnen Sie die wirtschaftliche Nutzungsdauer unter der Voraussetzung, dass das Investitionsobjekt unendlich oft wiederholt wird und der Kalkulationszinssatz 8% beträgt.

t	0	1	2	3	4	5
Investition	−1.500	500	700	800	600	400
Restwert		1.000	600	400	200	0

Zunächst werden für die alternativen Nutzungsdauern die entsprechenden Zahlungsreihen aufgestellt. Hierbei werden die Rückflüsse und die jeweils erzielbaren Liquidationserlöse berücksichtigt.

t	0	1	2	3	4	5
Alternative 1	−1.500	1.500				
Alternative 2	−1.500	500	1.300			
Alternative 3	−1.500	500	700	1.200		
Alternative 4	−1.500	500	700	800	800	
Alternative 5	−1.500	500	700	800	600	400

Im nächsten Schritt werden für die verschiedenen Alternativen die Kapitalwerte bestimmt. Da die Annahme der unendlichen Wiederholung zugrunde liegt, werden die Kapitalwerte mit dem Annuitätenfaktor in eine Annuität umgerechnet und die Alternative mit der höchsten Annuität gewählt. Durch Kapitalisierung mit dem Kalkulationszinsfuß wird dann der Gesamtkapitalwert ermittelt.

	Kapitalwert	Annuitätenfaktor	Annuität	Kalkulationszinsfuß	Gesamtkapitalwert
Alternative 1	−111	1,080	−120	8%	−1.500
Alternative 2	77	0,561	43	8%	538
Alternative 3	516	0,388	200	8%	2.500
Alternative 4	786	0,302	**237**	8%	**2.963**
Alternative 5	**912**	0,250	228	8%	2.850

Die wirtschaftliche Nutzungsdauer beträgt 4 Jahre.

3. Sie besitzen eine alte Produktionsanlage, die Sie noch einige Jahre nutzen oder jetzt durch eine neue, modernere Anlage ersetzen könnten. Ist nach den vorliegenden Investitionsdaten der heutige Ersatz der alten Anlage durch die neue Anlage

   a) nach dem Grenzkostenvergleich

   b) nach dem buchhalterischen Kostenvergleich

   wirtschaftlich sinnvoll?

Investitionsdaten	**Alte Anlage**	**Neue Anlage**
Anschaffungskosten	130.000 €	180.000 €
Restwert	10.000 €	20.000 €
Nutzungsdauer	10 Jahre	10 Jahre
Fixe Betriebskosten	22.000 €	14.000 €
Variable Betriebskosten	0,70 €	0,50 €
Ausbringungsmenge	30.000 Stück	30.000 Stück
Restbuchwert heute	46.000 €	
Verkaufserlös heute	30.000 €	
Verkaufserlös nach 1 Jahr	10.000 €	

Gehen Sie bei der Berechnung der Kapitalkosten von einem Kalkulationszinssatz von 10% und einer kontinuierlichen Amortisation aus.

a) Grenzkostenvergleich

Beim Grenzkostenvergleich wird als Abschreibung der Wertverlust angesetzt, der sich aus der Differenz des heutigen Verkaufserlöses und des Verkaufserlöses nach 1 Jahr ergibt. Als Kapitalbindung muss nur der heutige Verkaufserlös angesetzt werden, da dieser nicht erzielt werden kann, wenn die alte Anlage noch 1 Jahr weiter genutzt wird.

Grenzkostenvergleich	Alte Anlage	Neue Anlage
Abschreibung	20.000 €	16.000 €
Zinsen	3.000 €	10.000 €
Fixe Betriebskosten	22.000 €	14.000 €
Variable Betriebskosten	21.000 €	15.000 €
Gesamtkosten	66.000 €	**55.000 €**

Der Ersatz der alten Anlage durch die neue ist sinnvoll.

b) Buchhalterischer Kostenvergleich

Beim buchhalterischen Vergleich werden die ursprünglich geplanten Kapitalkosten eingesetzt und die Differenz zwischen Buchwert und heutigem Verkaufserlös der neuen Anlage zugerechnet und führen bei der neuen Anlage zu zusätzlichen Kapitalkosten.

Buchhalterischer Kostenvergleich	Alte Anlage	Neue Anlage
Abschreibung	12.000 €	16.000 €
Zinsen	7.000 €	10.000 €
Fixe Betriebskosten	22.000 €	14.000 €
Variable Betriebskosten	21.000 €	15.000 €
Verlustabschreibung		1.600 €
Zusätzliche Zinsen		800 €
Gesamtkosten	62.000 €	**57.400 €**

Der Ersatz der alten Anlage durch die neue ist sinnvoll.

4. Sie betreiben ein altes Investitionsobjekt, das noch eine Restlaufzeit von 3 Jahren besitzt. Bestimmen Sie den optimalen Ersatzzeitpunkt nach der Kapitalwertmethode unter der Voraussetzung, dass der Kalkulationszinsfuß 8% beträgt und das nachfolgende Investitionsobjekt eine Annuität von 90 € hat, wenn es

unendlich oft wiederholt wird.

	t	t + 1	t + 2	t + 3
alte Investition		900	500	100
Restwert	800	400	200	0

Zunächst werden alternative Zahlungsreihen gebildet. Ab dem Ersatz der alten Anlage wird die Annuität der neuen Anlage in Höhe von 90 € angesetzt.

	t	t + 1	t + 2	t + 3	*Kapitalwert*
Alternative I	800	90	90	90	*1.032*
Alternative II		1.300	90	90	*1.352*
Alternative III		900	700	90	**1.505**
Alternative IV		900	500	100	*1.341*

Anschließend werden die Kapitalwerte für die Alternativen berechnet. Der optimale Ersatzzeitpunkt der alten Anlage ist am Ende des zweiten Jahres der Restlaufzeit, da diese Alternative den höchsten Kapitalwert aufweist.

Zu V: Besondere Aspekte der Investitionsrechnung

1. Erläutern Sie die Grundidee des Marktzinsmodells.

Beim Marktzinsmodell geht man davon aus, dass es keinen einheitlichen Kalkulationszins gibt, sondern dass die Kreditzinsen abhängig von der Laufzeit des Kredits sind. Die Staffelung des Sollzinssatzes nach Kreditlaufzeit ist aus Sicht des Kapitalgebers durchaus nachvollziehbar. Je länger ein Kredit läuft, umso größer ist das Risiko für den Kapitalgeber, der sich das höhere Risiko über einen höheren Sollzinssatz bezahlen lassen möchte. Das höhere Risiko resultiert aus der zunehmenden Planungsunsicherheit mit länger werdendem Planungshorizont. Diese Problematik hatten wir bei der Amortisationsrechnung bereits behandelt. Bei der Amortisationsdauer galt der Entscheidungsgrundsatz: Je kürzer die Amortisationsdauer, umso sicherer und umso vorteilhafter ist die Investition.

2. Wie können Ertragssteuern bei einer Investitionsbeurteilung berücksichtigt werden?

Die Berücksichtigung der Gewinnsteuer kann bei der Investitionsrechnung durch

- Anpassung der Zahlungsreihe (Basis- und Zinsmodell),
- Anpassung des Kalkulationszinsfußes (Bruttomethode) sowie
- kombinierte Anpassung von Zahlungsreihe und Kalkulationszinsfuß (Standardmodell und Nettomethode)

erfolgen.

3. Wie berücksichtigt das Korrekturverfahren eventuelle Unsicherheiten bei der Investitionsbeurteilung?

Beim Korrekturverfahren werden durch einfache Zu- beziehungsweise Abschläge die Inputgrößen eines Investitionsobjektes korrigiert, indem

- Rückflüsse,
- Kalkulationszinsfuß und
- Nutzungsdauer

entsprechend dem Risiko angepasst werden.

Häufig angewendet werden hierbei Korrekturen der Rückflüsse durch Anpassung der Verkaufsstückzahlen oder der erzielbaren Verkaufspreise nach „unten" auf ein als sicher betrachtetes Niveau oder durch eine leichte Überbewertung von Kostenpositionen, damit man „auf der sicheren Seite" ist. Diese Korrekturen werden in der Regel aber nur in eine Richtung, nämlich kapitalwertverschlechternd, durchgeführt, und die Wirtschaftlichkeit eines Investitionsobjektes verschlechtert sich dabei.

Diesen einseitigen Korrekturen führen zu einer einseitigen Bewertung der Risiken eines Investitionsobjektes ohne gleichzeitige Bewertung der Chancen, die unter Umständen auch vorhanden sind. Weiterhin ist zu berücksichtigen, dass häufig bei der Abgabe von Planzahlen für Entscheidungen seitens der Planer in den Fachabteilungen schon eine gewisse Sicherheit einkalkuliert wurde und dass ein zusätzlicher Abschlag der Planwerte bei der Investitionsrechnung das zu bewertende Investitionsobjekt doppelt belasten würde.

Ebenso nachteilig ist die Staffelung des Kalkulationszinsfußes nach dem Grad der Unsicherheit.

Die dritte Möglichkeit einer Korrektur, die Begrenzung der Nutzungsdauer, ist sinnvoll, wenn die zukünftige Entwicklung nur für einen sehr begrenzten Zeitraum zu planen ist und größere Veränderungen in naher Zukunft zu erwarten sind. Diese Situation ist hauptsächlich für sogenannte Hightech-Branchen zutreffend, die in kurzen Zeitabständen, meist in 1- oder 2-jährigem Rhythmus, neue Technologien oder Produkte hervorbringen und somit eine schnelle

Veralterung von Investitionsobjekten bewirken.

4. Beschreiben Sie kurz die Vorgehensweise bei der Risikoanalyse.

Eine Weiterentwicklung der Sensitivitätsanalyse stellt die Risikoanalyse dar. Im Gegensatz zur Sensitivitätsanalyse werden nicht die kritischen Werte der Inputfaktoren ermittelt, sondern von den unsicheren Inputwerten mögliche Outputwerte abgeleitet und als Wahrscheinlichkeitsverteilung dargestellt. In der Praxis haben sich hierzu Simulationsverfahren, die über PC-Programme abgewickelt werden, durchgesetzt.

Die Simulationsverfahren laufen in sechs Schritten ab:

1. Auswahl der unsicheren Inputwerte
   Hierzu zählen meist Kosten- oder Erlösgrößen, die sich im Laufe der Investitionsphase verändern, wie beispielsweise geplante Absatzmenge oder -preise sowie Kosten für Material oder Personal.

2. Bestimmung der Wahrscheinlichkeitsverteilung
   Für die ausgewählten Inputgrößen werden die möglichen Ausprägungen festgelegt und mit den zu erwartenden Eintrittswahrscheinlichkeiten gewichtet.

3. Generieren der Eingabedaten
   Mithilfe der Monte-Carlo-Simulation werden dann die verschiedenen Eingabedaten generiert, indem die möglichen Kombinationen der einzelnen sicheren und unsicheren Inputgrößen mit ihren verschiedenen Ausprägungen als Ausgangssituation festgelegt werden und mittels Zufallszahlen die Wahrscheinlichkeitsverteilungen erzeugt werden.

4. Berechnung der Outputgröße
   Nun werden die Outputgrößen, wie beispielsweise der Kapitalwert, für die verschiedenen in Schritt 3 generierten Ausgangssituationen berechnet.

5. Wiederholung der Schritte 3 und 4
   Als Ergebnis erhält man eine Häufigkeitsverteilung für die Outputgröße.

6. Ermittlung der relativen Häufigkeit
   Die relative Häufigkeit entspricht dann näherungsweise der Wahrscheinlichkeitsverteilung der Outputgröße.

Zu VI: Unternehmensbewertung

1. Erläutern Sie die wesentlichen Unterschiede der Einzel- und Gesamtbewertungsverfahren.

   Bei der **Gesamtwertbewertung** eines Unternehmens wird der zukünftige Ertragswert als Unternehmenswert bestimmt, das heißt, dass die zukünftigen

Erträge, Gewinne oder Nettoeinzahlungen zu einem Gegenwartswert abgezinst werden. Hierbei ist der Grundgedanke der Ertragswertmethode, dass der Käufer nicht an den Anschaffungs- oder Restwerten interessiert ist, sondern an den Gewinnen, die er zukünftig erwirtschaften kann. Der Verkäufer eines erfolgreichen Unternehmens möchte auch die von ihm geschaffenen Erfolgsaussichten vergütet bekommen.

Die zukünftigen Erträge sind nachhaltig erzielbare Nettoerfolge beziehungsweise Reingewinne bei normaler Unternehmerleistung. Das Problem ist, dass zukünftige Erträge unsicher und subjektiv sind und von folgenden Einflussgrößen abhängig sein können:

- Wachstumspotentiale ohne Synergie-Effekte,
- Gewinnausschüttungspolitik unter Berücksichtigung des zukünftigen Einflusses des Erwerbers,
- Realisierbare Synergie-Effekte bei Integration des gekauften Unternehmens in das Käufer-Unternehmen,
- Entwicklung des inneren Wertes (Kurswert) des Unternehmens.

Bei der **Einzelbewertung** eines Unternehmens wird der Substanzwert beziehungsweise Reproduktionswert ermittelt. Hierbei werden die Beträge bestimmt, die aufgewendet werden müssten, um ein vergleichbares Unternehmen aufzubauen. Bei der Ermittlung des Reproduktionswertes stellt sich die Frage nach

- dem Umfang der benötigten Vermögensgegenstände und
- dem Wertansatz der benötigten Vermögensgegenstände.

Grundsätzlich werden nur betriebsnotwendige Vermögensgegenstände aufgenommen, wobei bestimmte Reserven an Produktionsfaktoren berücksichtigt werden. Der Reproduktionswert enthält materielle und immaterielle Werte.

Die Bewertung der Vermögensgegenstände kann zum Stichtag mit Anschaffungs- beziehungsweise Wiederbeschaffungskosten erfolgen. Die Anschaffungskosten sind vergangenheitsbezogene Anschaffungs- oder Herstellungskosten und sagen nichts über den Wert aus, der heute aufgewendet werden müsste, um das Unternehmen im gegenwärtigen Zustand aufzubauen. Die Wiederbeschaffungskosten sind die Kosten, die am Bewertungsstichtag als Tageswerte anzusetzen sind. Durch diese Bewertung erhält man den **Reproduktionsneuwert**. Durch Absetzung der eingetretenen Wertminderung erhält man den **Reproduktionsaltwert**.

Die Schätzung der Wiederbeschaffungskosten der immateriellen Werte, die in sich unselbständig und eng mit dem betroffenen Unternehmen verbunden sind, wie beispielsweise

- Organisation,

- Kundenstamm und Marktstellung auf dem Absatzmarkt,
- guter Name und Ruf des Unternehmens,
- technisches Know-how (Produktionsgeheimnisse, Kernkompetenz, ...),
- Betriebsklima und Mitarbeiterstamm und
- Stellung am Beschaffungsmarkt und Beziehung zu Lieferanten

ist schwierig, und die vollständige Erfassung aller immateriellen Werte ist nicht möglich, da man nicht immer feststellen kann, welche Aufwendungen zu ihrer Entstehung führten. Man kann deshalb höchstens einen Teil davon erfassen und erhält somit nicht einen Reproduktionsvollwert, sondern einen Reproduktionsteilwert, der nicht den gesamten Wert des Unternehmens wiedergibt.

2. Die Muster AG erwirtschaftet zur Zeit einen Gewinn von 1.000.000 € pro Jahr. Die Anteilseigner der Muster GmbH wollen das Unternehmen als ganzes verkaufen und gehen davon aus, dass der neue Eigentümer das Ergebnis auch weiterhin erzielen wird. Wie hoch setzen die Anteilseigner den Ertragswert an, wenn der Kalkulationszinsfuß 8% sein soll?

$$EW_{MusterAG} = \frac{1.000.000}{0,08} = 12.500.000$$

Nach der kaufmännischen Kapitalisierungsformel beträgt der Ertragswert der Anteilseigner 12.500.000 €.

3. Nach Schätzung des Kaufinteressenten A wird die Muster AG noch 5 Jahre lang einen Übergewinn von 300.000 € pro Jahr erwirtschaften. Wie hoch ist der Unternehmenswert bei einem Kalkulationszinsfuß von 8%?

$$EW_{MusterAG} = \frac{700.000}{0,08} + 300.000 \cdot RBF_{8\%}^{5}$$

$$= 8.750.000 + 1.197.900 = 9.947.900$$

Der Normalgewinn von 700.000 € wird mit der kaufmännischen Kapitalisierungsformel ebenso abgezinst wie der Übergewinn von 300.000 € mit dem Rentenbarwertfaktor über die erwartete Laufzeit von 5 Jahre. Beide Werte zusammen ergeben den Unternehmenswert der Muster AG für Kaufinteressenten A.

4. Ein weiterer Interessent für die Muster AG, Kaufinteressent B, rechnet mit einem Übergewinn von 250.000 €, der aber von Jahr zu Jahr um 5% abnehmen wird. Der Kalkulationszinsfuß beträgt ebenfalls 8%; wie hoch ist der Unternehmenswert für B?

$$EW_{MusterAG} = \frac{750.000}{0,08} + \frac{250.000}{0,08+0,05}$$
$$= 9.375.000 + 1.923.077 = 11.298.077$$

Der Normalgewinn von 750.000 € wird wieder mit der kaufmännischen Kapitalisierungsformel abgezinst und der Übergewinn als ewige fallende Rente kapitalisiert. Beide Werte zusammen ergeben den Unternehmenswert für Kaufinteressent B.

Sachregister

A

Abschreibungen 20
   - diskret 21
   - kontinuierlich 21
Abzinsungsfaktor 43f
Amortisation 21
Amortisationsdauer 35
Amortisationsrechnung
   - dynamisch 67f
   - statisch 34f
Annuität 57
Annuitätenfaktor 47
Annuitätenvergleich 96
Anschaffungskosten 14, 21
Aufzinsungsfaktor 43f
Ausbringungsmenge 24
   - kritische 25
Auszahlungsreihe 15

B

Barwert 46
Barwertmethode 56
Basismodell 131
Betafaktor 160f
Betriebsausgaben 15
Betriebskosten 20
   - fix 20
   - variabel 20
Bewertungsverfahren 152

Break-Even-Analyse 27, 28
Break-Even-Menge 28, 29
Bruttoinvestition 11
Bruttomethode 136
Buchhalterischer Vergleich 108

C

Cash Flow 35
   - Brutto Cash Flow 159
   - Discounted Cash Flow 158
   - Free Cash Flow 159

D

Deckungsbeitrag 29
Deckungsspanne 29
Deckungsspannen-Quote 29
Degressionsrate 177
Differenzinvestition
.... 85f, 91f, 101f, 104f
Diskontierungsmethode 56
Diversifizierungsinvestition 9
Durchschnittsmethode
   - dynamisch 67f
   - statisch 35f

E

Economic Value Added 180
Einnahmen 15
Einperiodische Verfahren 19
Einzahlungsreihe 15

Einzelinvestition 12
Endwert 45
Endwertfaktor 45
Erlöse 27
   - Verkaufserlöse 27
   - Umsatzerlöse 27
Ersatzinvestition 9
Ersatzzeitpunkt 99ff
Ertragswert 153ff
Erwartungswert 144f
Erweiterungsinvestition 10

F

Finanzinvestition 8
Finanzierungsmöglichkeiten 113
Firmenwert
   - derivativer Firmenwert 171
   - originärer Firmenwert 171
Fungibilitätszuschlag 156

G

Gesamtkostenvergleich 20f
Geschäftsgewinn 181
Geschäftsvermögen 182
Gewinn 27, 31
Gewinnschwelle 28
Gewinnsteuern 130ff
Gewinnstrukturanalyse 30
Gewinnvergleichsrechnung 27f
Goodwill 171
Grenzauszahlung 106
Grenzeinzahlung 86f

Grenzkosten 106
Gründungsinvestition 10

I

Immaterielle Investition 8
Immaterielles Vermögen 170
Initial Public Offering 165
Inkongruente Finanzierung 125f
Investitionsarten 7f
Investitionsausgaben 14
Investitionsdurchführung 12
Investitionsentscheidung 12
Investitionsfolgen 12
Investitionsketten 12
Investitionskontrolle 12
Investitionsplanung 14f
Investitionsprogramm 113f
Investitionsrendite 122
   - brutto 122
   - netto 123
Investitionsrentabilität 31
   - brutto 32
   - netto 31
Investitionswirtschaft 12f
Interner Zinsfuß 59
Interne-Zinsfuß-Methode 60
   - iteratives Verfahren 60
   - grafisches Verfahren 62
   - Geradengleichung 63

K

Kalkulationszinssatz 43

Kapitaleinsatz 21f, 74
Kapitalisierungszinsfuß 156
Kapitalisierungszinssatz 159
Kapitalkosten 20, 182
Kapitalumschlag 33
Kapitalwiedergewinnungsfaktor 47
Kapitalwert 54
Kapitalwertmethode 56
Korrekturverfahren 137f
Kostenfunktion 26
Kostenvergleichsrechnung 20ff
Kredit 118f
Kumulative Methode
   - dynamisch 68
   - statisch 36
Kurs-Gewinn-Verhältnis 184

L

Laufzeit 71
Liquidationserlös 83

M

Marktzinssatz 40
Marktzinsmodell 114
Minimax-Regel 138
Minimax-Risiko-Regel 138
Mittelwert 169
Modernisierungsinvestition 8

N

Nettomethode 134
Nutzungsdauer 20

- buchhalterische 82
- maximale 81
- optimale 81ff
- rechtliche 82
- wirtschaftliche 82

O

Opportunitätskosten 185

P

Price Earnings Ratio 184

R

Rationalisierungsinvestition 10
Recent Acquisitions Method 165
Rentabilitätsrechnung 31f
   - Eigenkapitalrentabilität 32
   - Gesamtkapitalrentabilität 32
   - Umsatzrentabilität 32
Rente 45
Rentenbarwertfaktor 46
Rentenfaktor 45
Reproduktionswert
   - Teilreproduktionswert . 167, 173
   - Vollreproduktionswert 169, 173
Restverkaufserlös 22
Restwert 22
Retrograde Abzinsung 119
Return on Investment 32, 178
Risiko 137ff
Risikoanalyse 140
Risikoprämie 160

Risikozuschlag 139, 156
Rückverteilungsfaktor 48

S

Sachinvestition 8
Sensitivitätsanalyse 139f
Sicherheitskoeffizient 29
Sicherungsinvestition 9
Similar Public Company 164
St. Petersburger Spiel 145
Standardabweichung 147
Standardmodell 133
Statische Verfahren 19ff
Steuerlast 130f
Steuersatz 130f
Streuung 146
Stückkosten 24
Stückkostenvergleich 24
Substanzverlust 110
Substanzwert 166, 172
Sukzessive Endwertrechnung 70

U

Übergewinn
 - Übergewinnabgeltung 175
 - Übergewinnkapitalisierung . 176
Umstellungsinvestition 9
Unsicherheit 137ff
Unternehmensbewertung
 - funktional 150
 - objektiv 149
 - subjektiv 150

V

Varianz 146
Vollkommener Kapitalmarkt 42

W

Wahrscheinlichkeit 143
Wahrscheinlichkeitsverteilung . 140
Wertminderung 20, 168

Z

Zahlungsreihe 15
Zerobond-Faktoren 120f
Zinserträge 131f
Zinsen 21f
Zinseszinsrechnung 43ff
Zinsmodell 131f
Zinsschranke 132
Zinszahlung 132

Alles zum Markt der Finanzdienstleistungen

Michael Bitz, Gunnar Stark
Finanzdienstleistungen
8., vollst. überarb. und wesentlich erw. Aufl. 2008.
XX, 635 S., gb.
€ 32,80
ISBN 978-3-486-58630-5

Dieses Lehrbuch vermittelt einen systematischen Überblick über die grundlegenden Funktionen der auf Finanzmärkten agierenden Anbieter sowie die von ihnen angebotenen Finanzdienstleistungen. Sein Spektrum reicht von der Finanzierung und Vermögensanlage bei Banken und Versicherungen über die verschiedenen Formen von Wertpapier- und Wertpapiertermingeschäften bis hin zum Abschluss von Versicherungsverträgen und ähnlichen Maßnahmen zur Risikoverlagerung.

Das Buch richtet sich an Studierende wirtschaftswissenschaftlicher Studiengänge, Praktiker in der Finanzdienstleistungsbranche, Mitarbeiter in Kämmereien oder Finanzabteilungen privater und öffentlicher Unternehmen sowie an Angehörige der steuer- und rechtsberatenden Berufe, die im Zuge ihrer Beratungstätigkeit mit Finanzdienstleistungen konfrontiert werden.

Univ.-Prof. Dr. Michael Bitz ist Inhaber des Lehrstuhls für Betriebswirtschaftslehre, insbesondere Bank- und Finanzwirtschaft, an der FernUniversität in Hagen.

Dr. Gunnar Stark ist wissenschaftlicher Mitarbeiter am Lehrstuhl von Prof. Bitz.

Oldenbourg

Für Studierende und Praktiker

Carl-Christian Freidank
Kostenrechnung
Einführung in die begrifflichen, theoretischen, verrechnungstechnischen sowie planungs- und kontrollorientierten Grundlagen des innerbetrieblichen Rechnungswesens sowie ein Überblick über Konzepte des Kostenmanagements
8., überarb. und erw. Aufl. 2008. XXVI, 452 S., gb.
€ 34,80
ISBN 978-3-486-58176-8

Die behandelten Themenbereiche und Prüfungsaufgaben decken den elementaren Lehrstoff ab, der an Universitäten, Fachhochschulen, Berufsakademien sowie Verwaltungs- und Wirtschaftsakademien im Diplom-, Bachelor- und Masterstudiengang vermittelt wird. Darüber hinaus, spricht das exzellent didaktisch gestaltete Buch, auch Praktiker des Rechnungswesens an (z.B. Controller, interne Revisoren, Wirtschaftsprüfer und Steuerberater, Mitarbeiter in der Kostenrechnung, Unternehmensberater), die ihre Kenntnisse auf diesen Gebieten auffrischen, vertiefen und testen wollen. Schließlich ist das Lehrbuch in besonderem Maße für die Vorbereitung auf die Examina des wirtschaftsprüfenden bzw. steuerberatenden Berufes geeignet.

Das Grundlagenwerk für jedes betriebswirtschaftlich orientierte Studium, das Handbuch für den Praktiker!

Außerdem erhältlich:
Carl-Christian Freidank, Sven Fischbach
Übungen zur Kostenrechnung
6., überarb. und ergänzte Aufl. 2007. Br.
€ 27,80, ISBN 978-3-486-58120-1

StB Prof. Dr. habil. Carl-Christian Freidank lehrt Betriebswirtschaftslehre, insbesondere Revisions- und Treuhandwesen, am Institut für Wirtschaftsprüfung und Steuerwesen der Universität Hamburg.

Oldenbourg

Kompakt alle Unternehmensbereiche

Thomas R. Hummel
Betriebswirtschaftslehre kompakt
Mit Übungsaufgaben
3., vollst. überarb. und erw. Aufl. 2007. X, 326 S., br.
€ 24,80
ISBN 978-3-486-58238-3

Betriebswirtschaftliches Grundlagenwissen in kompakter Form, aufbereitet in zehn Kapiteln zu zentralen betriebswirtschaftlichen Bereichen. Es werden alle Unternehmensbereiche erfasst und analysiert. Dazu zählen der unternehmerische Zielbildungsprozess, Material und Produktion ebenso wie Personal, Organisation und Management.
Die verchiedenen Inhalte werden durch eine Vielzahl von Tabellen und Graphiken verdeutlicht. Zum Abschluss eines jeden Kapitels besteht die Möglichkeit, sein Wissen anhand eines Kontrollfrageblocks zu überprüfen. Ergänzt wird dieser Übungsteil durch einen umfangreichen Anlageteil.
Das ausführliche Literaturverzeichnis kann für die vertiefende Auseinandersetzung mit einzelnen Themenbereichen genutzt werden.

Das Buch richtet sich neben Studierenden an Fachhochschulen und Wirtschaftsakademien auch an Kaufleute, bei denen betriebswirtschaftliche Kenntnisse unabdingbar sind. Außerdem an alle Techniker, Informatiker und andere Mitarbeiter in Industrie- und Dienstleistungs-unternehmen, die ohne betriebswirtschaftliches Grundwissen nicht mehr auskommen.

Prof. Dr. Thomas R. Hummel ist Professor am Fachbereich Wirtschaft der Hochschule Fulda mit den Schwerpunkten Allgemeine Betriebswirtschaftslehre und internationales Management.